高职高专金融类"十二五"规划系列教材

银行产品

YINHANG CHANPIN

主编　杨荣华　李晓红

副主编　尤婷婷　徐辉　伏琳娜

中国金融出版社

责任编辑：王　君　单翠霞
责任校对：张志文
责任印制：陈晓川

图书在版编目（CIP）数据

银行产品（Yinhang Chanpin）/杨荣华，李晓红主编 . —北京：中国金融出版
社，2012.12
　高职高专金融类"十二五"规划系列教材
　ISBN 978 - 7 - 5049 - 6662 - 9

I. ①银…　Ⅱ. ①杨…②李…　Ⅲ. ①银行业务—高等职业教育—教材　Ⅳ. ①F830.4

中国版本图书馆 CIP 数据核字（2012）第 264294 号

出版
发行　中国金融出版社
社址　北京市丰台区益泽路 2 号
市场开发部　（010）63266347，63805472，63439533（传真）
网上书店　http://www.chinafph.com
　　　　　　（010）63286832，63365686（传真）
读者服务部　（010）66070833，62568380
邮编　100071
经销　新华书店
印刷　保利达印务有限公司
尺寸　185 毫米 ×260 毫米
印张　14.75
字数　323 千
版次　2012 年 12 月第 1 版
印次　2012 年 12 月第 1 次印刷
定价　29.00 元
ISBN 978 - 7 - 5049 - 6662 - 9/F. 6222
如出现印装错误本社负责调换　联系电话（010）63263947

编 写 说 明

近几年来我国的高等职业教育快速发展，高等职业教育的特点在于实践性和应用性。作为一种新型的人才培养模式，高职教育已经越来越广泛地被社会认可与接受。2012年7月，在北京召开了中国高等职业教育社会责任年会暨质量报告发布会。报告显示，高等职业教育在高等教育大众化进程中发挥了决定性作用。近三年来，我国高等职业教育为全国850万个家庭实现了高等教育"零"的突破，为各地小微企业提供了重要的人力资源。全国高职学校毕业生有近六成在300人以下规模企业就业，其中在50人以下小微企业的约三成，为三线城市发展、推动区域均衡发展作出了积极贡献。

为满足快速发展的高职教学需要，很多从事高职教育的专家、教师在不断地探索与研究高职教育的新思路，通过课程改革与教材创新，实现理论教学与实践训练有机结合，从而提高学生的职业综合能力。本课程教材编写的总体设计思路是打破传统学科课程设置，采用项目教学、学习任务的课程内容组织模式，重点针对银行大堂客服应具备的基本业务能力进行培养，同时也可作为银行柜员在进行专业岗位技能学习之前的专业基础课程学习材料。本教材内容包括银行产品简介、存款类银行产品、贷款类银行产品、贴现及其他资产产品、结算类银行产品、银行卡、理财类银行产品、其他中间业务产品和网络银行产品，共九个教学项目。教材编写坚持联系专业实际、行业特色，注重学习内容的科学性与应用性，对现行各大商业银行主流产品进行了全面、系统的介绍。因此，本教材既可作为高职院校金融类专业的教材使用，也可供银行部门人员培训和自学使用。

本教材由辽宁金融职业学院金融系杨荣华教授负责课程标准开发和总体设计。具体教材编写分工如下：教学项目一、二、三由杨荣华编写，教学项目四由伏琳娜编写，教学项目五、六由尤婷婷编写，教学项目七、八由李晓红编写，教学项目九由徐辉编写。

由于作者水平有限，书中难免存在疏漏与不足之处，敬请广大专家、读者指正。

编者
二〇一二年七月

目　　录

1 | 教学项目一　银行产品简介
1 | 学习任务一　认识银行产品
2 | 教学活动　认识银行产品
4 | 学习任务二　银行产品的分类标准
4 | 教学活动　划分银行产品的种类

10 | 教学项目二　存款类银行产品
11 | 学习任务一　个人存款
11 | 教学活动1　活期储蓄存款的处理
18 | 教学活动2　定期储蓄存款的处理
22 | 教学活动3　定活两便储蓄产品的处理
24 | 教学活动4　通知储蓄存款的处理
27 | 教学活动5　计算储蓄存款利息
30 | 学习任务二　单位存款
30 | 教学活动1　单位活期存款的处理
35 | 教学活动2　单位定期存款的处理
37 | 教学活动3　单位通知存款的处理
39 | 教学活动4　单位协定存款的处理
42 | 学习任务三　其他存款类产品
43 | 教学活动　认识其他存款产品

46 | 教学项目三　贷款类银行产品
47 | 学习任务一　个人贷款
47 | 教学活动1　认识个人贷款
50 | 教学活动2　个人住房贷款的处理
57 | 教学活动3　个人汽车贷款
61 | 教学活动4　个人质押贷款
65 | 学习任务二　单位贷款
66 | 教学活动1　信用贷款的处理

69　　教学活动 2　保证贷款的处理

74　　教学活动 3　抵押贷款的处理

77　　教学活动 4　质押贷款的处理

82　　教学活动 5　银团贷款的处理

86　　教学活动 6　循环贷款的处理

90　**教学项目四　贴现及其他资产产品**

91　学习任务一　票据贴现

91　　教学活动　票据贴现的处理

93　学习任务二　出口信贷

93　　教学活动　出口信贷的处理

99　学习任务三　统一授信

100　　教学活动　统一授信的处理

101　学习任务四　应收账款购买

102　　教学活动　应收账款购买的处理

103　学习任务五　进出口贸易融资

103　　教学活动　进出口贸易融资的处理

106　**教学项目五　结算类银行产品**

107　学习任务一　票据结算产品

107　　教学活动 1　票据基础知识学习

109　　教学活动 2　支票的处理

113　　教学活动 3　银行本票的处理

115　　教学活动 4　银行汇票的处理

119　　教学活动 5　商业汇票的处理

125　学习任务二　非票据结算产品

125　　教学活动 1　汇兑业务的处理

128　　教学活动 2　委托收款业务的处理

131　　教学活动 3　托收承付业务的处理

136　**教学项目六　银行卡**

136　学习任务一　银行卡概述

137　　教学活动　认识银行卡

143　学习任务二　信用卡

143　　教学活动　信用卡产品的处理

152	**教学项目七　理财类银行产品**
152	学习任务一　个人理财产品
153	教学活动1　债券产品的处理
160	教学活动2　基金产品
169	学习任务二　银行理财产品
170	教学活动　银行理财产品的处理
180	**教学项目八　其他中间业务产品**
181	学习任务一　代理类中间业务产品
182	教学活动1　代收代付产品的处理
185	教学活动2　代理保险业务的处理
187	学习任务二　担保类中间业务产品
187	教学活动1　银行保函的处理
193	教学活动2　备用信用证的处理
199	学习任务三　承诺类中间业务产品
200	教学活动　贷款承诺产品的处理
203	**教学项目九　网络银行产品**
203	学习任务一　认识网络银行的服务品种
204	教学活动1　了解网络银行产品
205	教学活动2　认识网络银行的服务品种
212	学习任务二　网络银行的网上个人银行业务
213	教学活动　网上个人银行业务的办理
218	学习任务三　网络银行的网上企业银行业务
218	教学活动　网上企业银行业务办理

银行产品简介

YINHANG CHANPIN JIANJIE

【学习目标】

◇ 理解银行产品的含义，掌握银行产品的特性。

◇ 掌握银行产品不同的分类方法。

◇ 了解银行产品的主要类型，即负债业务产品、资产业务产品和中间业务产品。

【技能目标】

◇ 能够从流动性、收益性和安全性的角度对具体银行产品进行对比分析。

◇ 能够运用不同的银行产品分类标准对实际案例中的银行产品进行分类。

学习任务一
认识银行产品

【学生的任务】

◇ 要求学生能够根据具体的银行产品，分析产品的一般属性。

◇ 要求学生能够从银行产品的核心特性，即流动性、收益性和安全性的角度对具体银行产品进行对比分析。

【教师的任务】

◇ 指导学生上网查找有关银行产品的相关资料。

◇ 讲解银行产品的属性、特征等主要知识点。

◇ 对学生作业完成情况进行点评。

教学活动 认识银行产品

【活动目标】

理解银行产品的含义和特点，掌握银行产品的核心特性。

【知识准备】

一、产品及银行产品的含义

产品是指经营者向市场提供的能令人留意、获取、使用或消费的，能满足人们的某种欲望和需要的一切商品。可见，产品是能够给最终用户带来有形和无形好处的复合品，它既包含有形的物品也包含无形的服务，目的在于满足最终用户的需求和愿望。

银行产品是指银行金融机构向市场提供的能满足人们某种愿望和需求的，与货币相关的一切商品，是金融产品的重要组成部分。与一般产品不同的是，银行产品在很大程度上是无形的服务，而且在服务本身终止后，来源于服务的收益是可以继续下去的。

银行虽然提供的是无形的服务，但往往要通过有形的商品作为中介或媒体。因此，广义上的银行产品，不仅是指银行提供的各种服务，也包括银行提供服务所需的中介，以及银行提供服务的渠道，甚至为提供服务而开发的银行金融工具等。例如，银行提供的存款服务，往往需要借助银行账户、存折、银行卡等服务中介，以及柜面操作系统、电话银行系统、网上银行系统等服务渠道等。

二、银行产品的一般属性

银行产品的服务属性决定了银行的市场营销方案必然与有形产品的营销有重大的区别。研究银行服务的特性，有助于我们理解银行营销的特殊性。银行产品一般来讲有以下四个性质：

1. 无形性。银行服务是无形的，既看不见也摸不着，只能凭客户的感觉去体验。客户将根据自己观察到的银行营业场所、工作人员、各种设备以及银行的传播资料等有形的表征，作为服务质量判断的依据。银行营销管理的目的是化无形的服务为有形的品质证据，消除购买者的不确定性感觉。例如，一家银行将自己定位于"服务快速"的银行，该银行可以通过简洁明快的办公场所、忙碌的银行工作人员和体现效率的传播材料等营销工具来体现。

2. 关联性。一般而言，银行产品与销售它的工作人员是不能分开的。客户个人与银行销售人员的互动关系，是银行产品分销的重要渠道。客户要开设支票账户，只能通过与银行出纳员的直接联系方能实现。银行产品的关联性，决定了人员推销在银行营销传播组合中占有突出地位。随着技术进步，一些新的方法例如邮寄、电话营销以及网上银行突破了这种关联性的局限，但是人员推销仍然在银行业务拓展中特别是批发业务市场处于主导地位。

3. 多变性。银行产品的提供取决于由谁提供及在何时何地提供，从而具有极大的可变性。为消除这种可变性，一些声誉卓著的银行纷纷引入全面质量管理的方案。一般来讲，银行质量控制有三个步骤：

（1）选优秀人才并且对他们进行培训。

（2）在组织内部将银行业务流程标准化，并为关键流程规定了超越竞争对手的更高质量标准。

（3）通过顾客建议和投诉系统，调查顾客满意度情况。

4. 易消失性。银行服务不能储存，一般只能在营业时间内提供。此外，对银行产品的需求因时间不同而大幅波动。例如，假日周末的前一天、大多数星期一和星期五都是银行服务最忙碌的时间。银行产品提供在时间上的僵硬性和需求上的不规则性，需要银行运用各种营销工具加以疏导和平衡。如银行可以广泛宣传网上银行带来的便利，引导客户二十四小时与银行进行业务往来，而不是集中在营业时间内；银行还可以开发出各种产品服务程序，鼓励客户进行自助式服务，包括存贷款和结算服务。

三、银行产品的核心特性

商业银行的经营原则是安全性、流动性和效益性。这就决定了商业银行的产品也是以安全性、流动性和效益性这三个方面为核心特性的。不同的银行产品，这三个方面的特性也有所不同。作为银行业务人员，需要向客户介绍清楚各类产品的安全性、流动性和效益性，根据客户的具体需求和经济状况，为客户提供合适的产品。

1. 安全性。商业银行在经营中面临很多风险，如市场风险、信用风险、操作风险、流动性风险等。这些风险都很容易使银行产品产生巨大损失。银行产品的安全性是指银行产品在经营中面临风险时免遭损失、保证客户资金安全的能力。例如，保本类银行理财产品对客户来说安全性较非保本理财产品安全性高。

2. 流动性。银行产品的流动性是指客户持有的银行产品可以随时在无损失的情况下迅速变现的能力。变现能力越强，流动性越高。例如，活期存款的流动性要高于定期存款。

3. 效益性。银行产品的效益性包括经济效益和社会效益两个方面。经济效益是指银行产品的盈利能力。而社会效益是指银行产品对于社会发展的积极作用，即承担社会责任的能力。例如，银行通过提供中小企业贷款这项产品，促进和支持了中小企业的发展，从而对社会经济产生了积极的作用。

【活动练习】

请比较分析活期存款产品与定期存款产品的核心特性。

学习任务二
银行产品的分类标准

【学生的任务】

◇ 要求学生能够运用不同的银行产品分类标准对银行产品进行分类。

◇ 要求学生了解各类型银行产品所包含的具体内容。

【教师的任务】

◇ 指导学生到各大银行网站查询产品分类的相关资料。

◇ 讲解银行产品的分类方法等主要知识点。

◇ 对学生作业完成情况进行点评。

教学活动　划分银行产品的种类

【活动目标】

要求学生能够按照银行产品的分类标准，对实际案例中的银行产品进行分类；能够区分不同商业银行产品的分类标准。

【知识准备】

银行产品的种类很多，按不同的分类标准可以分为不同的种类。各个商业银行虽然有差异，但其主要产品分类标准大体一致。最常见的分类标准是按资产负债分类和按客户群体分类。除此之外，还可以按产品性能和表现形式分类、按产品层次分类，按产品计价货币分类、按产品渠道分类等。

一、从银行产品的业务划分上可以分为负债业务产品、资产业务产品和中间业务产品

1. 负债业务产品：负债业务就是资金的使用权从客户转移到银行，构成了银行对客户的负债。如日常所说的存款就是主要的银行负债业务，是客户将资金交付银行使用，由银行付给存款人利息的一种行为。银行设计和生产了许多银行产品，用于办理负债业务，如各种存款、借款、同业存放以及清算占用等。

（1）存款。存款是商业银行以信用的方式吸收客户手中闲置和结余的货币资金，是银行最重要的信贷资金来源。这里的客户包括政府机构、企事业单位、个人、外国投资者等。按照期限及性质的不同，将其划分为活期存款和定期存款两大类。

（2）借款。借款是商业银行主动向中央银行、其他金融机构和金融市场借入资金的一种信用活动。根据期限的不同可分为短期借款和中长期借款。

2. 资产业务产品：与负债业务相反，资产业务是银行把资金出让给客户使用，并从中收取一定利息的业务。为了办理资产类业务，银行也设计生产了许多银行产品，如各种贷款、票据贴现以及金融租赁等。

（1）贷款。贷款是商业银行按一定利率和必须归还等条件出借货币资金的一种信用活动形式。银行通过贷款的方式将所集中的货币和货币资金投放出去，可以满足社会扩大再生产对补充资金的需要，促进经济的发展；同时，银行也可以由此取得贷款利息收入，增加银行自身的积累。按照期限不同，贷款可以分为短期贷款（1年以下）、中期贷款（1~5年）和长期贷款（5年以上）。

（2）贴现。贴现指银行承兑汇票的持票人在汇票到期日前，为了取得资金，贴付一定利息将票据权利转让给银行的票据行为，是银行向持票人提供资金融通的一种方式。

3. 中间业务产品：这是银行为满足向客户提供各类中间业务服务而设计开发的产品，这类产品通常不需要占用银行资金，主要是通过银行自身资源为客户服务来收取手续费。如传统的结算、汇兑、担保，以及新兴的代理保险、代客买卖外汇、基金等理财产品，还包括咨询评估服务等。

二、从银行产品的客户群体上可以分为个人银行产品、公司银行产品和同业银行产品

1. 个人银行产品，是指商业银行向个人、家庭提供的综合性、一体化的金融产品，包括存取款、贷款、结算、汇兑、投资理财等产品。

2. 公司银行产品，是指商业银行在货币市场和资本市场向大型工商企业和中小企业提供的金融产品，包括对公存款、贷款融资、融资租赁、结算产品、票据产品、理财产品等。

3. 同业银行产品，指商业银行与保险、基金、证券、财务公司、政策性银行和其他商业银行等同业机构进行业务合作，形成的同业金融产品，主要包括代理本外币业务清算产品、代理国际业务产品、资金信托产品、代收代付业务产品、银信资产管理产品、QDII托管业务产品、金融机构信贷资产转受让业务产品等。

三、从银行产品的性能和表现形式看，银行产品主要分为核心产品、基本产品和外延产品

1. 核心产品，是银行向客户提供的能够满足客户具体金融需求和投资收益的产品，如汽车贷款、教育储蓄等。它满足客户基本的服务需求，并让客户获得利益。核心产品一般都是为解决某一特定问题而设计的具有特殊意义的产品。由于银行产品的专业化较强，银行客户经理在营销过程中要向客户揭示隐含在每一产品的各种客户需要和能满足客户需要的某种形式。

2. 基本产品，是银行产品构成的基本部分，是银行某一产品赖以依托的基础。如存款、贷款等，是某一产品的基本业务形式。如按揭贷款的基本产品是"贷款"，储蓄存款的基本产品是"存款"。

3. 外延产品，也叫做扩展产品，是指银行产品中为客户提供功能扩展或超值服务的那一部分产品，属金融产品的系列化业务，是银行产品的延伸，用于配套解决客户的全部问题。

四、从银行产品的层次来划分可以分为基础业务产品、衍生业务产品和组合银行产品三大类

1. 基础业务产品，主要指导传统的银行业务产品，包括存款、贷款、票据、投资业务产品，结算、担保、代理、咨询四大类中间业务产品，以及信托、租赁业务产品等。

2. 衍生业务产品，是依靠某种资产作为基础来表现其自身价值而派生出来的银行产品，主要包括远期契约、期货、期权、互换等产品。

3. 组合银行产品，是一种跨越市场的产品，它可能跨越债券市场、外汇市场、股票市场以及商品市场中两个以上市场。如证券存托凭证、股指期货，以及资产债券化和结构化银行产品等。

五、按产品计价货币的不同，可将银行产品分为人民币银行产品和外币银行产品

六、按照办理渠道不同，可将银行产品分为柜台银行产品和电子银行产品

【知识链接】

中国工商银行产品目录

中国工商银行贷款融资类主要产品目录

个人贷款	对公贷款
一手个人住房贷款	流动资金贷款
二手个人住房贷款	搭桥贷款
直客式个人住房贷款	营运资金贷款
个人住房公积金（组合）贷款	周转限额贷款
个人自建住房贷款	临时贷款
固定利率个人住房贷款	法人账户透支
二手房交易资金监管业务	备用贷款
个人自用车贷款	国内贸易融资
个人质押贷款	国内信用证
个人信用贷款	信用证项下打包贷款
个人综合消费贷款	信用证项下卖方融资
个人助学贷款	信用证项下买方融资
个人房屋抵押贷款	国内保理
个人经营贷款	国内发票融资
个人小额贷款	商品融资

续表

个人贷款	对公贷款	
个人商用房贷款	项目贷款	
个人商用车贷款	并购贷款	
个人贷款卡贷通	固定资产支持融资	
个人贷款网贷通	房地产开发贷款	
个人委托贷款		土地储备贷款
		经济适用住房开发贷款
		廉租房建设贷款
		住房开发贷款
		商用房开发贷款
	专业融资	
		飞机融资
		船舶及海洋工程融资
		国际银团
		租赁金融
		出口信贷及境外项目融资
		商品融资

中国工商银行存款类主要产品目录

个人存款	对公存款
活期存款	活期存款
整存整取	定期存款
活期一本通	单位协定存款
定期一本通	单位通知存款
人民币零存整取	结构性存款
人民币整存零取	外汇存款
人民币存本取息	
人民币定活两便	
人民币教育储蓄	
定活通	
个人通知存款	

工商银行中间业务类主要产品目录

个人业务	公司业务	
投资理财	结算服务	
理财规划	*单位结算账户	
"利添利"账户理财		基本存款账户
代理个人保险业务		一般存款账户
贵金属业务		专用存款账户
"汇市通"外汇买卖		临时存款账户
开放式基金		异地结算账户
基金定投	*国内结算业务	
凭证式国债		收款业务
记账式国债		付款业务
第三方存管		账户管理
银证转账	*现金管理	
B股证券转账		收款服务
基智定投		付款服务
便利金融		账户管理及信息服务
汇款直通车		流动性管理服务
自动转账		资金增值服务
自助缴费		风险管理服务
代缴学费		供应链金融服务
委托代扣	*全球现金管理	
代保管服务（保管箱）		集中收付款
代发工资		跨境资金池
刷卡消费		定向收支
个人结算账户		账户支付额度控制
个人联名账户		账户信息查询
跨行通存通兑		借贷记通知
银行卡		综合账户报告
工银灵通卡		账户信息报告
理财金账户卡		信息支持服务
牡丹信用卡	*跨境贸易人民币结算业务	
	*代理业务	
		代理票据业务
		代理收付款业务
		代理现金业务

续表

个人业务	公司业务
	代理现金管理
	网上银行代理业务
	代理财政收付业务
	代理期货业务
	代理基金销售业务
	速汇款
企业理财	
	贵金属业务
	柜台记账式债券交易
	法人理财产品
票据业务	
	票据贴现类产品
	票据转贴现类产品
	电子商业汇票贴现类产品
	电子商业汇票转贴现类产品
	票据代理类产品

【活动练习】

　　要求学生自主选择任何一家或几家银行，通过实地调查银行网点方式了解银行现有的存款类银行产品、贷款类银行产品等内容，分析某商业银行对所提供的金融产品按什么标准进行分类或分析不同商业银行对所提供的金融产品在分类标准上有什么异同点。具体要求如下：

　　1. 多媒体演示：通过图片及 PPT 展示多家银行具体产品说明书，分析这些银行推出的银行产品的核心特性。

　　2. 课堂讨论，要求学生按照银行产品的分类标准，对所展示的银行产品进行实际分类。

【分析思考】

　　1. 简述银行产品的含义及特性。

　　2. 银行产品是如何分类的？

教学项目二

存款类银行产品

CUNKUAN LEI YINHANG CHANPIN

【学习目标】

◇ 掌握存款类银行产品的不同类型、特点和适用对象。

◇ 清楚了解各种存款类产品的特性和基本规定。

◇ 了解新型存款产品的内容、特点和适用对象。

◇ 了解存款类产品在商业银行经营过程中的作用以及对银行的贡献。

【技能目标】

◇ 能够说明各种存款类产品的特性和基本规定。

◇ 掌握办理各类存款产品的业务过程。

◇ 能够根据客户的实际需求与情况，帮助客户确定合适的银行产品。

存款是存款人基于对银行的信任而将资金存入银行，并可以随时或按约定时间支取款项的一种信用行为，是银行的传统业务。存款是银行对存款人的负债，是银行信贷资金的主要来源，也是银行办理转账结算的前提。

按照不同的分类方式可以将存款产品分为不同种类：按存款人划分可以分为财政性存款，企业存款（一般性存款）、个人储蓄存款，按照期限不同可划分为活期存款、定期存款。

学习任务一
个人存款

【学生的任务】

◇ 要求学生了解个人存款产品所包含的种类。

◇ 要求学生能够说明活期储蓄存款、定期储蓄存款、定活两便储蓄存款、个人通知存款的产品属性。

◇ 要求学生掌握每项个人存款类银行产品的办理手续。

【教师的任务】

◇ 指导学生收集整理有关银行产品的相关资料。

◇ 讲解个人存款产品的种类、特点、产品办理等主要知识点。

◇ 对学生作业完成情况进行点评。

个人存款即储蓄存款是商业银行通过信用方式动员和吸收城乡居民暂时闲置和节余货币资金的一种存款业务。国家对居民储蓄实行鼓励和保护的政策。为了正确贯彻执行国家鼓励和保护人民储蓄的政策，对个人储蓄存款实行"存款自愿，取款自由，存款有息，为储户保密"的原则。

根据储户与储蓄机构的契约关系不同，储蓄业务可以分为活期储蓄和定期储蓄。我国人民币储蓄存款是从期限和功能角度进行分类的，主要有活期储蓄、定期储蓄、定活两便储蓄和通知存款。

教学活动1　活期储蓄存款的处理

📖 **【活动目标】**

理解活期储蓄产品的性质与特点，熟悉产品的办理手续、产品价格以及可能带来的风险。

✒ **【知识准备】**

一、产品介绍

1. 定义。人民币活期储蓄存款是目前客户使用最多的存款产品，在客户存入时不约定存期，由银行发给存折或储蓄卡等存款凭证，凭证和密码存入、支取现金，可以挂失；利息每年结算一次，并计入本金起息，起存金额为1元，多存不限。

2. 特点。

（1）适用于个人生活待用款和暂时不用款。

（2）不受金额和存期限制，通存通兑。客户可以随时随地存、取款，能够让资金保持适度流动性。

（3）客户在银行开立活期储蓄账户后，可以享受银行提供的结算、代收代付、自助服务、金融信息等全方位服务，灵活理财。

（4）活期储蓄存款是付息账户。

（5）活期储蓄灵活方便，存取频繁，客户此存彼取的时间差在银行账户中形成了稳定的资金余额，成为商业银行资金来源的重要途径之一。

【知识链接】

个人存款账户实名制规定

第一条　为了保证个人存款账户的真实性，维护存款人的合法权益，制定本规定。

第二条　中华人民共和国境内的金融机构和在金融机构开立个人存款账户的个人，应当遵守本规定。

第三条　本规定所称金融机构，是指在境内依法设立和经营个人存款业务的机构。

第四条　本规定所称个人存款账户，是指个人在金融机构开立的人民币、外币存款账户，包括活期存款账户、定期存款账户、定活两便存款账户、通知存款账户以及其他形式的个人存款账户。

第五条　本规定所称实名，是指符合法律、行政法规和国家有关规定的身份证件上使用的姓名。

下列身份证件为实名证件：

（一）居住在境内的中国公民，为居民身份证或者临时居民身份证；

（二）居住在境内的16周岁以下的中国公民，为户口簿；

（三）中国人民解放军军人，为军人身份证件；中国人民武装警察，为武装警察身份证件；

（四）香港、澳门居民，为港澳居民往来内地通行证；台湾居民，为台湾居民来往大陆通行证或者其他有效旅行证件；

（五）外国公民，为护照。

前款未作规定的，依照有关法律、行政法规和国家有关规定执行。

第六条　个人在金融机构开立个人存款账户时，应当出示本人身份证件，使用实名。代理他人在金融机构开立个人存款账户的，代理人应当出示被代理人和代理人的身份证件。

第七条　在金融机构开立个人存款账户的，金融机构应当要求其出示本人身份证件，进行核对，并登记其身份证件上的姓名和号码。代理他人在金融机构开立个人存款账户的，金融机构应当要求其出示被代理人和代理人的身份证件，进行核对，并登记被代理人和代理人的身份证件上的姓名和号码。

不出示本人身份证件或者不使用本人身份证件上的姓名的，金融机构不得为其开立个人存款账户。

第八条　金融机构及其工作人员负有为个人存款账户的情况保守秘密的责任。

金融机构不得向任何单位或者个人提供有关个人存款账户的情况，并有权拒绝任何单位或者个人查询、冻结、扣划个人在金融机构的款项；但是，法律另有规定的除外。

第九条　金融机构违反本规定第七条规定的，由中国人民银行给予警告，可以处1 000元以上5 000元以下的罚款；情节严重的，可以并处责令停业整顿，对直接负责的主管人员和其他直接责任人员依法给予纪律处分；构成犯罪的，依法追究刑事责任。

第十条　本规定施行前，已经在金融机构开立的个人存款账户，按照本规定施行前国家有关规定执行；本规定施行后，在原账户办理第一笔个人存款时，原账户没有使用实名的，应当依照本规定使用实名。

第十一条　本规定由中国人民银行组织实施。

第十二条　本规定自2000年4月1日起施行。

二、产品办理

1. 活期储蓄存款开户。

（1）申请。客户凭本人有效证件到银行营业网点，填写活期储蓄存款开户申请书（见图2-1），交存一定金额并约定支取方式（凭密码或证件支取），向银行提出开户需求。

（2）办理。银行柜员审核无误后为客户办理开户，并据客户需求签发银行卡或存折等存款凭证。

2. 活期储蓄存款续存。

（1）客户向银行柜员提出续存款要求，递交现金及凭证（卡或折）。

（2）银行柜员对金额等审核无误后客户办理续存业务。

（3）请客户按银行柜员提示在存款凭条上签字确认（见图2-2）。

3. 活期储蓄存款支取。

（1）客户提出支取要求，递交凭证（卡或折）。支取金额超过5万元时，需提交身份证件。代理支取则需同时递交户主与代理人有效身份证件。

（2）客户按开户时与银行约定的支控方式，输入密码或提交证件。

（3）客户在取款凭条（见图2-3）上签字确认。

4. 活期储蓄存款账户销户。个人存款账户销户时持有效身份证件去银行营业机构办理，须提交存款凭证，并按预留支控方式进行信息核验，银行结清客户账户本息后予以销户，将现金（本息）、利息清单客户联（见图2-4）交与客户。

5. 活期储蓄存款账户挂失。

（1）客户遗失存款凭证（存单、折），客户须凭本人有效身份证件，并提供姓名、账号等有关情况，向原开户营业机构申请书面挂失。

（2）在特殊情况下，客户如不能办理存款凭证（存单、折）书面挂失手续，可以用口头申请挂失（大多银行目前主要采用电话银行账户挂失这种方式）。口头挂失，客户

世格银行 Desunsoft Bank

储蓄开户凭条
Account Application & Deposit Slip

科目：（贷）
Subject :Credit

2011 年 5 月 10 日
Year Month Date

客户必填 (To be filled in necessarily by the customer)

户名 张海菊 性别 女 证件类型 个人身份证 证件号码 231083198405032722
Name of Account Holder Sex Type of ID Document Number of ID Document

常住地址 沈阳市沈北新区建设南一路 联系电话 83495655
Address of the Account Holder Telephone No.

邮编 210000 币种 美元 存期 现钞☑ 现汇□
Postal code Currency Deposit Term Cash Foreign Exchange

留密☑ 留证☑ 存入金额（小写）2600.00
PIN Seal Amount in figures

储种选择： 活期☑ 整存整取□ 零存整取□ 储蓄卡□
Category of Deposit Current Lump De. & Dr. Odd De. & Lump Dr. Savings Card

教育储蓄□ 定活两便□ 通知存款□ 存本取息□
Education Savings/Time Call Renewal & Int. Dr.

活期一本通□ 定期一本通□ 其他 _____
Current One for al Lump One for all Others

客户选填 (To be filled in voluntarily by the customer)

拼音/英文名 _____ 户籍地/国籍 _____ 学历 _____ 年收入 _____
English Name Nationality Eductaion Annual Earnings

电子邮箱 _____ 您正在使用的世格银行金融产品
E-mail Banking Product DSB. You Are Using

职业： 公务员□ 教师医生□ 工程师等专业人士□ 个体及私营业主□
Profession: Official Teacher or Doctor Specialist such as Engineer Entrepreneur

企业行政人员□ 其他□
Enterprise Meneger Others

提示：请客户提交本凭条前认真阅读背面的"客户须知"。

银行记录 (For Bank's Record)

会计主管： 授权： 复核： 录入：

图2-1 活期储蓄存款开户申请书

须在五日内补办书面挂失手续，否则挂失不再有效。

（3）不记名的存款凭证（存单、折）不能挂失。

（4）由他人代理存款凭证（存单、折）挂失的，须凭代理人和被代理人的有效身份证件办理。书面挂失七日后，客户须凭挂失申请书和本人有效身份证件到原挂失补领新存款凭证（存单、折）或支取存款，不能代理，必须本人办理。

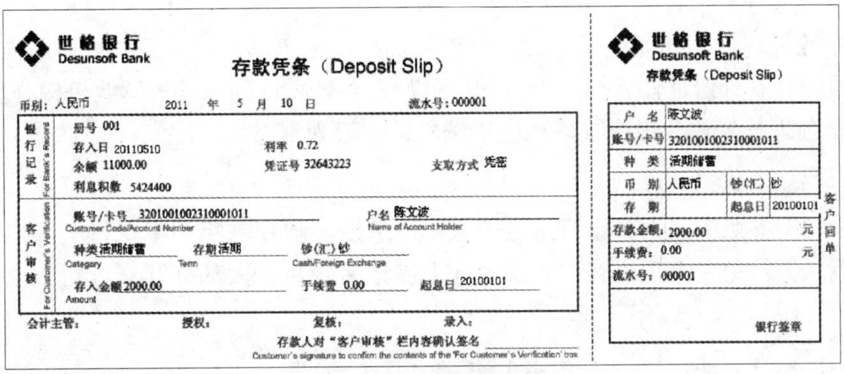
世格银行 Desunsoft Bank
存款凭条（Deposit Slip）
币别：人民币　2011 年 5 月 10 日　流水号：000001
银行记录 For Bank's Record：册号 001　存入日 20110510　利率 0.72　余额 11000.00　凭证号 32643223　支取方式 凭密　利息积数 5424400
客户审核 For Customer's Verification：账号/卡号 Customer Code/Account Number 3201001002310001011　户名 Name of Account Holder 陈文波
种类 Category 活期储蓄　存期 Term 活期　钞(汇) Cash/Foreign Exchange 钞
存入金额 Amount 2000.00　手续费 0.00　起息日 20100101
会计主管：　授权：　复核：　录入：
存款人对"客户审核"栏内容确认签名 Customer's signature to confirm the contents of the 'For Customer's Verification' box
世格银行 Desunsoft Bank 存款凭条（Deposit Slip）
户名 陈文波
账号/卡号 3201001002310001011
种类 活期储蓄
币别 人民币　钞(汇) 钞
存期　起息日 20100101
存款金额：2000.00 元
手续费：0.00 元
流水号：000001
银行签章
客户回单

图 2－2　存款凭条

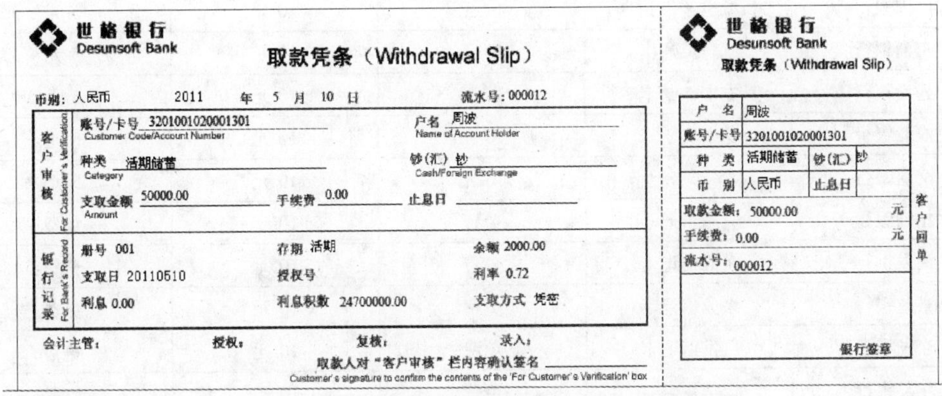
世格银行 Desunsoft Bank
取款凭条（Withdrawal Slip）
币别：人民币　2011 年 5 月 10 日　流水号：000012
客户审核 For Customer's Verification：账号/卡号 Customer Code/Account Number 3201001020001301　户名 Name of Account Holder 周波
种类 Category 活期储蓄　钞(汇) Cash/Foreign Exchange 钞
支取金额 Amount 50000.00　手续费 0.00　止息日
银行记录 For Bank's Record：册号 001　存期 活期　余额 2000.00
支取日 20110510　授权号　利率 0.72
利息 0.00　利息积数 24700000.00　支取方式 凭密
会计主管：　授权：　复核：　录入：
取款人对"客户审核"栏内容确认签名 Customer's signature to confirm the contents of the 'For Customer's Verification' box
世格银行 Desunsoft Bank 取款凭条（Withdrawal Slip）
户名 周波
账号/卡号 3201001020001301
种类 活期储蓄　钞(汇) 钞
币别 人民币　止息日
取款金额：50000.00 元
手续费：0.00 元
流水号：000012
银行签章
客户回单

图 2－3　取款凭条

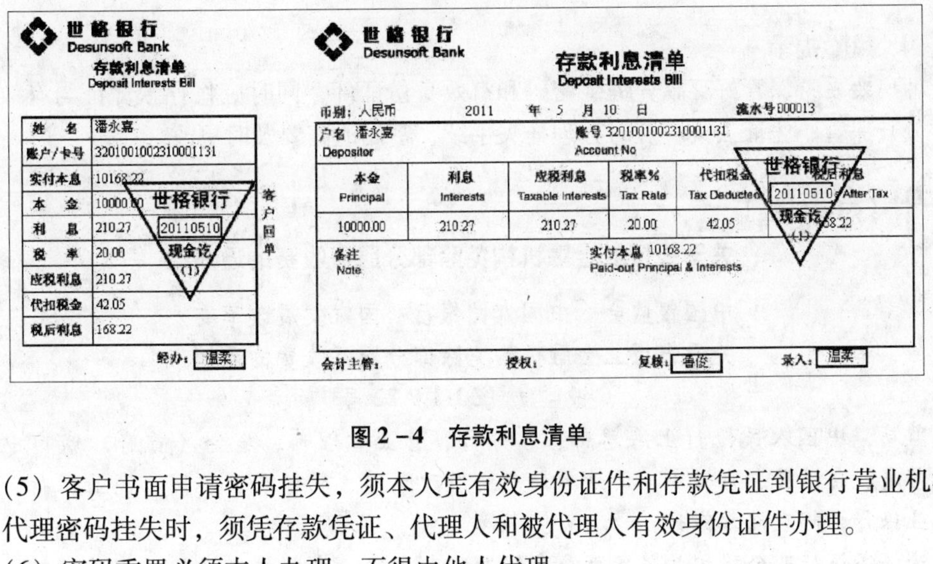
世格银行 Desunsoft Bank
存款利息清单 Deposit Interests Bill
姓名 潘永嘉
账户/卡号 3201001002310001131
实付本息 10168.22
本金 10000.00
利息 210.27
税率 20.00
应税利息 210.27
代扣税金 42.05
税后利息 168.22
客户回单
经办：温柔
世格银行 20110510 现金讫 (1)
世格银行 Desunsoft Bank
存款利息清单 Deposit Interests Bill
币别：人民币　2011 年 5 月 10 日　流水号 000013
户名 Depositor 潘永嘉　账号 Account No 3201001002310001131
本金 Principal 10000.00　利息 Interests 210.27　应税利息 Taxable Interests 210.27　税率% Tax Rate 20.00　代扣税金 Tax Deducted 42.05　税后利息 After Tax 168.22
备注 Note　实付本息 Paid-out Principal & Interests 10168.22
会计主管：　授权：　复核：香侬　录入：温柔

图 2－4　存款利息清单

（5）客户书面申请密码挂失，须本人凭有效身份证件和存款凭证到银行营业机构办理。代理密码挂失时，须凭存款凭证、代理人和被代理人有效身份证件办理。

（6）密码重置必须本人办理，不得由他人代理。

（7）客户书面申请印鉴挂失，必须本人凭有效身份证件和存款凭证到原开户营业机构办理。

（8）挂失解挂。办理存款凭证（存单、折）或密码书面挂失后要求撤销挂失的，客户本人须凭有效身份证件、挂失申请书、被挂失存款凭证到原挂失营业机构办理。

（9）办理挂失业务银行收取相应手续费，一般为10元。

三、产品价格

存款利率参照中国人民银行规定的人民币活期储蓄存款年利率执行。客户开立活期储蓄存折，银行免费办理；客户若要求开立借记卡账户，大部分开户银行收取年费，一般为10元（见表2-1）。

表2-1　　　　　　　　　　　各大银行收费标准一览表

银行名称	银行卡名称	年费	挂失手续费	损坏换卡手续费
中国银行	长城电子借记卡	10元	10元	5元
工商银行	牡丹灵通卡	10元	10元	5元
建设银行	龙卡储蓄卡	10元	10元	5元
农业银行	龙卡储蓄卡	10元	10元	5元
交通银行	太平洋借记卡	10元	10元	5元
招商银行	一卡通	免费	10元	免费
浦发银行	东方借记卡	免费	10元	免费
兴业银行	兴业借记卡	免费	10元	免费
广东发展银行	广发借记卡	免费	10元	免费
华夏银行	华夏卡	免费	10元	免费
光大银行	阳光卡	免费	10元	3元

四、风险提示

客户要妥善保管好存款凭证、密码和有效身份证件，同时应将存款凭证与有效身份证件分开保管；凭证丢失应及时办理挂失手续，密码泄露要及时更改。

【知识链接】

关于银行业金融机构免除部分服务收费的通知

中国银监会　中国人民银行　国家发展改革委
关于银行业金融机构免除部分服务收费的通知
银监发〔2011〕22号

各银监局，中国人民银行上海总部，各分行、营业管理部，省会（首府）城市中心支行，各省、自治区、直辖市、计划单列市发展改革委、物价局，各国有商业银行、股份制商业银行，邮政储蓄银行：

为提高银行业金融机构服务效率，提升服务水平，在坚持市场化原则的同时，进一步履行社会责任，决定免除部分服务收费。现就有关事项通知如下：

一、从 2011 年 7 月 1 日起，银行业金融机构免除人民币个人账户的以下服务收费：

（一）本行个人储蓄账户的开户手续费和销户手续费；

（二）本行个人银行结算账户的开户手续费和销户手续费；

（三）同城本行存款、取款和转账手续费（贷记卡账户除外）；"同城"范围不应小于地级市行政区划，同一直辖市、省会城市、计划单列市列入同城范畴；

（四）密码修改手续费和密码重置手续费；

（五）通过本行柜台、ATM、电子银行等提供的境内本行查询服务收费；

（六）存折开户工本费、存折销户工本费、存折更换工本费；

（七）已签约开立的代发工资账户、退休金账户、低保账户、医保账户、失业保险账户、住房公积金账户的年费和账户管理费（含小额账户管理费）；

（八）向救灾专用账户捐款的跨行转账手续费、电子汇划费、邮费和电报费；

（九）以电子方式提供 12 个月内（含）本行对账单的收费；

（十）以纸质方式提供本行当月对账单的收费（至少每月一次），部分金融消费者单独定制的特定对账单除外；

（十一）以纸质方式提供 12 个月内（含）本行对账单的收费（至少每年一次），部分金融消费者单独定制的特定对账单除外。

二、银行业金融机构未经客户以书面、客户服务中心电话录音或电子签名方式单独授权，不得对客户强制收取短信服务费。

三、银行业金融机构代理国家有关部门或者其他机构的收费，应在办理业务前，明确告知客户，尊重客户对相关服务的自主选择权。

四、各银行业金融机构应根据自身业务发展实际情况，主动承担社会责任，不断加强内部管理，提高服务质量和水平。

五、各银行业金融机构要做出统一部署，抓紧开展相关制度、流程、业务系统、账务系统和账户标记的调整和调试工作，做好应急预案和柜台人员解释口径的准备工作，保障各项业务安全、稳定和持续运行。

请各银监局将本通知转发至辖内银监分局和银行业金融机构，督促辖内银行业金融机构执行各项规定。各地银监局、人民银行分支机构、政府价格主管部门应加强信息共享，遇特殊情况及时向银监会、人民银行和发展改革委报告。

中国银行业监督管理委员会

中国人民银行

国家发展和改革委员会

二○一一年三月九日

【活动练习】

客户小李持他多年前开办的活期储蓄存折来到银行，可是他却忘记了原来的密码，无法将存折内余额取出。请站在银行工作人员的角度帮助小李解决问题。

【分析思考】

简述活期储蓄存款的业务内容、特点和开办条件。

教学活动 2　定期储蓄存款的处理

【活动目标】

理解定期储蓄产品的种类与特点，熟悉产品的办理手续、产品价格以及可能带来的风险。

【知识准备】

一、产品介绍

1. 定义。定期储蓄存款是客户约定存款期限，一次或在存期内分次存入本金，整笔或分期、分次支取本金或利息的一种储蓄。它适用于居民个人生活节余款和有计划积累或有计划使用款项的存储。

2. 分类及特点。

（1）整存整取定期储蓄存款。人民币整存整取定期储蓄是指个人将其所有的人民币存入银行储蓄机构，约定存期、整笔存入，储蓄机构开具存单作为凭证，到期一次性支取本息的一种储蓄存款。整存整取定期储蓄 50 元起存，多存不限。存期分为三个月、半年、一年、二年、三年和五年。它是银行储蓄存款中最重要的一个基本储蓄种类。

整存整取定期储蓄存款的特点在于：第一，它的利率高，是所有存款产品中同档次期限利率最高的品种。第二，它可以根据客户的意愿约定自动转存，并且不限次数。第三，虽然事先约定好了存期，但当储户急需资金时，可以办理部分或全部提前支取。第四，储户可以将整存整取定期储蓄存单作为动产抵押品，获得银行贷款。

（2）零存整取定期储蓄存款。零存整取定期储蓄存款是开户时约定期限，存期内按月存入，中途漏存，仍可续存，未存月份应在次月补存，到期一次支取本金和利息的储蓄存款，起存金额为 5 元，存期为一年、三年和五年。零存整取定期储蓄存款是为适应客户将零星小额节余款积零成整的需要而设置的存款，起存金额较低，能够促进客户积累，计划性强，适应面广，适应各类客户参加存储，尤其适合低收入客户群体生活节余款积零成整的需要。

（3）存本取息定期储蓄存款。存本取息定期储蓄存款是一次存入本金，存期内分次支取利息，到期一次支取本金的储蓄存款。起存金额为 5 000 元，存期为一年、三年和五年。利息凭存单分期支取，一个月或几个月取息一次均可，由储户与银行协商确定。适用于储户有整笔收入，不动本金，而按期支取利息以安排生活的储蓄。

（4）整存零取定期储蓄存款。整存零取定期储蓄存款是一次存入，约定期限，存期内分次提取本金，到期一次计付利息的储蓄存款。1 000 元起存，存期分 1 年、3 年、5 年，由银行发给存单，凭存单分次支取本金，支取期分别为 1 个月、3 个月、半年，由储户与银行协商确定。适用于储户有较大数额收入，而需分期陆续使用的储蓄。

二、产品办理

1. 整存整取定期储蓄存款。

（1）开户。客户凭有效身份证件办理开户。申请开户时，客户要正确填写储蓄存款凭条，交存一定金额、选择存款期限并约定转存、支取方式等，柜员审核无误后开具存款凭证（见图2－5）。

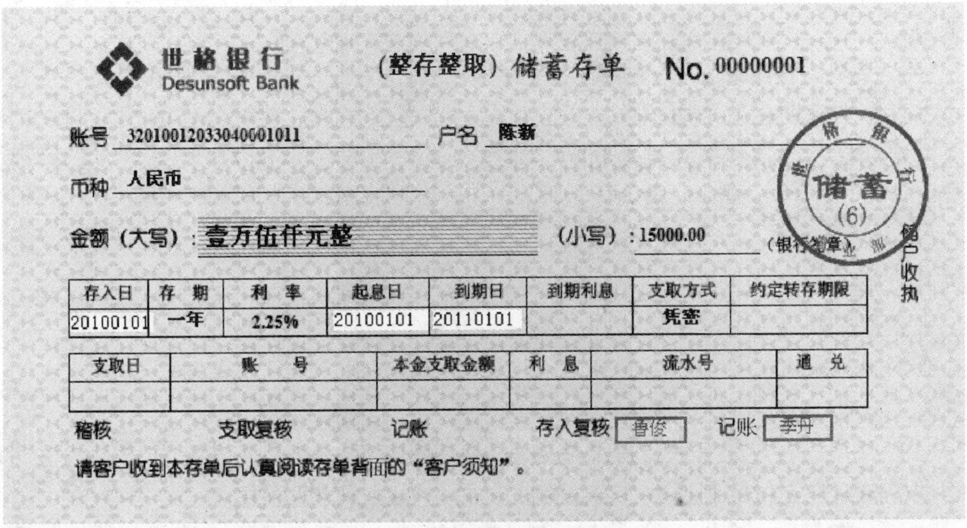

世格银行 Desunsoft Bank　（整存整取）储蓄存单　No.00000001

账号 32010012033040001011　户名 陈新

币种 人民币

金额（大写）：壹万伍仟元整　（小写）：15000.00　（银行签章）

储户收执

存入日	存期	利率	起息日	到期日	到期利息	支取方式	约定转存期限
20100101	一年	2.25%	20100101	20110101		凭密	

支取日	账号	本金支取金额	利息	流水号	通兑

稽核　支取复核　记账　存入复核 香俊　记账 李丹

请客户收到本存单后认真阅读存单背面的“客户须知”。

图2－5　整存整取储蓄存单

（2）支取。存款到期时，客户凭存单和有效身份证件到银行营业机构支取。代为支取的不仅要提供存款人身份证件，还要提供代取人的身份证件。支取时按照存款金额和开户日利率，银行一次计付本金和利息。

（3）提前支取。如果客户急需资金，可持本人有效身份证件办理提前支取和部分提前支取。未到期的定期存款，全部提前支取的，按支取日挂牌公告的活期存款利率计付利息；部分提前支取的，提前支取的部分按支取日挂牌公告的活期存款利率计付利息，剩余部分到期时按开户日挂牌公告的定期储蓄存款利率计付利息。

（4）服务渠道。

开户服务渠道：营业网点、网上银行（适用于在借记卡内新开立定期账户）。

现金存款服务渠道：营业网点。

现金取款服务渠道：营业网点。

活期存款转存定期存款服务渠道：营业网点、网上银行。

定期存款转活期存款服务渠道：营业网点、网上银行。

查询服务渠道：营业网点、ATM、电话银行、网上银行、手机银行、自助终端。

2. 零存整取定期储蓄存款。

（1）开户。客户凭有效身份证件办理开户。申请开户时，客户要正确填写储蓄存款凭条，与银行约定每月存储金额和存期，交存一定金额，柜员审核无误后开具存款凭证

（一般为储蓄存折）。

（2）续存。在存期内，每月固定存入一定的金额。中途如有漏存，须在下月补存。未补存或漏存次数超过一次者，视同违约。对违约后存入的部分，支取时按活期存款利率计付利息。

（3）自动续存。客户可以约定零存整取账户进行自动供款，即在开立零存整取存款时，由客户指定某一活期存款账户，系统自动按月从该活期账户扣划相应金额至零存整取账户。

（4）支取。存款到期时，客户凭存折和有效身份证件到银行营业机构支取本息。人民币零存整取定期存款采用积数计息法计算利息，按存入日挂牌公告的相应期限档次零存整取定期储蓄存款利率计息，利随本清。如遇利率调整，不分段计息。客户可根据需求凭有效身份证件办理全部提前支取，但不办理部分提前支取。

（5）服务渠道。

开户服务渠道：营业网点、网上银行。

现金存取款服务渠道：营业网点。

查询服务渠道：营业网点、电话银行、个人网上银行、自助查询终端等。

3. 存本取息定期储蓄存款。

（1）开户。客户凭有效身份证件办理开户；开户时由银行按本金和约定的存期计算出每期应向储户支付的利息数，签发存折；储户凭存折分期取息。

（2）分期付息。存期内储户按约定时间来银行支取利息时，应持存单并按每次应支取利息数填交一联"定期存本取息储蓄取息凭条"，银行柜员审核无误后进行支付。到期后本金一次性支取。不得提前支取利息；如到取息日而未取息，以后可随时取息，但不计算复息。

（3）支取。存款到期时，客户凭存折和有效身份证件到银行营业机构支取本金。若客户在存期内如有急需，可持存款凭证及有效身份证件办理全部提前支取，利息按支取日当天挂牌公布的活期储蓄存款利率计算。银行已经支付的利息，应从计算的应支付利息中扣除。

（4）服务渠道。

开户服务渠道：营业网点、网上银行。

取息服务渠道：营业网点、网上银行。

取款服务渠道：营业网点。

查询服务渠道：营业网点、电话银行、个人网上银行、自助查询终端等。

4. 整存零取定期储蓄存款。

（1）开户。客户凭有效身份证件办理开户，开户时客户与银行协商确定支取期限和每次支取金额。

（2）分期支取本金。客户按照开户时的约定凭存款凭证分次支取本金。

（3）提前支取。客户在存期内如有急需，可持存款凭证及有效身份证件办理全部提前支取。提前支取时，按照支取日当天活期储蓄存款利率计息。

（4）销户。存款到期，银行按存入日挂牌公告的相应期限档次整存零取储蓄存款利率计息，利随本清。如遇利率调整，不分段计息。

（5）服务渠道。

开户：营业网点、网上银行。

取款：营业网点、网上银行。

提前支取：营业网点。

查询：营业网点、网上银行、ATM、电话银行、自助终端。

三、产品价格

定期储蓄存款的利息一般采用利随本清的方法进行支付，即在客户存款到期时一并支付本息，利息按照存款开户日挂牌公布的同档次利率计算。如遇客户在到期日前提前支取，则参照活期储蓄存款的计息方法，按照支取日当天挂牌公布的活期储蓄存款利率进行计算。

四、风险提示

定期储蓄存款是商业银行一项重要的负债业务。它具有以下特点：

第一，定期储蓄利率随期限长短而不同，但总体上高于活期储蓄的利率水平，对储户而言盈利性较高，有助于合理安排闲置和结余资金。

第二，存取手续简便。

第三，存期较长且稳定，有利于银行长期使用资金，支持经济发展。

因此，定期储蓄存款风险主要在于利率风险，提前支取风险。但总体而言，无论对于客户还是银行而言，定期储蓄存款都是一项风险较低而收益高的储蓄产品。

五、产品示例——中国工商银行教育储蓄

1. 服务对象。适合在校的小学四年级（含）以上学生。六年期教育储蓄适合小学四年级以上的学生开户，三年期教育储蓄适合初中以上的学生开户，一年期教育储蓄适合高二以上的学生开户。这样，接受非义务教育储蓄时（即升入高中以后），就可以在教育储蓄到期时享受优惠利率并及时使用该存款。

2. 功能简介。

（1）教育储蓄属零存整取定期储蓄存款，最低起存金额为50元，本金合计最高限额为2万元。存期分一年、三年、六年三种。开户时储户与银行约定每月固定存入的金额，分月存入，中途如有漏存，应在次月补存，否则视为违约。教育储蓄在存期内至少要存储两次。

（2）教育储蓄到期后，凭存折和学校提供的接受非义务教育的学生身份证明，一次性支取本金和利息。

（3）教育储蓄实行优惠利率。存款到期后储蓄能提供有效证明的，按同档次整存整取定期储蓄存款利率计息，并免征利息税。

（4）只限办理人民币，可同城通存通兑，将账户挂在灵通卡内可凭卡存款。

3. 申请手续。持学生本人户口簿或居民身份证、现金到任一网点办理开户手续。

4. 收费标准。免费办理。

5. 完成时间。立等可取。

6. 特别提示。

（1）教育储蓄存款违约后的存款支取时按活期储蓄存款利率计息。

（2）教育储蓄到期支取时，不能提供学校开具的正在接受非义务教育的学生身份证明的，按普通零存整取定期利率计息，且征收利息税。

【活动练习】

要求学生列举一个商业银行的定期储蓄产品案例，总结该产品的特色和操作处理方法。

【分析思考】

简述定期储蓄存款的种类和特点。

教学活动3　定活两便储蓄产品的处理

【活动目标】

理解定活两便储蓄产品的性质与特点，熟悉产品的办理手续、产品价格以及可能带来的风险。

【知识准备】

一、产品介绍

1. 定义。定活两便储蓄存款既有定期之利又有活期之便，可在存期较长的情况下按规定获得利息，又可享受活期储蓄支取之便的储蓄形式。客户在存款时不约定存期，银行根据客户存款的实际存期按规定计息。一般 50 元起存，由银行发给存单，方便灵活，收益较高；手续简便，利率合理。存款期限不受限制，适合存款期限不确定的客户。

2. 特点。

（1）存款数额不定，适合各种类型的储户。

（2）既可以随时支取，又可以享受高于活期储蓄的利率水平。

（3）该储蓄产品的凭证只能作为提款凭证，不能代替具有转账和流通功能的支票。

（4）利率不定。在基本期限之内提取，按活期储蓄计息；超过基本期限取款的，按实际存期计息。据人民银行现行规定，定活两便储蓄存款按一年以内整存整取定期储蓄存款同档次利率打六折执行。

二、产品办理

1. 定活两便储蓄存款开户。客户凭有效身份证件办理开户。如为代办，须同时出示代办人和被代办人有效实名证件。申请开户时，客户要正确填写储蓄存款凭条，交存一定金额并约定支取方式等。柜员审核无误后开具存款凭证，例如定活两便储蓄存单（见图 2-6）。

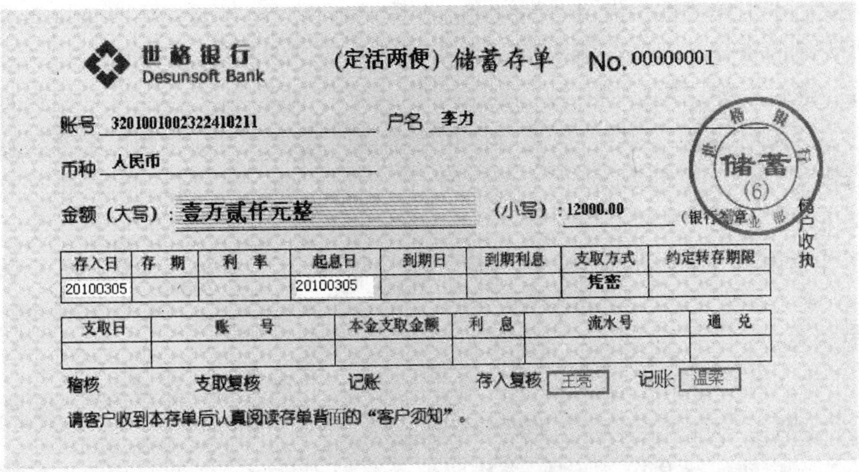

世格银行 Desunsoft Bank　（定活两便）储蓄存单　No. 00000001

账号 3201001002322410211　户名 李力

币种 人民币

金额（大写）：壹万贰仟元整　（小写）：12000.00　（银行签章）

存入日	存期	利率	起息日	到期日	到期利息	支取方式	约定转存期限
20100305			20100305			凭密	

支取日	账号	本金支取金额	利息	流水号	通兑

稽核　支取复核　记账　存入复核 王亮　记账 温柔

请客户收到本存单后认真阅读存单背面的“客户须知”。

储户收执

图 2－6　定活两便储蓄存单

2. 定活两便储蓄存款支取。客户可根据需要凭有效身份证件和定活两便储蓄存单随时到银行营业机构提取本金和利息，利随本清。定活两便不可办理部分支取。

3. 定活两便储蓄存款的服务渠道。

（1）开户服务渠道：营业网点。

（2）取款服务渠道：营业网点。

（3）查询服务渠道：营业网点、个人网上银行、自助查询终端、ATM 等。

三、产品价格

存期不满三个月的，按天数计付活期利息；存期三个月以上（含三个月），不满半年的，整个存期按支取日定期整存整取三个月存款利率六折计息；存期半年以上（含半年），不满一年的，整个存期按支取日定期整存整取半年期存款利率六折计息；存期在一年以上（含一年），无论存期多长，整个存期一律按支取日定期整存整取一年期存款利率六折计息。

四、产品案例

创新产品——中国工商银行“定活通”

1. 服务简介。“定活通”是指工商银行自动每月将客户活期账户的闲置资金转为定期存款，当活期账户因刷卡消费或转账取现资金不足时，定期存款将自动转为活期存款的服务。

2. 服务特色。

（1）智能理财，省却经常管理账户的麻烦，省时省心。

（2）高效现金管理，满足定期存款收益与活期存款便利的双重需要。

3. 服务渠道。中国工商银行营业网点。

4. 服务案例。

郭女士，某大型央企中层领导，同时又是家庭财务主管。

过去：由于工作繁忙，没有时间打理工资账户，每半年才会集中将工资转为定期存款，因此大量的资金都闲置在活期账户中。

现在：通过办理"定活通存款计划"，工商银行计算机系统将在每月固定日期检查郭女士的工资账户。当工资账户资金超出指定金额时，系统自动将超出金额转存为定期存款。当郭女士因为消费或取现而卡上余额不足时，定期存款将自动转为活期存款，避免活期账户余额不足的尴尬。

5. 操作指南。客户携带欲办理定活通的理财金账户卡或灵通卡至工商银行营业网点即可办理。

6. 温馨提示。

（1）"定活通"每年收取 20 元的费用，理财金账户客户目前免费提供。

（2）"定活通"账户活期向定期转账的起点金额为 5 000 元。

（3）当客户在他行 POS 刷卡或 ATM 取现而余额不足时，定期存款将不能转为活期存款。

【活动练习】

要求学生列举一个商业银行的定活两便产品案例，总结该产品的特色和操作处理方法。

【分析思考】

简述定活两便储蓄存款的业务特点及开办手续。

教学活动 4　通知储蓄存款的处理

【活动目标】

了解通知储蓄存款的内容和特点，掌握产品的具体办理方式及产品价格。

【知识准备】

一、产品介绍

1. 定义。通知储蓄存款是指客户存款时不约定存期，支取时需提前通知银行，约定支取存款日期和金额方能支取的一种存款方式。存款需一次性存入，支取可分一次或多次，适用于大额、存取较频繁的存款。

2. 分类及特点。

（1）不论实际存期多长，按存款人提前通知的期限长短划分为一天通知存款和七天通知存款两个品种。一天通知存款必须提前一天通知银行约定支取，七天通知存款必须提前七天通知约定支取。

（2）通知存款提供自动转存服务，以一天或七天（一天通知存款为一天，七天通知存款为七天）为一个存款周期转存通知存款。每存满一天或七天储蓄业务处理系统自动进行一次结息，次日将本息自动转入下一个存款周期复利计息，为您节省时间和提高资金利用率。

（3）便于大额资金管理：开户及取款起点较高。通知存款的最低起存金额为5万元，最低支取金额为5万元。每次通知支取金额，通知后剩余的未通知金额必须不低于最低起存金额5万元。

（4）利率高于活期储蓄利率。存期灵活、支取方便，能获得较高收益。

（5）通知储蓄存款为记名式存款，可以办理挂失。

二、产品办理

1. 通知储蓄存款开户。客户凭有效身份证件到各商业银行网点办理通知存款。如为代办，须同时出示代办人和被代办人有效实名证件。通知存款存入时，客户自由选择通知存款品种。业务办理成功后由银行签发通知储蓄存单（见图2－7），客户也可以在其已有银行卡中办理该项业务。

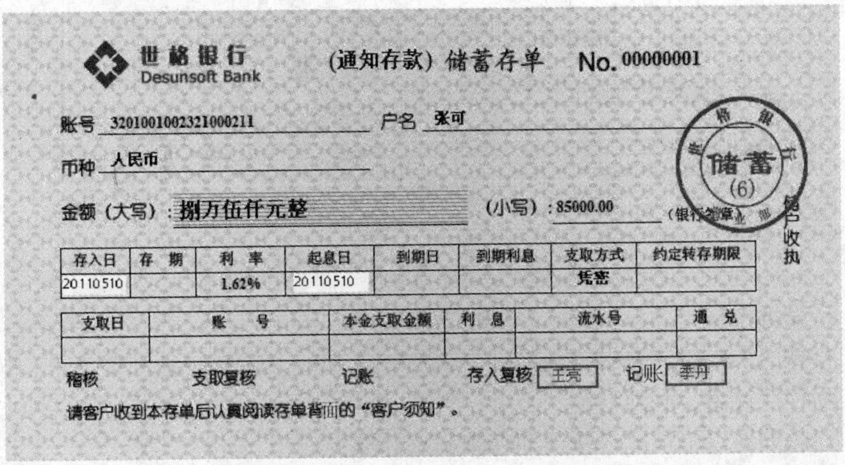

世格银行 Desunsoft Bank　（通知存款）储蓄存单　No. 00000001

账号 3201001002321000211　户名 张可

币种 人民币

金额（大写）：捌万伍仟元整　（小写）：85000.00　（银行签章）

存入日	存期	利率	起息日	到期日	到期利息	支取方式	约定转存期限
20110510		1.62%	20110510			凭密	

支取日	账号	本金支取金额	利息	流水号	通兑

稽核　支取复核　记账　存入复核 王亮　记账 李丹

请客户收到本存单后认真阅读存单背面的"客户须知"。

储户收执

图2－7　通知存款储蓄存单

2. 通知储蓄存款通知。通知存款支取时，必须提前1天或7天持存款凭证至银行办理通知手续，由银行打印通知支取通知书（见图2－8）。

3. 通知储蓄存款通知撤销。客户办理通知取款手续后，如需要取消取款约定，需持存款凭证、通知书到银行办理撤销手续。

4. 通知储蓄存款取款。通知储蓄的支取需凭存单、通知书及本人有效身份证件到银行办理。客户一次全部支取通知存款时，由银行收回存单，办理销户手续；客户部分支取通知存款时，留存资金要高于最低起存金额；未支取部分若低于通知存款起存金额，则予以清户。如果一次性提取现金一定金额及以上的，需至少提前一天在网点或通过电话向取款网点预约。

5. 通知储蓄存款的服务渠道。

（1）开户服务渠道：营业网点。

（2）现金取款服务渠道：营业网点、ATM。

（3）查询服务渠道：营业网点、电话银行、网上银行、自助查询终端、ATM等。

（4）通知存款转存其他存款服务渠道：营业网点、电话银行、网上银行。

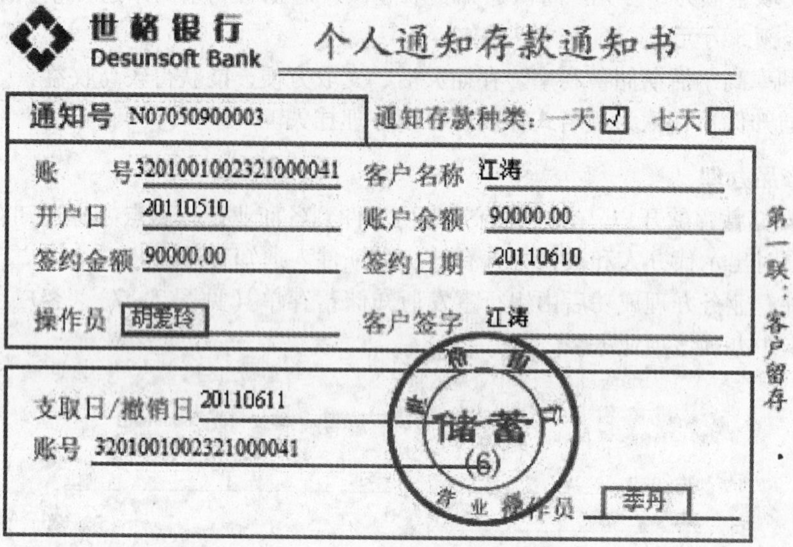

世格银行 Desunsoft Bank 个人通知存款通知书

通知号 N07050900003　通知存款种类：一天☑　七天☐

账　号 3201001002321000041　客户名称 江涛

开户日 20110510　账户余额 90000.00

签约金额 90000.00　签约日期 20110610

操作员 胡爱玲　客户签字 江涛

支取日/撤销日 20110611

账号 3201001002321000041

储蓄 (6)

操作员 李丹

第一联：客户留存

图 2-8　个人通知存款通知书

三、产品价格

通知存款的价格以支取日银行挂牌公告的一天和七天通知储蓄利率为准，按照相应利率和实际存期计息，利随本清。

通知存款如遇以下情况，按活期存款利率计算：

1. 实际存期不足通知期限。
2. 未提前通知而支取。
3. 已办理通知手续而提前支取或逾期支取。
4. 支取金额不足或超过约定金额。
5. 支取金额不足最低支取金额。

【知识链接】

储蓄存款账户的挂失及密码重置

一、正式挂失

客户遗失银行卡、存折或存单，必须持本人有效身份证件，并提供存款人姓名、开户时间、储蓄种类、金额、账号及住址等有关信息，到银行营业网点书面正式申请挂失。若委托他人代为办理挂失手续的，还应出示代理申请人身份证件。办理正式挂失后，客户遗失的银行卡、存折或存单将无法使用。

办理正式挂失申请手续后，存款人本人须凭挂失申请书和本人有效身份证件到原申请挂失的营业网点办理补领新银行卡、存折或存单或支取存款等业务。客户如遗失或损毁挂失申请书，其挂失手续应比照正式挂失手续办理。

二、临时挂失

客户遗失银行卡、存折、存单后因特殊情况不能办理正式挂失手续的，须办理临时挂失。临时挂失后客户遗失的银行卡、存折、存单在临时挂失有效期15天内将无法使用。客户办理临时挂失后，须在有效期内补办正式挂失手续，否则临时挂失期限届满将不再有效。

客户可通过营业网点、网上银行或电话银行办理临时挂失。通过营业网点办理临时挂失时，须持本人有效身份证件，并提供存款人姓名、开户时间、储蓄种类、金额、账号及住址等有关信息。若委托他人代为办理挂失手续的，还应出示代理申请人身份证件。客户通过电话银行、网上银行等电子银行渠道办理的挂失业务，视同临时挂失业务处理。

三、密码重置

密码重置是客户因遗忘银行卡、存折或存单的密码而到我行营业网点重置密码的服务。密码重置必须由存款人本人办理，并提供银行卡、存折或存单和本人有效身份证件。

四、解除挂失

客户须凭已挂失的银行卡、存折或存单、本人有效身份证件、挂失申请书向原挂失网点申请办理解除挂失。解除挂失不可代为办理。已收取的挂失手续费一律不退。

【活动练习】

要求学生列举一个商业银行的通知储蓄产品案例，总结该产品的特色和操作处理方法。

【分析思考】

通知储蓄存款的内容和特点是什么？试分析通知储蓄存款适用的客户群体。

教学活动5 计算储蓄存款利息

【活动目标】

熟悉银行存款计息的基本方法，能够灵活运用积数计息法和逐笔计息法计算储蓄存款的利息。

【知识准备】

一、计息方法

银行主要采用积数计息法和逐笔计息法计算利息。积数计息法便于对计息期内账户余额可能会发生变化的储蓄存款计算利息。因此，银行主要对活期性质的储蓄存款账户采用积数计息法计算利息，包括活期储蓄、零存整取、通知储蓄。活期储蓄存款按季结息，每季度末月的20日为结息日，按结息日挂牌活期储蓄存款利率计息，每季度末月的21日为利息的入账日。对未到结息日办理销户的，其利息应随本金一同结清，利息算至销户的前一天止。而对于定期性质的存款，包括整存整取、整存零取、存本取息、定活两便，银行采用逐笔计息法计算利息。

1. 积数计息法。积数计息法就是按实际天数每日累计账户余额，以累计积数乘以日利率计算利息的方法。积数计息法的计息公式为

$$利息 = 累计计息积数 \times 日利率$$

其中累计计息积数 = 账户每日余额合计数。

2. 逐笔计息法。逐笔计息法是按照预先确定的计息公式逐笔计算利息的方法。

（1）基本公式：利息 = 本金 × 存期 × 利率。

（2）本金：储蓄存款本金以元为起息点，元以下角、分不计息。利息金额算至厘位，实际支付或入账时四舍五入至分位。

（3）存期：算头不算尾，存入日起息，支取的前一日止息，支取日不计息。

（4）利率：利率单位有年利率、月利率、日利率三种；计算利息要注意利率单位与存期单位的一致性。三者之间的换算为

$$月利率 = 年利率 \div 12$$
$$日利率 = 月利率 \div 30 = 年利率 \div 360$$

二、应用举例

1. 活期储蓄存款利息计算。

（1）结息日与结息期。活期储蓄存款按季度结息，每季度末月的 20 日为结息日，按结息日挂牌活期储蓄存款利率计息。每季度末月的 21 日为利息的入账日。对未到结息日办理销户的，其利息应随本金一同结清，利息算至销户的前一天止。

（2）储蓄存款积数的计算。活期储蓄存款由计算机自动累加存款积数，结息或结清时将存款的累计未计积数乘以结息日或结清日挂牌公告的活期储蓄存款利率，结计出储户的利息。

应付利息 = 累计日积数 × 结息日或销户日挂牌公告的活期储蓄存款日利率

案例1 储户高达于 2011 年 1 月 2 日开立活期储蓄存款存折户，其活期储蓄存款账如下，销户日的利息计算如下：

高达活期储蓄存款账

日期	摘要	存入	支取	存款余额	计息期	天数	计息积数	积数余额
2011. 01. 02	开户	5 000		5 000	2011. 01. 02 – 2011. 02. 14	43	215 000	215 000
2011. 02. 14	支取		3 000	2 000	2011. 02. 14 – 2011. 03. 06	21	42 000	257 000
2011. 03. 06	续存	4 000		6 000	2011. 03. 06 – 2011. 03. 20	14	84 000	341 000
2011. 03. 20	销户		6 000	0				

2011 年 3 月 20 日销户日银行应付利息：341 000 × 0.4% ÷ 360 = 3.79

2. 整存整取定期储蓄存款的利息计算。

（1）人民币整存整取定期存款采用逐笔计息法计算利息，按存入日挂牌公告的相应期限档次整存整取定期存款利率计息，利随本清。如遇利率调整，不分段计息。

（2）全部或部分提前支取的，支取部分按支取日挂牌公告的活期储蓄存款利率计息，未提前支取部分仍按原存单利率计息。

（3）逾期支取的，超过存单约定存期部分，除约定自动转存外，按支取日挂牌公告的活期储蓄存款利率计息。

案例2 储户田宇于2010年3月30日存入一年期整存整取定期储蓄存款10 000元，于2010年8月10日提前支取4 000元，其余存至到期日，请计算实付利息。

解：其利息计算为：

提前支取部分应付利息：$4\ 000 \times 133 \times 0.36\% \div 360 = 5.32$（元）

到期部分应付利息 $= 6\ 000 \times 366 \times 2.25\% \div 360 = 137.25$（元）

储户10 000元本金的实得利息：$5.32 + 137.25 = 142.57$（元）

【活动练习】

储户田宇于2010年2月10日存入3 000元整存整取定期储蓄存款，存期6个月，年利率为2.25%。若储户田宇于2010年8月30日逾期支取（支取日挂牌公告的活期储蓄存款年利率为0.81%），计算实付利息。

【分析思考】

商业银行储蓄存款类产品如何计息？

【知识链接】

人民币存款利率表

日期：2011 - 07 - 07

项目	年利率（%）
一、城乡居民及单位存款	
（一）活期	0.50
（二）定期	
1. 整存整取	
三个月	3.10
半年	3.30
一年	3.50
二年	4.40
三年	5.00
五年	5.50
2. 零存整取、整存零取、存本取息	
一年	3.10
三年	3.30
五年	3.50
3. 定活两便	按一年以内定期整存整取同档次利率打6折
二、协定存款	1.31

续表

项目	年利率（%）
三、通知存款	
一天	0.95
七天	1.49

学习任务二
单位存款

【学生的任务】

◇ 要求学生通过银行、网络等渠道查找几种常见的单位存款类产品，制作产品说明书，比较分析它们的功能与特点。

◇ 要求学生通过学习与训练掌握定期存款、活期存款、单位通知存款、单位协定存款的产品办理手续。

【教师的任务】

◇ 指导学生收集整理单位存款产品的相关资料。

◇ 讲解单位存款的属性、特征等主要知识点。

◇ 对学生作业完成情况进行点评。

单位存款是各级财政金库和机关、企业、事业单位、社会团体、部队等机构在商业银行办理的人民币存款，具体业务包括活期存款、定期存款、通知存款、协定存款等。

教学活动 1　单位活期存款的处理

【活动目标】

掌握单位活期存款的种类、功能以及产品的基本规定，了解单位活期存款业务的办理手续。

【知识准备】

一、产品介绍

1. 定义。单位活期存款是指企业、事业、机关、部队、社会团体及其他经济实体（以下简称单位）在商业银行开立结算账户，办理不规定存期、单位可随时转账、存取，并依照活期存款利率按季度计息的存款。

2. 分类及特点。单位活期存款账户是银行为单位开立的办理资金收付结算的人民币活期存款账户。单位结算账户按用途分为基本存款账户、一般存款账户、临时存款账户和专用存款账户。

（1）基本存款账户是指存款人因办理日常转账结算和现金收付需要开立的银行结算账户，是存款人的主办账户，存款人的工资、奖金等现金的支取只能通过本账户办理。企业或单位只能在银行开立一个基本存款账户。

（2）一般存款账户是指存款人因借款或其他结算需要，在基本存款账户开户银行以外的银行营业机构开立的银行结算账户。存款人可以通过本账户办理借款转存、借款归还和其他结算的资金收付；本账户可以办理现金缴存，但是不能办理现金支取。

（3）专用存款账户是指存款人按照法律、行政法规和规章，对其特定用途资金进行专项管理和使用而开立的银行结算账户，用于办理各项专用资金的收付。

（4）临时存款账户是指存款人因临时需要并在规定期限内使用而开立的银行结算账户，用于办理临时机构以及存款人临时经营活动发生的资金收付。

单位活期存款存取灵活方便，不受期限和金额限制，能够满足单位日常收支和存放暂时闲置资金的需要，而且是不需要缴纳利息所得税的付息账户。开户实行双向自主选择。

二、产品办理

1. 基本存款账户的开立与使用。

（1）单位填制开户申请书（见图2-9），提供规定的证件、证明或有关文件。包括企业法人执照或营业执照正本、《中华人民共和国法人代码证书（副本）》或代码卡，税

存款人名称	盛唐集团股份有限责任公司		电 话	02584703063
地 址	南京市秦淮区长乐路107号		邮 编	210001
存款人类别	企业法人	组织机构代码		756851127
法定代表人（√） 单位负责人（ ）	姓 名	张俊林		
	证件种类	个人身份证	证件号码	3201041962030902l5
行业分类	A（ ）B（ ）C（ ）D（ ）E（ ）F（ ）G（ ）H（ ）I（ ）J（ ） K（ ）L（ ）M（ ）N（ ）O（ ）P（ ）Q（ ）R（ ）S（ ）T（√）			
注册资金	5000000.00	地区代码		320100
经营范围	生产加工服装、服饰、面料、辅料；货物进出口、技术进出口（进口商品分销和法律、行政法规禁止的项目除外；法律、行政法规限制的项目取得许可证后方可经营）			
证明文件种类	营业执照	证明文件编号		3201045632983
税务登记证（国税或地税）编号	320104632330075			
关联企业	关联企业信息填列在"关联企业登记表"上。			
账户性质	基本（ √ ） 一般（ ） 专用（ ） 临时（ ）			
资金性质		有效日期至	年 月 日	

第一联

图2-9 开户申请书

务登记证等。

（2）提交盖有存款人签章的印鉴卡片（见图2－10），印鉴应包括单位财务专用章、单位法定代表人章（或主要负责人印章）和财会人员章等。

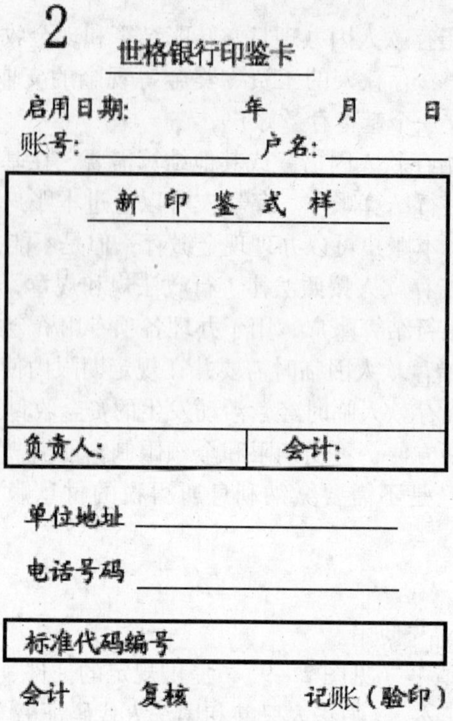

2

世格银行印鉴卡

启用日期：　　　年　　月　　日

账号：＿＿＿＿＿　户名：＿＿＿＿＿

新 印 鉴 式 样

负责人：	会计：

单位地址　＿＿＿＿＿＿＿＿＿

电话号码　＿＿＿＿＿＿＿＿＿

标准代码编号

会计　　　复核　　　　记账（验印）

图2－10　印鉴卡

（3）银行审核后，将客户开户申请书、相关证明文件和银行审核意见等开户资料报送中国人民银行当地分支行，经中国人民银行核准后办理开户手续。

（4）开设账户后，客户可以通过账户办理日常转账结算和现金收付业务。办理现金存入业务，客户需填制现金缴款单；现金支取业务需填制现金支票；转账业务需要提交转账支票或进账单，经银行柜员审核无误后予以办理。

【知识链接】

《人民币银行结算账户管理办法》（节选）

中国人民银行令〔2003〕第5号

第十七条　存款人申请开立基本存款账户，应向银行出具下列证明文件：

（一）企业法人，应出具企业法人营业执照正本。

（二）非法人企业，应出具企业营业执照正本。

（三）机关和实行预算管理的事业单位，应出具政府人事部门或编制委员会的批文或登记证书和财政部门同意其开户的证明；非预算管理的事业单位，应出具政府人事部门或编制委员会的批文或登记证书。

（四）军队、武警团级（含）以上单位以及分散执勤的支（分）队，应出具军队军级以上单位财务部门、武警总队财务部门的开户证明。

（五）社会团体，应出具社会团体登记证书，宗教组织还应出具宗教事务管理部门的批文或证明。

（六）民办非企业组织，应出具民办非企业登记证书。

（七）外地常设机构，应出具其驻在地政府主管部门的批文。

（八）外国驻华机构，应出具国家有关主管部门的批文或证明；外资企业驻华代表处、办事处应出具国家登记机关颁发的登记证。

（九）个体工商户，应出具个体工商户营业执照正本。

（十）居民委员会、村民委员会、社区委员会，应出具其主管部门的批文或证明。

（十一）独立核算的附属机构，应出具其主管部门的基本存款账户开户登记证和批文。

（十二）其他组织，应出具政府主管部门的批文或证明。

本条中的存款人为从事生产、经营活动纳税人的，还应出具税务部门颁发的税务登记证。

2. 一般存款账户的开立与使用。

（1）单位填制开户申请书，提供规定的证件、证明或有关文件。

一般存款账户开户单位，需向开户银行出具其开立基本存款账户规定的证明文件、基本存款账户开户许可证和下列证明文件：

①存款人因向银行借款需要，应出具借款合同；

②存款人因办理各项结算业务的需要，应出具单位公函；

③异地存款人在本地取得借款的，应出具在本地取得借款的借款合同；

④异地存款人因其他结算需要开立账户的，应出具单位公函。

（2）申请书加盖单位公章及法人代表名章或被授权人名章，连同单位印鉴卡一起送交开户银行。

（3）银行审核合格后即办理开户手续，并于开户之日起5个工作日内向中国人民银行当地分支行备案。

（4）账户开立后，现金缴存和转账结算等业务的办理同基本存款账户；不能办理现金支取。

3. 专用存款账户的开立与使用。申请开立专用存款账户的存款人填制开户申请书，并向银行出具其开立基本存款账户规定的证明文件、基本存款账户开户登记证和下列证明文件，经银行柜员审核无误后开立账户。

（1）基本建设资金、更新改造资金、政策性房地产开发资金、住房基金、社会保障基金，应出具主管部门批文。

（2）财政预算外资金，应出具财政部门的证明。

（3）粮、棉、油收购资金，应出具主管部门批文。

（4）单位银行卡备用金，应按照中国人民银行批准的银行卡章程的规定出具有关证明和资料。

（5）证券交易结算资金，应出具证券公司或证券管理部门的证明。

（6）期货交易保证金，应出具期货公司或期货管理部门的证明。

（7）金融机构存放同业资金，应出具其证明。

（8）收入汇缴资金和业务支出资金，应出具与基本存款账户存款人有关的证明。

（9）党、团、工会设在单位的组织机构经费，应出具该单位或有关部门的批文或证明。

（10）其他按规定需要专项管理和使用的资金，应出具有关法规、规章或政府部门的相关文件。

专用存款账户开立后，现金和转账结算等业务的办理同基本户。

4. 临时存款账户的开立与使用。申请开立临时存款账户的存款人填制开户申请书，并向银行出具下列证明文件，经银行柜员审核无误后开立账户：

（1）临时机构，应出具其所在地主管部门同意设立临时机构的批文。

（2）异地建筑施工及安装单位，应出具其营业执照正本或其隶属单位的营业执照正本，以及施工及安装地建设主管部门核发的许可证或建筑施工及安装合同。

（3）异地从事临时经营活动的单位，应出具其营业执照正本以及临时经营地工商行政管理部门的批文。

（4）注册验资资金，应出具工商行政管理部门核发的企业名称预先核准通知书或有关部门的批文。

（5）上述第（2）、（3）项还应出具其基本存款账户开户登记证。

临时存款账户开立后，现金和转账结算等业务的办理同基本存款账户。

【知识链接】

银行结算账户的变更与撤销

存款人更改名称，但不改变开户银行及账号的，应于5个工作日内向开户银行提出银行结算账户的变更申请，并出具有关部门的证明文件。单位的法定代表人或主要负责人、住址以及其他开户资料发生变更时，应于5个工作日内书面通知开户银行并提供有关证明。银行接到存款人的变更通知后，经审核无误后及时为客户办理变更手续，并于2个工作日内向中国人民银行报告。

有下列情形之一的，存款人应向开户银行提出撤销银行结算账户的申请：

（1）被撤并、解散、宣告破产或关闭的。

（2）注销、被吊销营业执照的（应于5个工作日内向开户银行提出撤销申请）。

（3）因迁址需要变更开户银行的（应于5个工作日内向开户银行提出撤销申请）。

（4）其他原因需要撤销银行结算账户的。

存款人撤销银行结算账户，必须与开户银行核对银行结算账户存款余额，交回各种重要空白票据及结算凭证和开户登记证，银行核对无误后方可办理销户手续。存款人未按规定交回各种重要空白票据及结算凭证的，应出具有关证明，造成损失的，由其自行承担。存款人尚未清偿其开户银行债务的，不得申请撤销该账户。

银行对一年未发生收付活动且未欠开户银行债务的单位银行结算账户，应通知单位自发出通知之日起30日内办理销户手续，逾期视同自愿销户，未划转款项列入久悬未取专户管理。

三、产品价格

1. 单位活期存款按结息日挂牌公告的活期存款利率计息，遇利率调整不分段计息。

2. 单位活期存款按季度计息，每季度末月的20日为结息日，当日计息，次日付息。

3. 未到结息日清户时，按清户日挂牌公告的活期利率计息，至清户前一日止。

4. 单位活期存款一般采用积数计息法计息，计息公式为：利息 = 累计积数 × 日利率。

【活动练习】

客户茂源商贸公司想开立一个基本存款账户，请为客户介绍基本存款账户开立所需的材料及其使用的基本规定。

【分析思考】

单位活期存款账户有几种类型？请分别介绍它们的适用情况。

教学活动 2　单位定期存款的处理

【活动目标】

掌握单位定期存款的种类、功能以及产品的基本规定，了解单位定期存款业务的办理手续。

【知识准备】

一、产品介绍

1. 定义。单位定期存款是单位客户与银行约定存款期限，将暂时闲置的资金存入银行，在存款到期支取时，银行按存入日约定的利率计付利息的一种存款。单位定期存款的对象是企业、事业、机关、部队和社会团体等。单位定期存款按期限长短，可分为三个月期定期存款、半年期定期存款和一年期定期存款三种。1万元起存，多存不限。

2. 特点。

（1）单位定期存款主要用于存放单位闲置资金，能够获得较高利息收入，且不需缴纳利息收入所得税。

（2）单位定期存款不得用于结算，客户不得从定期存款账户中提取现金。

（3）单位定期存款可以全部或部分提前支取，但只能提前支取一次，提前支取部分按照活期存款利率计息。

二、基本规定

1. 定期存款存入方式可以是现金存入、转账存入或同城提出代付。起存金额为人民币1万元。

2. 定期存款支取方式有以下几种：

（1）到期全额支取，按规定利率本息一次结清。

（2）全额提前支取，银行按支取日挂牌公告的活期存款利率计付利息。

（3）部分提前支取，若剩余定期存款不低于起存金额，则对提取部分按支取日挂牌公告的活期存款利率计付利息，剩余部分存款按原定利率和期限执行；若剩余定期存款不足起存金额，则应按支取日挂牌公告的活期存款利率计付利息，并对该项定期存款予以清户。

3. 人民币定期存款通常分为三个月、半年、一年、二年、三年、五年六个利率档次。

4. 人民币单位定期存款在存期内按照存入日挂牌公告的定期存款利率计付利息，遇利率调整，不分段计息。

5. 人民币单位定期存款采用逐笔计息法计付利息。

6. 在银行办理单位定期存款后，银行为企业或单位开具××银行单位定期存款开户证实书（见图2－8）。证实书仅对企业或单位开户进行证实，不能作为质押的权利凭证。

7. 支取定期存款只能以转账方式将存款转入企业或单位的基本存款账户，不能将定期存款用于结算，或从定期存款账户中提取现金。单位定期存款可以全部或部分提前支取，但只能提前支取一次，提前支取部分按照活期存款利息计息。

三、产品办理

1. 单位定期存款开户。

（1）单位填制开户申请书，提供规定的证件、证明或有关文件（经过年检的营业执

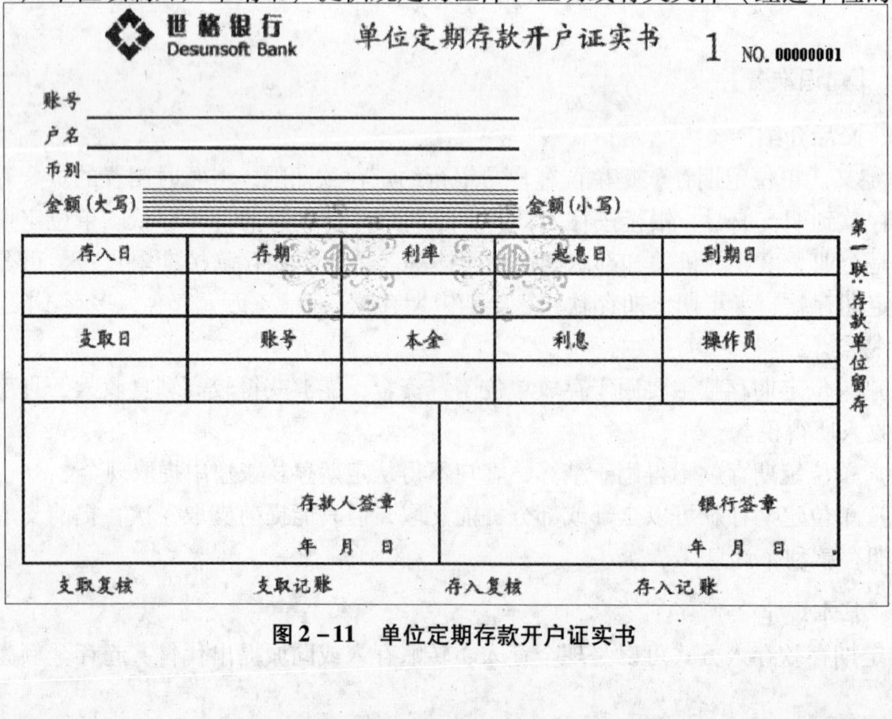

世格银行 Desunsoft Bank

单位定期存款开户证实书 1 NO. 00000001

账号

户名

币别

金额(大写) 金额(小写)

存入日	存期	利率	起息日	到期日
支取日	账号	本金	利息	操作员

存款人签章 年 月 日

银行签章 年 月 日

支取复核 支取记账 存入复核 存入记账

第一联：存款单位留存

图2－11 单位定期存款开户证实书

照正本，法定代表人授权书）。

（2）提交盖有存款人签章的印鉴卡片，印鉴包括单位财务专用章、单位法定代表人章（或主要负责人印章）和财会人员章等。开户银行审核同意后，根据开户申请书、转账支票和进账单为客户开立账户，并开具单位定期存款开户证实书作为存款凭证。

2. 单位定期存款支取或销户。客户填制单位定期存款支取凭证，连同单位定期存款开户证实书一起送交银行，经银行柜员审核无误后，还本付息。本息以转账方式存入客户基本存款账户中，不得直接支取现金。

四、产品价格

单位定期存款在存期内按存入日人民银行规定的定期存款利率计付利息，遇利率调整，不分段计息。

【活动练习】

本行开户单位东方印刷厂想存入定期存款 200 万元，请为客户介绍具体的业务办理方法。

【分析思考】

简述单位存款产品的种类及特性。

教学活动 3　单位通知存款的处理

【活动目标】

掌握单位通知存款的种类、功能以及产品的基本规定，了解单位通知存款业务的办理手续。

【知识准备】

一、产品介绍

1. 定义。单位通知存款是指存款人在存入款项时不约定存期，支取时需提前通知银行，约定支取存款日期和金额方能支取的存款。单位通知存款起存金额为 50 万元，最低支取金额 10 万元。需一次存入，一次或分次支取。

2. 分类及特点。单位通知存款不论实际存期多长，按存款人提前通知的期限长短划分为 1 天通知存款和 7 天通知存款两个品种。1 天通知存款必须提前 1 天通知银行约定支取存款金额，7 天通知存款必须提前 7 天通知银行约定支取存款金额。

通知存款的利率高于活期存款，但低于定期存款，其取款的灵活性高于定期存款。通知存款能为存款单位带来较多的利息收入，但规定了最低起存金额和最低支取金额，因此适用于大规模、支取较频繁的存款。

二、基本规定

1. 凡在开户行开立人民币基本存款账户或一般账户的企业、事业、机关、部队、社会团体和个体经济户等单位，只要通过电话或书面通知开户行的公司存款部门，即可申请办理通知存款。客户不需要约定存期，只在支取时事先通知存款银行。

2. 单位通知存款起存金额为人民币50万元，必须一次存入，可以选择现金存入或转账存入。

3. 单位通知存款的种类分为一天通知存款和七天通知存款两种。单位选择通知存款种类后不得变更。

4. 利率由人民银行规定，一般来说高于单位活期存款，但低于单位定期存款。利息按照支取时的利率计付。

5. 银行为单位开具单位通知存款储蓄存单（见图2－12）。存单书仅对存款人证实，不能作为质押和支取存款的权利凭证。

世格银行 Desunsoft Bank　　单位通知存款储蓄存单　　1　NO. 00000001

账号

户名

币别

金额（大写）　　金额（小写）

存入日	通知类型	利率	
起息日	支取日	本金	利息
存款人签章 年　月　日		银行签章 年　月　日	

第一联：存款单位留存

支取复核　　支取记账　　存入复核　　存入记账

图2－12　单位通知存款储蓄存单

6. 一天通知存款必须至少提前一天通知约定支取存款，七天通知存款必须至少提前七天通知约定支取存款。存款人进行通知时应向开户银行提交单位通知存款取款通知书。提交方式：客户本人到银行或者传真通知，但支取时须向银行递交正式通知书。

7. 单位通知存款可一次或分次支取，每次最低支取额为10万元以上，支取存款利随本清。

8. 清户时，客户须到开户行办理手续，银行将账户本息以规定的转账方式转入其指定的账户。

9. 在以下几种情况下，单位通知存款按活期存款利率计息：

（1）未提前通知银行而支取的，支取部分按活期利率计息。

（2）实际存期不足通知期限的，按活期存款利率计息。

（3）已办理通知手续而提前支取或逾期支取的，支取部分按活期利率计息。

（4）支取金额不足最低支取金额（10万元）的，按活期存款利率计息。

（5）支取金额不足或超过约定金额的，不足或超过部分按活期存款利率计息。

（6）如已办理通知手续而不支取或在通知期限内取消通知的，通知期限内不计息。

三、产品办理

1. 单位通知存款开户。

（1）填制开户申请书，提供规定的证件、证明或有关文件。开户单位需提供以下文件：当地工商行政管理机关核发的营业执照正（副）本或持单位介绍信，在银行开立单位通知存款账户，并预留印鉴。

（2）提交盖有存款人签章的印鉴卡片，印鉴应包括单位财务专用章、单位法定代表人章（或主要负责人印章）和财会人员章等。

（3）经银行审核同意开户后，一次性存入款项，由银行开出记名式单位通知存款凭证。

2. 单位通知存款通知。客户需填制一式两份通知存款支取通知单，加盖单位公章，提前1天或7天送交取款银行约定取款金额、日期。

3. 单位通知存款支取。客户需提交单位通知存款储蓄存单、支取通知书及印鉴，经银行审核无误后按约定的支取方式办理。支取款项于该款项利息一起结清。

对于部分支取，如果客户支取后留存部分高于最低起存金额，需重新填写通知存款单，从原开户日计算存期；如果留存部分低于最低起存金额的，予以清户，按清户日挂牌公告的活期存款利率计息，也可根据客户的意愿转为其他存款。

四、产品价格

单位通知存款按支取日挂牌公告的相应利率水平和实际存期计息，利随本清。如遇以下情况，按活期存款计息：

1. 实际存期不足通知期限的，按活期存款计息。

2. 未提前通知而支取的，支取部分按活期存款利率计息。

3. 支取金额不足最低支取金额的，按活期存款利率计息。

4. 支取金额不足和超过约定金额的，不足和超过部分按活期存款利率计息。

5. 已办理通知手续而提前支取和逾期支取的，支取时按活期存款利率计息。

6. 已办理通知手续而不支取或在通知期限内取消通知的，通知期内不计息。

【活动练习】

已在本行办理15万元7天通知存款的客户广源超市因经营需要，想要提取通知存款8万元，请协助客户支取款项。

【分析思考】

银行关于单位通知存款的开立及使用有哪些规定？

教学活动4　单位协定存款的处理

【活动目标】

掌握单位协定存款的种类、功能以及产品的基本规定，了解单位协定存款业务的办理手续。

【知识准备】

一、产品介绍

1. 定义。单位协定存款的服务对象是在银行开立基本存款账户或一般存款账户的法人及其他组织。存款人与银行事先约定基本存款额度,对基本存款账户或一般存款账户中超过该额度的部分按双方约定的协定存款利率进行单独计息,以获得较高的利息收入。

2. 特点。单位协定存款产品兼具流动性和收益性,可使存款单位在保证日常收支资金往来需要的同时获取较高的收益。

二、基本规定

1. 单位如果已经在银行开立了基本存款账户或一般存款账户,且开户期限已满三个月,就可申请办理协定存款。

2. 签订协定存款合同后,银行在基本存款账户或一般存款账户上开立协定存款账户,这个账户具有结算和协定存款双重功能。超过基本存款额度部分的资金,银行将其自动转入协定存款户,并按协定存款利率单独计算利息。

3. 单位协定存款账户的结算户视同一般结算账户管理使用,结算户和协定存款户均不能透支,协定存款户的资金不能直接对外支付。

4. 协定存款账户按季度结息,其中基本存款额度以内的存款按结息日中国人民银行公布的活期存款利率计息。超过基本存款额度的存款按结息日中国人民银行公布的协定存款利率计息,遇利率调整不分段计息。

5. 协定存款合同的有效期限为一年。在合同期内原则上客户不得要求清户。如有特殊情况,须提出书面声明,银行审核无误后,办理清户手续。合同期满,若单位提出终止合同,应办理协定存款户销户,将协定户的存款本息结清后,全部转入基本存款账户或一般存款账户中。如双方均未书面提出终止或修改合同,即视为自动延期。

6. 对于开户行已开办通存通兑业务的,协定存款账户内的结算户资金可以在其他已联网机构使用。

三、产品办理

1. 单位协定存款开户。

(1) 单位填制开户申请书,提供规定的证件、证明或有关文件。

(2) 提交盖有存款人签章的印鉴卡片,印鉴应包括单位财务专用章、单位法定代表人章(或主要负责人印章)和财会人员章等。

(3) 银行审查同意后与单位签订单位协定存款合同或协定存款协议书(见图 2 – 13)。

2. 单位协定存款账户的使用。签订协定存款合同的单位开设结算户和协定存款控制户,两个账户同时开启使用。控制户的款项收支一律经过结算户。结算户存款余额中超过协定留存额度的部分,列入协定存款控制户。

世格银行
Desunsoft Bank

世格银行协定存款协议书

协议编号： 支协定存款 2007 年第 XD200704110008 号

甲方：爱美制衣有限责任公司

乙方：世格银行

依据中国人民银行、中国银行业监督管理委员会的有关规定，及世格银行的有关管理要求，经双方友好协商，甲方在乙方办理协定存款业务。为明确双方的权利与义务，规范双方业务行为，特订立协议如下：

第一条 甲方在乙方开立结算账户（账号为 0999101002273100081）。双方约定：每日营业终了时，甲方结算账户的账面保留余额应在人民币（大写）壹佰万元以上。

第二第 双方约定：乙方于每日营业终了时，对低于或等于约定保留额的账面存款资金，按人民银行公布的活期存款利率（年利率 0.72% ）按日计息；对高于约定保留额度的账面存款资金，按协定存款利率（年利率 1.44% ）按日计息。活期存款与协定存款一起按季度付息。

第三条 本协议约定：协定存款的存款期限为 12 个月，自 2007 年 4 月 11 日起，至 2008 年 4 月 10 日止。

第四条 任何一方中途终止或修改协议，应提前 10 天向对方提出书面报告。若甲方将用于办理协定存款的结算账户销户时，则本协议自动终止，并按活期存款挂牌利率计息到销户前一日止。

第五条 本协议第二条约定的协定存款到期后，双方均没有提出终止或修订协议，则按原期限自动延期。如有异议，异议方应提前 10 天向对方提出书面报告。若甲方账户资金长期低于本协议第一条的约定保留额度，则乙方有权不再续签本协议。

第六条 如遇人民银行调整相应利率，甲乙双方将遵照执行。

第七条 本协议未尽事项，由双方协商解决。

第八条 本协议一式两份，甲方和乙方各执一份。

甲方：（公章）
法定代表人：何亮
（或授权代理人）
日期：2007 年 4 月 11 日

乙方：（公章）
支行行长：
（或授权代理人）
日期：2007 年 4 月 11 日

图 2-13 协定存款协议书

3. 单位协定存款协议终止或修改。在合同期内，原则上客户不得要求清户。如有特殊情况，须提出书面申请，银行审核无误后办理清户。合同期满可根据客户要求，终止或修改合同，未提出终止或修改视为自动延期。

四、产品价格

协定存款按季度结息，结算户与控制户按不同利率分别计息。结算户部分按活期存款利率计息，控制部分按协定存款利率分段计息。

【分析思考】

简述协定存款开立和使用的基本规定。

【知识链接】

人民币单位存款管理办法（节选，1997年11月15日发布）

银发〔1997〕485号

第四章　单位存款的变更、挂失及查询

第二十条　因存款单位人事变动，需要更换单位法定代表人章（或单位负责人章）或财会人员印章时，必须持单位公函及经办人身份证件向存款所在金融机构办理更换印鉴手续，如为单位定期存款，应同时出示金融机构为其开具的证实书。

第二十一条　因存款单位机构合并或分立，其定期存款需要过户或分户，必须持原单位公函、工商部门的变更、注销或设立登记证明及新印鉴（分户时还须提供双方同意的存款分户协定）等有关证件向存款所在金融机构办理过户或分户手续，由金融机构换发新证实书。

第二十二条　存款单位的密码失密或印鉴遗失、损毁，必须持单位公函，向存款所在金融机构申请挂失。

金融机构受理挂失后，挂失生效。如存款在挂失生效前已被人按规定手续支取，金融机构不负赔偿责任。

第二十三条　存款单位迁移时，其定期存款如未到期转移，应办理提前支取手续，按支取日挂牌公布的活期利率一次性结清。

第二十四条　金融机构应对存款单位的存款保密，有权拒绝除法律、行政法规另有规定以外的任何单位或个人查询；有权拒绝除法律另有规定以外的任何单位冻结、扣划。

学习任务三
其他存款类产品

【学生的任务】

◇ 要求学生掌握财政存款、保证金存款、金融机构同业存款的产品特性和产品办理。

　　◇ 要求学生能够通过对各种传统存款类产品特性的对比分析，将客户的需求与银行产品相对接。

【教师的任务】

　　◇ 指导学生上网查找有关其他存款产品的相关资料。

　　◇ 讲解其他存款产品的种类、特征等主要知识点。

　　◇ 对学生作业完成情况进行点评。

教学活动　**认识其他存款产品**

【活动目标】

　　了解财政存款、保证金存款、金融机构同业存款的内容、特点，以及其产品价格和可能面临的风险。

【知识准备】

一、财政存款

　　1. 定义。财政存款是指国家财政部门存放在银行的货币资金。它主要包括中央预算收入、地方金库存款和代理发行国债款项等，需全额划缴人民银行。金融机构办理的财政存款中的机关团体存款、财政预算外存款为一般存款。

　　2. 特点。数额较大，稳定性强，政策性强。

　　3. 利率。金融机构办理的财政存款，应全额划缴人民银行的部分一律不计息，不需划缴人民银行列为金融机构一般存款的部分按单位存款利率计息。

　　4. 收益点。由于机关团体存款、财政预算外存款稳定性强，数额较大，有利于形成银行的大量存款和低成本资金，有利于降低银行经营成本，提高经济效益。

　　另外，代国家理财，防止资金市场的混乱无序，该项存款还有一定的政治意义和社会意义。

　　5. 风险提示。注意防范利率变动风险。

二、保证金存款

　　1. 定义。保证金存款是指金融机构在信用授权业务中，按照有关规定，对办理承兑汇票、信用证、保函、信用卡等收取的保证金。

　　2. 特点。具有风险抵押性质，不可以自由支取。

　　3. 利率。按照人民银行 1999 年颁布的《人民币利率管理规定》，金融机构经中国人民银行批准收取的保证金，按单位存款结算、计息。属于个人性质的保证金存款，比照储蓄存款利率执行。

　　4. 收益点。有利于形成银行存款和低成本资金，有利于降低银行在信用授权业务中的风险。

5. 风险提示。注意防范利率变动风险。

三、金融机构同业存款

1. 定义。金融机构同业存款是指银行和非银行金融机构在银行的存款，如证券公司、商业银行财务公司、农村信用社等机构的存款。

2. 功能。可用作代理商业银行异地资金清算的结算款项；有利于开发金融同业大资金客户，降低银行经营成本。

3. 利率。人民银行规定，同业存款利率最高不超过准备金存款利率，计息和结息与金融机构准备金存款利率相同。金融机构准备金存款实行按季度结息，每季度末的20日为结息日；利率按结息日的挂牌利率计息，不实行分段计算。农村信用社活期存款利率相当于单位一年期定期存款利率。

4. 收益点。资金来源较稳定，一般存款金额较大。

5. 风险提示。注意防范利率变动风险。

6. 种类细分。

（1）证券公司存款。这是按照人民银行"券商管股票、银行管资金"的规定为证券公司代理三级资金清算的存款。

（2）保险公司协议存款。这是人民银行准许商业银行法人对中资保险公司法人办理的一种可由双方协商确定利率水平的存款品种。统一由商业银行总行接受保险公司申请。该存款要求存款金额至少达到3 000万元，存款期限5年以上（不含5年）。其他存款要素可通过双方协商确定。利率不受人民银行挂牌存款利率水平的限制，只需由商业银行向人民银行定期备案。保险公司协议存款的主要用途包括增加保险公司资金运用渠道，确保资金的保值增值；使商业保险公司获得稳定长期的资金来源。

保险公司协议存款具有以下特点及优势：

①存款对象确定：中资保险公司法人。

②大额存款：每笔最低起存金额3 000万元人民币。

③长期存款：存款期限5年以上（不含5年）。

④存款利率水平、结息付息方式、违约条款等要素不受人民银行挂牌存款品种的限制，由双方自由协商确定。

（3）期货结算存款。该存款用做期货交易所和期货经纪公司的期货交易结算。期货交易所存款，按人民银行规定的单位协定存款利率计息；期货经纪公司存款，按人民银行规定的单位活期存款利率计息。

7. 服务渠道及网络。商业银行各对公营业网点、清算中心（外汇存款限于允许开办外汇业务的分支机构）。

【活动练习】

要求学生通过实地调查、办理业务、上网搜寻等方式全面了解存款类产品的内容和运作方式，按照下表对每种类型的产品进行举例总结。

产品名称	
所属银行	
产品简介	
适用对象	
产品特点	
产品价格	
操作指南	

【分析思考】

试述存款类产品在商业银行经营过程中的作用以及对银行的贡献。

教学项目三

贷款类银行产品

DAIKUAN LEI YINHANG CHANPIN

【学习目标】

◇ 掌握贷款类产品的概念和分类。

◇ 能够说明个人贷款产品和单位贷款产品的类型、特性及产品办理手续。

◇ 了解新型贷款产品的内容，诸如人民币额度借款、银团借款、循环贷款等。

◇ 了解贷款类产品在商业银行经营过程中的作用以及对银行的贡献。

【技能目标】

◇ 能够根据客户的自身情况与需求，帮助他们选择合适的银行贷款产品。

◇ 能够向客户说明各类贷款的申请、审核以及办理的相关步骤。

贷款是银行或其他金融机构按一定利率和必须归还等条件出借货币资金的一种信用活动形式。银行通过贷款的方式将所集中的货币和货币资金投放出去，可以满足社会扩大再生产对补充资金的需要，促进经济的发展；同时，银行也可以由此取得贷款利息收入，增加银行自身的积累。

贷款的要素包括贷款对象、品种、金额、期限、利率/费率（价格）、担保方式、使用方式、清偿方式、约束条件等。在后面的模块学习中，我们会对各类型贷款的要素进行逐一学习。

一、贷款的分类

根据不同的划分标准，银行贷款具有各种不同的类型。如：

1. 按偿还期不同，可分为短期贷款、中期贷款和长期贷款。

2. 按偿还方式不同，可分为活期贷款、定期贷款和透支。

3. 按贷款用途或对象不同，可分为工商业贷款、农业贷款、消费者贷款、有价证券经纪人贷款等。

4. 按贷款担保条件不同，可分为票据贴现贷款、票据抵押贷款、商品抵押贷款、信用贷款等。

5. 按贷款金额大小不同，可分为批发贷款和零售贷款。

6. 按利率约定方式不同，可分为固定利率贷款和浮动利率贷款，等等。

二、贷款的原则

商业银行贷款经营的根本原则是"三性原则"，即安全性、流动性、效益性。《中华人民共和国商业银行法》第四条规定："商业银行以安全性、流动性、效益性为经营原则，实行自主经营，自担风险，自负盈亏，自我约束。"贷款的安全性是商业银行面临的首要问题；流动性是指能够按预定期限回收贷款，或在无损失状态下迅速变现的能力，满足客户随时提取存款的需要；效益性则是银行持续经营的基础。

学习任务一
个人贷款

【学生的任务】

◇ 要求学生通过查阅网络、书籍等多种途径，熟悉各种类型个人贷款业务的种类、特点、业务规定。

◇ 要求学生能够根据客户的实际情况与需求，帮助他们选择合适的个人贷款产品。

【教师的任务】

◇ 指导学生上网查找有关个人贷款产品的相关资料。

◇ 讲解个人贷款产品的属性、特征等主要知识点。

◇ 对学生作业完成情况进行点评。

教学活动1 认识个人贷款

【活动目标】

理解个人贷款的内容，掌握个人贷款产品的特征和功能。

【知识准备】

一、个人贷款的概念

个人贷款是指商业银行等金融机构向个人客户发放贷款资金，以满足其资金需求，个人客户在约定期限内还本付息的贷款行为。它是银行贷款业务的一部分，即面向个人客户的贷款业务，贷款发放以收取利息为盈利模式。

二、个人贷款的分类

目前，银行个人贷款名目繁多，种类齐全，个人选择余地较大。按产品用途可划分为个人住房贷款、个人消费贷款和个人经营贷款，按照担保方式可以划分为抵押类个人贷款、质押类个人贷款、担保类个人贷款和信用类个人贷款。

个人住房贷款是指贷款人向借款人发放的用于购买自用普通住房的贷款。贷款人发放个人住房贷款时，借款人必须提供担保。借款人到期不能偿还贷款本息的，贷款人有权依法处理其抵押物或质物，或由保证人承担偿还本息的连带责任。个人住房贷款的用途是贷款人用于支持居民个人在中国大陆境内城镇购买、建造、大修各类型住房。个人住房贷款的特点具有贷款额度较大、期限长、利率优惠、担保形式多样等特点。

个人消费贷款是具有稳定的职业和经济收入，信用良好，有偿还贷款本息能力，具有完全民事行为的自然人用于购买消费品或用于教育、旅游等个人消费需求时向银行提出贷款申请，经银行审核后发放的个人贷款。个人消费贷款具有贷款品种多、消费用途广泛、贷款额度和贷款期限灵活、担保形式多样、贷款风险分散等特点。个人消费贷款的主要品种有个人汽车贷款、个人耐用消费品贷款、个人消费额度贷款、个人综合消费贷款、个人旅游贷款等。目前开办的个人消费贷款种类主要有个人汽车贷款、个人耐用消费品贷款、个人消费额度贷款、个人综合消费贷款、个人旅游贷款等。

个人经营贷款是指银行对从事合法生产经营的个人发放的、用于个人控制的企业（包括个体工商户）生产经营的流动资金需求，以及租赁商铺、购置机械设备和其他合理资金需求的人民币贷款业务。

抵押类个人贷款是指贷款银行以借款人或第三人提供的、经贷款银行认可的符合规定条件的财产作为抵押物而向借款人发放的贷款。借款人不履行还款义务时，贷款人有权依法以该财产折价或者以拍卖、变卖财产的价款优先受偿。

个人质押贷款是指借款人以本人或其他自然人的未到期本外币定期储蓄存单、凭证式国债、电子记账类国债、个人寿险保险单，以及贷款银行认可的其他权利凭证票面价值或记载价值的一定比例向借款人发放的人民币贷款。

担保类个人贷款是指贷款行以借款人提供的、贷款行认可的具有代位清偿债务能力的法人、其他经济组织或自然人作为保证人而向借款人发放的贷款。担保类个人贷款手续简便。只要保证人愿意提供保证，银行经过核保认定保证人具有保证能力，签订保证合同即可。整个过程仅涉及银行、借款人、担保人三方，贷款办理时间短，环节少。

个人信用贷款是指银行向借款人发放的无须提供担保或只提供一定授信额度的贷款。其授信额度根据被授信人的经济状况、信用状况，以及所能提供的抵（质）押物的价值及第三方保证能力来确定。个人信用贷款包括个人小额短期信用贷款、综合授信贷款、个人贷记卡贷款等。

三、个人贷款的特征

在个人贷款业务的发展过程中，各商业银行不断开拓创新，规范管理，努力提高服务水平，形成了颇具特色的个人贷款业务特征。

1. 贷款品种齐全。各商业银行为了更好地满足客户的多元化需求，不断推出个人贷款业务新品种。目前既有个人住房贷款，也有个人消费类贷款；既有个人经营类贷款，也有其他用途贷款；既有银行自营性贷款，也有委托性个人贷款；既有单一性贷款，又有组合性贷款。多层次、全方位地满足了客户的不同需求。

2. 业务覆盖面广。近年来，各商业银行的个人贷款服务窗口迅速增加。到目前为止，全国各个商业银行所辖营业网点，均开办了个人贷款业务，开通网上银行，设立个人贷款服务中心或金融超市，给申请个人贷款业务的城乡居民提供了极大的便利。

3. 贷款条件不高。只要是具有合法身份的具有完全民事行为能力的中国籍自然人及在中国大陆有居留权的境外、国外自然人，有良好的信用和偿还贷款本息的能力，有合法有效的购买合同、协议，有一定的自筹资金，向贷款银行提供认可的担保，都可申请个人贷款。

4. 贷款手续简便。各商业银行都以客户为中心，简化手续，改进服务手段，提高金融服务水平。客户可以通过个人贷款服务中心、声讯电话、网上银行、电话银行，以及银行营业网点、售房处和一些中介公司等，了解、咨询银行的个人贷款业务，填写个人借款申请书，并向贷款银行提交所需资料；同时通过"个人贷款服务中心"、"银行合作单位"、"金融超市"等服务方式，方便快捷地获得银行的贷款。

5. 贷款利率不高。目前银行的个人贷款利率按照中国人民银行有关规定执行。如根据 2008 年 10 月 27 日公布的规定，个人住房贷款利率执行相应期限档次贷款基准利率的 0.7 倍。

6. 还款方便。目前各商业银行的个人贷款采取灵活多样的还款方法：等额本息还款、等额本金还款、等比递增还款、等比递减还款、等额递增还款、等额递减还款等，还可以根据借款人的收入状况变化和需求随时改变还款方式、还款期限。

四、个人贷款的功能

对金融机构来说，个人贷款具有以下功能：一是开展个人贷款业务可为商业银行拓展资金来源。个人贷款是商业银行的一种资金运用，这种资金运用有利于商业银行吸引更多客户带来新的资金来源。二是个人贷款为商业银行的新收入来源。商业银行从个人贷款业务中除了获得正常利息收入外，通常还会得到一些相关服务的服务费收入。三是个人贷款业务帮助银行分散风险。出于风险控制的目的，商业银行最忌讳的是资金运用的集中。无论是单个贷款客户的集中还是贷款客户在行业上或地域上的集中，个人贷款都不同于传统的工商企业贷款，因而可以成为商业银行分散风险的资金运用方式。

个人贷款业务的发展，对实现城乡居民的有效消费需求，极大地满足广大消费者的购买欲望起到了融资的作用；对启动、培育和繁荣消费市场起到了催化和促进的作用；对扩大内需，推动生产，支持国民经济持续、快速、健康、稳定发展起到了积极的作用；对带动众多相关产业的发展，从而促进整个国民经济的快速发展都具有十分重要的意义；也对商业银行调整信贷结构、提高信贷或资产质量、增加经营效益、繁荣金融业起到了促进作用。

开展个人贷款业务，不但有利于满足城乡居民的有效消费需求，促进国民经济的健康发展，而且有助于增加商业银行对个人客户的吸引力，提高市场知名度，从而增强竞争力。

【活动练习】

划分下列贷款的种类：汽车贷款、旅游贷款、助学贷款、住房贷款、存单质押贷款、机器设备贷款、综合授信贷款、个人贷记卡贷款。

教学活动2　个人住房贷款的处理

【活动目标】

掌握个人住房贷款的种类、特点以及产品使用的基本规定，了解个人住房贷款产品的办理手续。

【知识准备】

一、产品介绍

1. 定义。个人住房贷款是指银行向个人或家庭发放的用于购买自用普通住房的贷款。个人住房贷款用于支持个人在中国大陆境内城镇购买、建造、大修住房。贷款对象为具有完全民事行为能力的中国公民，在中国大陆有居留权的具有完全民事行为能力的港澳台自然人，在中国大陆境内有居留权的具有完全民事行为能力的外国人。借款人申请个人住房贷款时必须提供担保。

2. 分类。按照不同的分类标准，个人住房贷款可分为以下类别：

按照贷款利率确定方式，可以分为固定利率贷款和浮动利率贷款。

按照贷款房屋权属，可以分为个人一手房贷款和个人二手房贷款。

按照资金来源的不同，可以分为自营贷款、委托贷款和组合贷款三种。个人住房自营贷款是以银行信贷资金来源向购房者个人发放的贷款。个人住房委托贷款指银行根据住房公积金管理部门的委托，以住房公积金存款为资金来源，按规定的要求向购买普通住房的个人发放的贷款。个人住房组合贷款指以住房公积金存款和信贷资金为来源向同一购买同一自用普通住房的个人发放的贷款，是个人住房委托贷款和自营贷款的组合。

3. 特点。

（1）贷款对象特殊。人民银行制定的《个人住房贷款管理办法》规定个人住房贷款的贷款对象是具有完全民事行为能力的自然人，并对借款人所应具备的其他条件作了详细的规定。申请个人住房贷款需同时具备以下条件：

①具有城镇常住户口或有效居留身份。

②有稳定的职业和收入，信用良好，有偿还贷款本息的能力。

③具有购买往房的合同或协议。

④不享受住房补贴的以不低于所购住房全部价款30%作为购房首期付款，享受住房补贴的以个人承担部分的30%作为购房的首期付款。

⑤有贷款办认可的资产作为抵押或质押，或有足够代偿能力的单位或个人作为保证人。

⑥贷款银行规定的其他条件。

（2）贷款用途专一。个人住房贷款只能用于支付所购买住房的房款。

（3）贷款数量较大。对于经办银行而言，个人住房贷款无论是市场需求还是贷款笔数和单笔贷款金额相对于其他个人消费贷款都是较大的，最高贷款金额可达到所购住房市场价值的70%。

（4）贷款期限较长。贷款期限通常为10—20年，最长不能超过30年，因此个人住房贷款多数为中长期贷款。个人二手房贷款的期限不能超过所购住房的剩余使用年限。对于借款人已离退休或即将离退休的，贷款期限不宜过长，一般男性自然人的还款期限不超过65岁，女性自然人的还款年限不超过60岁。符合相关条件的，男性一般不超过70岁，女性一般不超过65岁。

（5）偿还方式特殊。贷款期限在1年以内（含1年）的，到期一次还本付息，利随本清；贷款期限在1年以上的，按照等额本息还款法或等额本金还款法逐月归还贷款本息。借款人可以根据需要选择还款方法，但一笔借款合同只能选择一种还款方法。贷款合同签订后，未经贷款银行同意，不得更改还款方式。

二、产品办理

1. 个人住房贷款申请。具备申请个人住房贷款条件的客户向银行提出书面申请，填写个人住房贷款申请书（见表3-1），并向银行提交下列申请材料：

（1）身份证件（指居民身份证、户口簿和其他有效居留证件）。

（2）有关借款人家庭稳定的经济收入的证明。

（3）符合规定的购买住房合同意向书、协议或其他批准文件。

（4）抵押物或质物清单、权属证明以及有处分权人同意抵押或质押的证明。

（5）有权部门出具的抵押物估价证明，保证人同意提供担保的书面文件和保证人资信证明。

（6）申请住房公积金贷款的，需持有住房公积金管理部门出具的证明。

（7）贷款人要求提供的其他文件或资料。

表3-1 中国银监会颁布的个人住房贷款申请书样本

××银行个人购房借款申请书					
贷款申请编号：					
申请人基本情况					
申请人姓名		性　别		出生日期	
文化程度		婚姻状况	·	证件种类及号码	照片
户籍所在地		现居住地址			
国　籍		民　族			

续表

邮寄地址及邮编					
工作单位				单位性质	
办公电话		住宅电话		紧急联系方式	
职　业		职　务		职　称	
单位地址及邮编					
配偶姓名	如为未婚人士则相关各项不填	职　务		证件种类及号码	
工作单位				联系方式	
是否使用过其他贷款					

本人近 3 年工作履历：（时间段、单位名称）

申请人收支情况					
主要经济来源		其他经济来源		供养人数	
申请人月收入		家庭月收入		家庭月支出	

借款人资产表

个人资产	金额（万元）	个人负债	金额（元）	月还款金额（元）	起止时间	负债类型
房　产		购房所欠贷款				
汽　车		购车所欠贷款				
债　券		其他所欠贷款				
股　票		其他负债				
银行存款		合　计				
合　计						

申请人现住房情况

现住房情况	

续表

租住请填：（租住时间、地址、月付租金）					

申请人购房贷款资料					
售房者全称	××房地产开发有限公司	房屋详址			
销售面积	平方米	单　价	元	总价（元）	
借款金额（元）		借款期限	年	借款种类	商业贷款
首付金额（元）		首付比例		首付款来源	
还款方式	等额本息月均/等额本金（月还）	物业费	平方米/月	购房目的	A 自住 B 投资
房屋形式		房屋类别	A. 经济适用房　B. 普通商品住房 C. 别墅　D. 商业用房　E. 其他		
商品房买卖合同编号		销售许可证编号			

担保方式			
抵押物名称	抵押物所有人		抵押物价值（元）
质押物名称	质押物所有人		质押物价值
保证人名称	与被保证人关系		
保证人联系方式及地址			

备　注

借款申请人声明
欢迎您申请××银行个人住房贷款，请用蓝（黑）色墨水钢笔或签字笔在本申请书上签字，已填写内容不得涂改。 　　　　　　银行，本人在此郑重声明： 　　（1）本人承认以此申请书其他所附资料作为贵行借款的依据； 　　（2）上述各项材料属实，且随本申请书报送的资料复印件可留存贵行作为备查凭证，如资料失实或虚假，本人愿承担相应的民事及法律责任； 　　（3）经贵行审查不符合规定的借款条件而未予受理时，本人无异议； 　　（4）本人保证在取得贵行贷款后，按时足额偿还贷款本息。 　　申请人签名：　　　　　　　　　　　　　　　　　　　　日期：　　年　　月　　日

2. 贷款初审。贷款受理人应对借款申请人提交的借款申请书及申请材料进行初审，主要审查借款申请人的主体资格及借款申请人所提交材料的完整性与规范性。

如果借款申请人提交材料不完整或不符合要求，应要求申请人补齐材料或重新提供有关材料。如果不予受理，应退回贷款申请并向申请人说明原因。

3. 贷款调查。经初审符合要求后，贷款受理人应将借款申请书及申请材料交由贷前调查人员进行贷前调查，主要针对客户提交的相关资料、客户的资信状况、还款能力等进行调查和评估。贷前调查完成后，贷前调查人应对调查结果进行整理、分析，填写个人住房贷款申请调查审批表，提出是否同意贷款的明确意见及贷款额度、贷款期限、贷款利率、担保方式、还款方式、划款方式等方面的建议，并形成对借款申请人偿还能力、还款意愿、担保情况以及其他情况等方面的调查意见，连同申请资料等一并送交贷款审核人员进行贷款审查。

4. 贷款审查和审批。银行贷款审查人对借款人和调查人提交的贷款材料进行审查无误后送交贷款审批人进行审批。

贷款审批人依据银行各类个人住房贷款办法及相关规定，结合国家宏观调控政策或行业投向政策，从银行利益出发审查每笔个人住房贷款业务的合规性、可行性及经济性，根据借款人的偿付能力以及抵押担保的充分性与可行性等情况，分析该笔业务预计给银行带来的收益和风险。贷款审批人应对以下内容进行审查：

（1）借款人资格和条件是否具备。

（2）借款用途是否符合银行规定。

（3）申请借款的金额、期限等是否符合有关贷款办法和规定。

（4）借款人提供的材料是否完整、合法、有效。

（5）贷前调查人的调查意见、对借款人资信状况的评价分析以及提出的贷款建议是否准确、合理。

（6）对报批贷款的主要风险点及其风险防范措施是否合规有效。

（7）其他需要审查的事项。

5. 签订贷款合同。贷款经审批通过后，借款人到贷款行签订借款合同和担保合同，办理有关手续。

6. 发放贷款。贷款银行按合同约定，发放贷款至指定账户。

7. 贷款归还。贷款发放后，借款人按照合同约定的还款方式偿还贷款的本息。客户也可以在贷款到期日前提前全部或部分偿还贷款。

三、产品价格

个人住房贷款的利率按照中国人民银行和中国银行业监督管理委员会的相关利率政策执行。

为了进一步推动商业性个人住房贷款利率市场化，中国人民银行 2008 年 10 月 27 日公布新的自营性个人住房贷款政策：自营性个人住房贷款的下限利率水平为相应期限档次贷款基准利率的 0.7 倍，商业银行法人可根据具体情况自主确定利率水平和内部定价规则。住房公积金贷款的利率按照中国人民银行规定的住房公积金贷款利率执行（见表

3 – 2)。

一般来说，个人住房贷款的期限在 1 年以内（含 1 年）的贷款，实行合同利率，遇法定利率调整不分段计息；贷款期限在 1 年以上的，遇法定利率调整时，应于次年 1 月 1 日起按相应的利率档次执行新的利率规定。

表 3 – 2　　　　　　　　　　　　　人民币贷款利率表

请选择时间　以查看对应利率　　　　　　　　　　　　　　　　　　　　日期：2011 – 07 – 07

项目　　　　种类	年利率（%）
一、短期贷款	
六个月（含）	6.10
六个月至一年（含）	6.56
二、中长期贷款	
一至三年（含）	6.65
三至五年（含）	6.90
五年以上	7.05
三、贴现	以再贴现利率为下限加点确定

	公积金贷款利率		商业贷款利率	
年限	1~5 年	5~30 年	1~5 年	5~30 年
2011.07.07 后	4.45%	4.90%	6.90%	7.05%
2011.04.06 后	4.20%	4.70%	6.65%	6.80%
2011.02.09 后	4.00%	4.50%	6.45%	6.60%
2010.12.16 后	3.75%	4.30%	6.22%	6.40%
2010.10.20 后	3.50%	4.05%	5.96%	6.14%
2008.12.23 后	3.33%	3.87%	5.76%	5.94%

【知识链接】

个人住房贷款还款方式

贷款期限在一年以上的房屋贷款还款方式一般有等额本金还款和等额本息还款两种。

1. 等额本金还款法，是在还款期内把贷款数总额等分，每月偿还同等数额的本金和剩余贷款在该月所产生的利息。

每月还款金额 =（贷款本金/还款月数）+（本金 – 已归还本金累计额）×每月利率

特点：由于每月的还款本金金额固定，而利息越来越少，贷款人起初还款压力较大，但是随着时间的推移每月还款数也越来越少。

2. 等额本息还款法。在还款期内，每月偿还同等数额的贷款（包括本金和利息）。

每月还款金额 =［贷款本金×月利率×（1＋月利率）^还款月数］

÷［（1＋月利率）^还款月数 – 1］

特点：相对于等额本金还款法的劣势在于支出利息较多，还款初期利息占每月供款的大部分，随本金逐渐返还供款中本金比重增加。但该方法每月的还款额固定，可以有计划地控制家庭收入的支出，也便于每个家庭根据自己的收入情况，确定还贷能力。

四、风险提示

1. 个人住房贷款客户面临的风险。商业银行的个人住房贷款客户面临的风险主要有以下几种：一是在个人收入水平不变的情况下，利率变动增加还款金额导致的利率风险，影响还款能力。二是在利率不变的情况下，经济形势恶化等原因引起个人收入水平下降，影响还款能力。三是利率上升、个人收入下降情况同时发生，影响还款能力。

个人住房贷款风险中有两个重要的概念：还款能力和利率风险。

还款能力是借款人在扣除生活费用和其他开支后，所能创造的充足的现金流的能力以及贷款到期时偿付利息及本金的能力。借款人的还款能力应该通过其收入水平、财务情况和负债情况综合判断。综合历史经验来看，借款人要保持合理的还款能力，其住房贷款的月房产支出与收入比应当控制在50%以下（含50%），月所有债务支出与收入比应当控制在55%以下（含55%）。

利率风险对于商业银行的个人贷款客户而言，是贷款利率变动导致的贷款还款金额的变动，从而影响个人还款能力的风险。目前，我国绝大部分个人住房贷款均为浮动利率贷款。当贷款利率上升时，借款人每月的还款金额和还款总额将会增加，还款压力增大。

2. 商业银行主要面临的风险。对银行而言，个人住房贷款风险主要是指借款人不能按时偿还贷款本息，由此给银行带来的损失。目前商业银行的个人住房贷款主要面临以下风险：

（1）借款人信用风险。个人住房贷款的风险最终来源于借款人不能按期还款。由于我国尚未建立起一套完整的个人资信评估体系，也没有从事居民个人资信状况调查评估的机构，银行很难对借款人做出客观、公正的评价。

个人住房贷款年限最长可达30年，在这样长的时间跨度内无法对借款人经济状况进行持久的监控。现阶段商品房价格较高，每月的还本付息负担较重，一旦借款人失业或正常收入减少便有可能产生违约风险。

（2）开发商风险。一些房地产开发企业由于经营管理失误或手续不完备，致使购房人与开发商发生争执或要求解除购房合约，而且往往很难在短时间内得到解决。一旦出现这种情况，使用个人住房贷款业务的客户往往会暂停偿还银行贷款，从而将客户与开发商之间的矛盾转嫁到银行身上。

另外，开发商作为借款人从银行获取贷款履行担保的第三方，如果借款人不能在其贷款年限内按时清偿相关债务，按照约定理应由担保人在借款人未取得两证（国有土地使用证、房屋所有权证）之前或贷款终结之前履行其连带责任。但由于房地产开发业也是高风险、高收益行业，开发商的经营状况、支付能力也是很难准确把握的，因此也极易产生风险。

（3）抵押物风险。借款人不能清偿债务时，银行可以依法对贷款抵押物进行处置以收回贷款。在此过程中，抵押物的产权问题和抵押物的处分问题都可能给银行带来风险损失。

（4）流动性风险。银行负债期限较短，一般仅为几个月，而个人住房贷款的期限大部分在10年以上。当前，中长期的个人住房贷款占消费贷款相当大的比例，对银行的资金流动影响很大，有可能给银行的资金流动性带来威胁。

（5）管理风险。管理风险指由于银行管理出现漏洞而产生的风险如决策风险、内部操作环节的风险、银行客户资源共享机制缺失等风险。

（6）其他不可抗风险：其一，为自然灾害及人为伤害风险，如水灾、火灾、地震及战争等使房屋毁坏，贷款无法收回。其二，房地产业因客观经济大气候影响，行业萧条，造成银行贷款风险。其三，借款人意外地丧失劳动力或突然死亡也应划作此种风险。

【活动练习】

26岁的李先生为某公司白领，月收入4 000元，目前有存款14万元。他想购置一套30万元的自住商品房，请为李先生提出资金解决方案。

教学活动3　个人汽车贷款

【活动目标】

掌握个人汽车贷款的种类、特点以及产品使用的基本规定，了解个人汽车贷款产品的办理手续。

【知识准备】

一、产品介绍

1. 概念。个人汽车贷款是指贷款人向个人借款者发放的用于购买汽车的贷款。个人汽车贷款是国内继住房贷款之后发展起来的另一类个人贷款的主要品种，属于个人消费类贷款。

2. 分类。个人汽车贷款所购车辆按用途可以划分为自用车和商用车，按注册登记情况划分为新车和二手车。自用车是指借款人申请汽车贷款购买的、不以营利为目的的汽车；商用车是指借款人申请汽车贷款购买的、以营利为目的的汽车，包括载货车、大型中型载客车、城市出租车以及其他营运车型；二手车是指从办理完机动车注册登记手续到规定报废年限一年之前进行所有权变更并依法办理过户手续的汽车。

3. 特点。

（1）汽车贷款不仅是商业银行个人信贷的重要产品，其在汽车市场中的地位和作用也很突出。由于汽车产业属于资金密集型产业，对资金融通方面的需求较大。除了上游的汽车生产、批发环节之外，作为大金额消费品，汽车产品的销售中，汽车贷款日益起到举足轻重的作用。

（2）汽车贷款与汽车市场的多种行业机构具有密切关系。由于汽车销售领域的特色，汽车贷款业务的办理不是商业银行能够独立完成的。汽车贷款业务拓展中有可能涉及汽车经销商、保险公司、多种担保机构、服务中介等，甚至在业务拓展方面商业银行还要与汽车生产企业进行联系沟通。因此，银行在汽车贷款业务开展中不是独立作业，而是多方的协调配合。

（3）风险管理难度相对较大。由于汽车贷款购买标的产品为移动易耗品，其风险度相对于住房贷款来说更难把握。特别是在国内信用体系尚不完善的情况下，商业银行对借款人的资信状况较难评价，对其违约行为缺乏有效的约束力，因此在车贷的风险控制方面难度较大。

二、产品办理

1. 个人汽车贷款申请条件（贷款申请——申请条件、申请材料）。有个人汽车贷款需求的客户向银行提出贷款申请，申请人需满足下列条件：

（1）具有完全民事行为能力的自然人，年龄在 18（含）至 60（含）周岁之间。外国人以及港澳台居民为借款人的，应在中华人民共和国境内连续居住满一年并有固定居所和职业，并提供一名当地联系人。

（2）具有合法有效的身份证明、贷款行所在城市的户籍证明或有效居留证明、婚姻状况证明或未婚声明。

（3）具有良好的信用记录和还款意愿。

（4）具有稳定的合法收入来源和按时足额偿还贷款本息的能力。

（5）能够提供银行认可的有效权利质押物或抵押物或具有代偿能力的第三方保证。

（6）能够支付不低于规定比例的所购车辆首付款。

（7）若为"间客式"贷款，还需持有与特约经销商签订的购车协议或购车合同。

（8）借款人单户（含配偶）在银行的个人汽车消费贷款不超过 3 笔（已结清的除外）。

（9）在银行开立个人结算账户。

（10）银行规定的其他条件。

若所购车辆为二手车，还应满足以下条件：

（1）所交易二手车，在交易之前必须是自用车。

（2）由取得二手车合法经营权的经营机构进行买卖，不接受个人之间直接进行二手车交易的贷款申请。

（3）具有真实有效的二手车买卖合同、协议或意向书。

（4）所购置二手车产权明晰，可以进入市场流通。

（5）所购置车辆已使用年限不超过 3 年，且申请贷款时该车辆仍在年检有效期内。

2. 个人汽车贷款申请材料。符合条件的申请人填写个人汽车贷款申请书，并提交下列申请材料：

（1）借款人及其配偶有效身份证件、贷款行所在城市的户籍证明或有效居留证明、婚姻状况证明或未婚声明。

（2）个人收入证明（个人纳税证明、工资薪金证明、在银行近 6 个月内的平均金融资产证明）；首期付款的银行存款证明或经销商出具的相关证明。

（3）购车合同或购车协议。

（4）车辆保险合同、车辆合格证（所购车辆为国产车的）、进口机动车随车检验单及货物进口证明书（所购车辆为进口车的）、购车发票。

（5）贷款担保相关证明资料。

（6）如借款所购车辆为商用车，还需提供所购车辆可合法用于运营的证明，如车辆挂靠运输车队的挂靠协议、租赁协议等。

（7）如借款所购车辆为二手车，还需提供购车意向证明、贷款银行认可的评估机构出具的车辆评估报告书、车辆出卖人的车辆产权证明、所交易车辆的机动车辆登记证、车辆年检证明等。

（8）银行规定的其他资料。

3. 个人汽车贷款期限、额度的确定。个人汽车贷款金额最高可达购车价格的80%，贷款期限一般不超过5年。具体规定如下：

所购车辆为自用车的，贷款金额不得超过所购汽车价格的80%；所购车辆为商用车的，贷款金额不得超过所购汽车价格的70%，其中，商用载货车贷款金额不得超过所购汽车价格的60%；所购车辆为二手车的，贷款金额不得超过借款人所购汽车价格的50%，且贷款额度不超过20万元。汽车价格，对新车是指汽车实际成交价格与汽车生产商公布价格两者的低者，对二手车是指汽车实际成交价格与银行认可的评估价格两者中的低者。上述成交价格均不得含有各类附加税、费及保费等。

根据客户资信情况和所购车辆的用途，个人汽车贷款期限可不同。以建设银行个人汽车贷款为例，所购车辆为自用车，最长贷款期限不超过5年；所购车辆为商用车，贷款期限不超过3年。

4. 个人汽车贷款的办理方式。目前个人汽车贷款最主要的办理方式就是"间客式"与"直客式"两种。

"间客式"模式在目前的个人汽车贷款市场中占主导地位。借款人到银行特约汽车经销商处选购汽车，提交有关贷款申请资料，并由汽车经销商转交银行提出贷款申请。银行经贷款调查审批同意后，签订借款合同、担保合同，并办理公证、保险手续。简单来说，"间客式"模式就是"先买车，后贷款"。

其贷款流程为：选车—准备所需资料—与经销商签订购买合同—经销商或第三方做资信情况调查—银行审批、放款—客户提车。

在这种模式下，汽车经销商或第三方（如保险公司、担保公司）帮助购车人办理申请贷款手续，提供代办车辆保险等一系列服务。部分经销商以自身资产为借款人按时还款向银行进行连带责任保证和全程担保，他们由于在贷款过程中承担了一定风险并付出了一定的人力、物力，所以往往要收取一定比例的管理费或担保费。

"直客式"模式是借款人直接向银行提交有关汽车贷款申请资料，银行经贷款调查审批同意后，签订借款合同、担保合同。借款人再到银行特约汽车经销商处选购汽车。贷款资金由银行以转账方式直接划入汽车经销商的账户，即"先贷款，后买车"。

"直客式"贷款的流程为：到银行网点填写汽车额度贷款表—由银行（或第三方）对客户进行资信调查—客户与银行签订贷款合同—到经销商处选定车辆并向银行交纳购车首付—银行代理提车、上户和办理抵押登记手续—客户提车。由于在这种模式下，购车人首先要与贷款行做前期的接触，由银行直接对借款人的偿还能力以及资信情况进行评估和审核，所以把这种信贷方式称为"直客式"模式。

5. 个人汽车贷款归还。个人汽车贷款实行等额本息还款法、等额本金还款法、等额（等比）累进还款法等多种还款方式。贷款期限在 1 年以内（含 1 年）的，也可以实行到期一次还本付息、利随本清。

借款人应按合同约定的计划按时还款。如果确实无法按照计划偿还贷款，可以申请展期。借款人须在贷款全部到期之前，提前 30 天提出展期申请。贷款银行须按照审批程序对借款人的申请进行审批。每笔贷款只可以展期一次。展期期限不得超过 1 年，展期之后全部贷款期限不得超过贷款银行规定的最长期限，同时对展期的贷款应重新落实担保。

借款人提前归还贷款本息的，应当提前一个月通知银行，并征得银行的同意。借款本息偿还完毕，客户与银行签订的汽车消费借款合同自行终止。银行在合同终止三十日内办理抵押登记注销手续，并将物权证明等凭证退还给借款人。

三、产品价格

贷款利率按照人民银行规定的同期贷款利率执行，并允许按照人民银行的规定实行上浮或下浮。

四、风险提示

目前，银行个人汽车贷款的主要办理方式为"间客式"模式，所以商业银行在经营个人汽车贷款时所面临的风险除了常规的贷款风险，如信用风险、操作风险等，还存在以下几方面的问题：

（1）在"间客式"模式下，银行和经销商之间存在着严重的信息不对称问题。银行对购车人的资信状况调查主要依赖汽车经销商或第三方，而银行的贷款调查仅仅停留在后台审查上，因此，很难准确判断借款人的真实还款意愿和还款能力。这既不利于贷款决策，也容易造成信用风险。

（2）汽车经销商的资金实力和资信调查能力远逊于银行，更不具备资信调查的专业优势。而且从本意来讲，他们关心的只是如何扩大销售，获得更大的利润，大多缺乏基本的防范风险意识。为了扩大业务规模和取得短期效益，经销商往往会放宽对借款人的审核要求，给银行的信贷资金安全造成很大隐患。

（3）在"间客式"模式下，由汽车经销商本身带来的风险也远远大于"直客式"模式。因为在"间客式"模式下，银行与固定的汽车经销商形成合作关系。经销商除了作为车辆的销售者之外，还充当着贷款初审者的角色。他们熟知银行对汽车贷款的审批条件、要求、程序甚至存在的漏洞，而他们存入银行的保证金数额却远远达不到一辆高档轿车的贷款额。这样，一旦出现经销商制造虚假贷款资料进行骗贷，在达到一定数额后突然清盘的情况下，银行的贷款损失几乎不可避免。

【活动练习】

客户小王来银行咨询关于汽车贷款的问题，请为小王解答汽车贷款具体的申请条件。

教学活动 4 个人质押贷款

【活动目标】

掌握个人质押贷款的内容、特点以及产品使用的基本规定，了解个人质押贷款产品的办理手续。

【知识准备】

一、产品介绍

1. 定义。个人质押贷款是指个人因急需资金，以合法有效、符合银行规定条件的质物出质，向银行申请获得贷款，到期归还贷款本息的一种贷款业务。是目前个人获得资金最普通的方法。

2. 特征。

（1）质物多样：银行存款、国债、理财产品、黄金、人寿保险单、个人外汇买卖资金等均可作为质押物。

（2）贷款的风险低。个人质押贷款以未到期的定期存单等具有定期存款性质的权利凭证作为质押品，且可获得的贷款额度不超过质押品面额的 90%，因此担保方式可靠，变现能力强，风险较低。

（3）贷款手续简便、快捷。个人质押贷款通常是用于解决客户临时急用资金需求，因此办理手续简便，效率高，用款周期也短。

（4）贷款门槛低。中华人民共和国境内居民，凡是具有完全民事行为能力、年龄在 18 周年以上的自然人，均可以凭手中银行认可的有效质物作质押担保向银行申请办理个人质押贷款。有关质押贷款申请人的具体要求如下：

①具有完全民事行为能力的自然人。外籍人、无国籍人以及港、澳、台居民为借款人的，应在中华人民共和国境内居住满一年并有固定居所和职业。

②借款人贷款用途符合国家法律法规及有关政策规定，承诺贷款不进入证券市场、期货市场和用于房地产开发、股本权益性投资，不得用于借贷牟取非法收入。

③提供银行认可的有效质物作担保。

④在申请银行开立个人结算账户。

⑤银行规定的其他条件。

二、产品办理

1. 个人质押贷款申请。客户向银行提出质押贷款申请，填写个人质押贷款申请审批表，并提交质押物及有效身份证件等申请材料。具体包括下列材料：

（1）银行个人借款申请表。

（2）申请人本人的有效身份证件，以第三人质物质押的，还需提供第三人有效身份证件。

（3）有效质物证明。以第三人质物质押的，还须提供受理人、借款申请人和第三人签署同意质押的书面证明。

（4）凭密码、印鉴支取的权利作为质押时，出质人必须按经办行的要求验证密码、印鉴。

（5）贷款用途证明或声明。

（6）银行规定的其他资料。

2. 个人质押贷款调查审批。银行调查责任人对申请人提交的材料是否齐全，申请人的资格和质物的真实性、合法性进行调查，结合客户需求，确定贷款期限、额度，提交审批。

对于个人质押贷款的贷款期限，一般规定个人质押贷款的贷款期限不超过质物的到期日。用多项质物作质押的，贷款到期日不能超过所质押质物的最早到期的日期。具体期限规定以各银行政策为准。例如，中国工商银行规定：个人质押贷款的贷款期限一般为 1 年，最长不超过 3 年（含），网上银行个人质押贷款期限最长为 1 年（含）。质押贷款的到期日不得晚于质物的到期日（自动转存的本行本外币存款除外）。若用不同期限的多个或多张质物质押的，应以到期日最近者确定贷款期限。质物为下列之一的，贷款期限最长不超过 1 年（含）：本行外币存款，他行定期存款单，开放式基金，个人外汇买卖资金。

各家银行对个人质押贷款贷款额度的规定也不尽相同；对于质物不同的个人抵押贷款，其贷款额度也有所区别。按照《物权法》的规定，一般为质押物的 90%。例如，中国工商银行规定个人质押贷款额度单笔（广）最低 1 万元（含），最高不超过 2 000 万元。中国建设银行规定个人质押贷款额度起点为人民币 5 000 元（含）。

3. 签订个人质押贷款合同。审批通过后，银行与客户签订个人质押借款合同，办理质押止付手续。

4. 发放个人质押贷款。客户经理办理放款手续，将款项转入借款人在申请行开立的个人结算账户上，客户即可使用贷款资金。

5. 个人质押贷款清还。个人质押贷款还款方式包括等额本息还款法，等额本金还款法，任意还本、利随本清法，按月还息、分次任意还本法，到期一次还本付息法等还款方式。各银行的规定略有差别，具体还款方式由经办行与借款人协商并在借款合同中约定。借款人可以到营业柜台还款，或在存款账户或银行卡上留足还款金额，委托贷款银行代扣还款。如期归还贷款本息后，客户凭结清证明、质押收据和本人身份证件领回质物。

三、产品价格

个人质押贷款利率按中国人民银行规定的同期同档次期限贷款利率执行，各银行可在人民银行规定的范围内上下浮动。提前还款按原定利率和实际借款天数计算。在贷期限内如遇利率调整，按原定的利率计算。若贷款逾期，逾期1个月以内（含1个月）的，自逾期之日起，贷款机构按法定罚息利率向借款人计收罚息。逾期超过1个月，贷款机构有权处理质押的凭证，抵偿贷款本息。贷款机构在处理逾期的凭证质押贷款时，如凭证尚未到期，贷款机构可按提前兑付的正常程序办理兑付，在抵偿了贷款本息及罚息后，应将剩余款项退还借款人。

四、产品案例

新兴产品——中国工商银行网上银行个人质押贷款。

1. 业务介绍。网上银行个人质押贷款业务是中国工商银行通过网上银行为个人客户提供在线申请办理质押贷款、归还贷款、解除质押冻结和贷款信息查询等服务的个人贷款业务。

网上银行个人质押贷款的贷款额度为单笔（户）最低5 000元（含），单笔（户）贷款总额不得超过100万元（含），贷款期限最长为1年（含）。

2. 业务特色。

（1）操作简便、快捷，通过网上银行即可申请。

（2）安全性高。

（3）还款便利。

3. 适用对象。

（1）持有中国工商银行网上银行注册卡的理财金账户卡、牡丹灵通卡或牡丹灵通卡e时代卡下挂的无折（单、凭证）且可实现联机冻结止付的质物。

（2）拥有中国工商银行网上银行个人客户证书。

（3）具有良好的信用记录和还款意愿。

（4）贷款行规定的其他条件。

4. 开办条件。借款人通过中国工商银行个人网上银行或在中国工商银行柜面即可申请。

5. 利率信息。网上银行个人质押贷款利率在中国人民银行相应期限档次贷款基准利率的基础上上浮15%以上。

6. 开通流程。

（1）借款申请人自助或由中国工商银行柜面操作人员协助，在线签订中国工商银行网上银行个人质押贷款合同，并在合同中明确约定贷款金额、贷款期限和质押存款账户等事项。

（2）经中国工商银行审查确认并通过后，贷款金额由系统自动划入借款人指定的放款账户。

特别提示：放款账户和还款账户可由借款申请人从网上银行注册卡的理财金账户卡、牡丹灵通卡或牡丹灵通卡e时代卡下的活期存款基本账户中任意指定。

（3）若借款人在线自助提前归还全部贷款本息，系统将自动解除借款人质押物的冻结。

7. 操作指南。

（1）借款人登录中国工商银行个人网上银行"网上贷款"项目。

（2）点击"质押贷款"。

（3）选定下挂卡或账户后点击"申请质押"。

（4）选择贷款期限、输入借款金额、指定收款账户和还款账户。

（5）"确定"后签订个人质押贷款合同页面，接受协议。合同正式生效后，实时获得借款资金。

特别提示：贷款利息从实际发放到客户指定的收款账户之日开始计算。

（6）在质押贷款的到期日如果客户的还款账户上有足够的资金清偿贷款的本息，银行将自动从客户的还款账户上扣收所借资金的本金和利息，否则转逾期。

8. 还款方式。网上银行质押贷款只能采用到期一次性还本付息的还款方式，且如果质押贷款是在中国工商银行营业网点办理的则只能在受理网点办理贷款的归还手续。

【知识链接】

银行产品示例

产品名称	中国银行存单质押
所属银行	中国银行
贷款产品分类	个人存单、凭证质押贷款
定义	借款人因临时性资金急需，持本人（或他人）未到期的定期储蓄存款存单向银行作质押从银行取得相应贷款。
贷款对象	具有完全民事行为能力的自然人。
贷款条件	1. 具有完全民事行为能力的自然人。 2. 持本人有效身份证件。 3. 有中国银行开具的未到期的个人定期储蓄存单。 4. 中国银行规定的其他条件。
贷款额度	不超过质押存单面额的90%。
贷款期限	最长不超过一年。
贷款利率	执行规定利率。

个人旅游度假贷款产品示例

产品名称	中国银行旅游度假贷款
所属银行	中国银行
贷款产品分类	个人旅游度假贷款
定义	旅游度假消费贷款是指向消费者个人发放用于参加贷款人认可的各类旅行社（公司）组织的国内、国外旅游所需缴纳费用的贷款。
贷款对象	有旅游需求且资金不足的具有完全民事行为能力的自然人。
贷款条件	具有完全民事行为能力的自然人；有当地常住户口或有效居留身份，有固定和详细住址；有中国银行认可的资产作为抵押、质押担保，或中国银行认可的有足够代偿能力的单位或个人作为偿还贷款本息并承担连带责任的保证人；中国银行认可的重信誉、资质等级高的旅游公司；中国银行规定的其他条件。
贷款额度	不超过度假旅游消费总额的70%。
贷款期限	最长不得超过3年。
贷款利率	中国人民银行公布的同档次贷款利率。

个人助学贷款产品示例

产品名称	中国工商银行国家助学贷款
所属银行	中国工商银行
贷款产品分类	助学贷款
定义	国家助学贷款是银行发放的用于全日制高等学校在校生支付学费和生活费，由教育部门设立"助学贷款"专户资金给予贴息的人民币贷款。
贷款对象	中华人民共和国（不含港、澳、台地区）高等学校中的全日制在读本、专科学生、研究生、第二学位学生。
贷款条件	1. 具有完全民事行为能力的中国公民（未成年人须有其法定监护人书面同意）。 2. 能够提供入学通知书或学生证，居民身份证。 3. 学习认真、品德优良，经介绍人、见证人推荐。 4. 没有违法行为及不良信用记录。 5. 在中国工商银行开立个人结算账户，并同意银行从其指定的个人结算账户中扣收贷款本息。 6. 银行规定的其他条件。
贷款额度	不超过 6 000 元/年。
贷款期限	8 年。
贷款利率	执行中国人民银行利率规定。

【活动练习】

客户小李持 10 万元定期存单来到银行，想办理存单质押贷款，请为客户介绍业务办理流程。

学习任务二
单位贷款

【学生的任务】

◇ 要求学生掌握单位贷款产品的种类，能够说明信用贷款、抵押、质押、保证贷款的特性。

◇ 要求学生通过网络、书籍等渠道多方面了解新型贷款产品的内容。

◇ 要求学生能够根据不同的客户需求，为客户办理所需要的贷款产品。

【教师的任务】

◇ 指导学生上网查找有关单位贷款产品的相关资料。

◇ 讲解单位贷款产品的属性、特征等主要知识点。

◇ 对学生作业完成情况进行点评。

单位贷款是银行或其他金融机构按一定利率和必须归还等条件将货币资金出借给单位客户的一种信用活动形式。按照贷款担保方式划分，可将贷款分为信用贷款和担保贷款；根据担保物的不同，担保贷款又可分为保证贷款、抵押贷款和质押贷款三种。银行通过贷款的方式将所集中的货币资金投放出去，可以满足社会扩大再生产补充资金的需要，促进经济的发展；同时，银行也可以由此取得贷款利息收入，增加银行自身的积累。

教学活动 1　信用贷款的处理

【活动目标】

理解信用贷款的内容和特点，掌握信用贷款的产品办理程序和可能产生的风险。

【知识准备】

一、产品介绍

1. 定义。信用贷款是指以借款人的经营和信用状况为基础而发放的贷款。这种贷款需逐笔申请，逐笔立据审核，约定还款期限，到期一次或分次归还。

2. 特点。

（1）不需要担保，以借款人的经营和信用状况为基础而发放。对新建立信贷关系的客户，原则上不发放信用贷款。

（2）风险较大。一般要对借款方的经济效益、经营管理水平、发展前景等情况进行详细的考察，以降低风险。

（3）主要适用于经工商行政管理机关核准登记的企（事）业法人、其他经济组织、个体工商户并符合《贷款通则》和银行规定的要求。

（4）信用贷款不能用于中长期贷款，仅限于对企业流动资金的短期补充，一般在 6 个月以内。

二、产品办理

1. 信用贷款申请。借款人要取得信用贷款时，应提出书面申请、递交相关材料；银行信贷部门按审贷分离、分级审批的管理制度进行审批。企业客户信用等级至少在 AA－（含）级以上的，经国有商业银行省级分行审批可以发放信用贷款。

（1）信用贷款申请人应满足的条件：《商业银行法》明确规定，不得向关系人发放信用贷款。只有当企业符合一定的条件才可获得银行的信用放款。发放信用贷款必须同时符合 6 个条件：①贷款总额不得超过所有者权益。②资产负债率小于 50%。③贷款归行额达到贷款周转次数 5 次以上，日均存款保持贷款额的 10% 以上。④现金净流量和经营性现金净流量均大于零。⑤无不良信用记录。⑥税务风险比较小。

（2）申请人应向银行提交的材料：①信贷业务申请书。②借款人基本情况、资格证明文件、贷款证（卡）、授权书等。③经有权机构审计或核准的近三年和最近的财务报表和报告。④董事会决议、借款人上级单位的相关批文。⑤项目建议书、可行性研究报告和有权部门的批准文件。⑥用款计划及还款来源说明。⑦与借款用途有关的业务合同。⑧银行需要的其他资料。

2. 签订信用贷款合同。经审批同意贷款后银行（贷款人）应与借款人签订借款合同，合同上应注明贷款种类、贷款用途、金额、利率、还款期限、还款方式、违约责任和双方认为需要约定的其他事项。借款人还应填制一式五联借款凭证（见图3-1）。

（贷款）借款凭证（申请书代借据）

单位编号：　　　　　　日期：　　年　　月　　日　　　　　银行编号：

借款单位	名称		借款单位	名称	
	放款户账号			往来户账号	
	开户银行			开户银行	

| 借款期限
（最后还款日） | | 借款计划指标 | |

借款申请金额	人民币 （大写）：	千	百	十	万	千	百	十	元	角	分

| 借款原因及用途 | | 银行核定金额： | 千 | 百 | 十 | 万 | 千 | 百 | 十 | 元 | 角 | 分 |

期限	计划还款日期	√	计划还款金额	银行审批	
1					负责人　信贷部门主管　信贷员
2					
3					
4					

兹根据你行贷款办法规定，申请办理上述贷款，请核定贷给　　　　　　此致 中国工商银行 （借款单位预留往来户印鉴）	会计分录： 　　（借）_____户 　　对方科目：_____ 会计　　　复核　　　记账

图3-1　借款凭证

（1）信用贷款额度的确定。一是从现金流入量来确定：最高余额不大于全年贷款归行额的20%。二是从已被抵押的房地产权利值来确定：最高余额不大于已被银行全部抵押的房地产权利价值的30%~40%。三是从企业的自有资金状况来确定：最高余额≤所有者权益-负债。

（2）信用贷款期限的确定。信用贷款不能用于中长期贷款，仅限于对企业流动资金的短期补充，一般在6个月以内。对新建立信贷关系的客户，原则上不发放信用贷款。具体贷款期限主要根据借款人的生产周期、还款能力、项目评估情况和贷款人的资金实力等，由借贷双方协商确定。

3. 信用贷款发放。借款单位在第一联借据上加盖预留印鉴，经信贷部门审查批准并签署意见后，送会计部门凭以办理贷款的发放手续。

4. 信用贷款归还。借款单位依照合同约定，按期主动归还贷款。还款时填制转账支票或一式四联还款凭证，送交开户银行，办理还款手续。贷款到期，由于客观情况发生变化，企业不能按期归还贷款，应在贷款到期前填制贷款展期申请书，写明展期原因，将展期申请书送交银行信贷部门审查。贷款到期不能按期归还，又未办理贷款展期手续，转作逾期贷款，并计收逾期息。

三、产品价格

信用贷款利率由双方在签订合同时参照中国人民银行规定的利率及其浮动幅度确定。根据风险与收益匹配的原则，信用贷款利率应高于抵押或保证担保方式的贷款利率。一般按基准利率上浮20%~30%掌握。自转入逾期贷款账户之日起，按逾期贷款利率计算利息。

四、信用贷款的可行性与发展背景

信用贷款和其他贷款最根本的区别就是信用贷款是根据客户的社会信用和财力情况决定的放贷行为，不存在担保人或担保物等因素，银行面临的风险是很大的。然而信用贷款目前仍被银行广泛使用并不断深化发展，其原因是值得我们分析和思考的。

1. 外部约束松动。

（1）社会信用秩序逐步转好。政府已日益重视社会信用环境建设，加大了打击恶意逃废银行债务行为的力度。不少地方相继建立了不良贷款企业"曝光台"或"黑名单"，初步形成了"守信者受惠，失信者受罚"的氛围，企业信用意识有明显提高。

（2）企业产权日益明晰。随着企业产权制度改革的深入，所有者主体缺失现象已得到明显改观，新建和改建的一大批中小企业已成为产权清晰、权责明确的合格市场主体，并已成为目前银行贷款的重要客户。

（3）企业销货环节管理加强。现在，赊销方式已不再是企业拓展市场的主要方式，特别在商贸企业中更为明显。即使赊销，也采取了事前控制，采取建立信用管理部门的方式，对购货商进行信用分析和信用管理，避免了大量坏账的产生，实际现金流量明显提高。

2. 内部因素促成银行发放信用贷款成为可能。

（1）同业竞争日趋激烈。目前信贷市场处于买方市场，若银行把第二还款来源的门槛设得过高，将把缺乏可供抵押担保资产的优良中小企业拒之门外，从而丧失很大的潜在优良客户群体，影响银行的长远发展和竞争优势。

（2）内部控制日益加强。银行吸取了过去信贷工作的经验和教训，通过加强内部横向制衡、纵向制约建立了信贷的科学决策机制，并推广"三化"控制，即内部制约网络化、内部管理制度化、贷款操作程序化，从而为减少信用贷款风险提供了制度保障。

（3）银企合作得到巩固。随着社会信用状况的改善，银企关系也得到了进一步的融洽和加强。银行往往都拥有一些与自己合作多年的优良客户，它们能坚持诚信经营，彼此也十分了解，从未发生过不良记录。若这些企业遇到临时性原材料储备向银行申请借款，在企业无抵押物、保证人提供的情况下，银行适度发放信用贷款，企业会从内心深处感激银行，对银行产生较高的忠诚度，不易被他行所渗透。

（4）客户经理业务素质提高。客户经理日益重视贷前的调查和综合分析，并做好跟踪检查和动态监管来确保贷后的风险防范和化解，大部分已掌握了大量的第一手资料和丰富的营贷经验。适度引入信用贷款，虽然风险增大，但同时会促使客户经理学习先进的信贷理念，不断增强自身的综合竞争力，提高银行对信贷风险的整体防范能力，带来"鲇鱼效应"。

五、风险管理

1. 把握信用贷款目的。发放信用贷款的主要目的是巩固现有优良客户，发展潜在优良客户，因此要根据不同的区域信用环境、管贷水平、竞争程度、企业素质等情况遴选一批优良客户发放信用贷款，增强优良客户与银行的黏合力，促进信贷结构的调整和优化。

2. 加强贷款风险预警机制。信用贷款对贷后管理提出了更高要求，应在传统贷款管理基础上，创新一种适合信用放款的贷后管理模式。坚持做到每季度检查和调查，密切关注风险点，如行业风险、管理风险、经营风险等。同时，掌握重点贷款企业的现金流，以掌控风险。

3. 严格信用贷款的授权。发放信用贷款应区别对待、因地制宜，对区域信用环境好、信贷管理严格、客户经理素质高、业务能力强、历年信贷资产质量优异的分支机构和客户经理授予一定的权限。同时建立风险责任追究制，加强约束。

4. 取得政府部门支持。建议政府有关部门进一步加强社会信用建设，继续坚决打击逃废银行债务和恶意拖欠银行本息行为，同时要为银行对当地政府所确定的重点骨干企业发放信用贷款给予一定的风险补偿金，以调动银行发放信用贷款的积极性，有效解决中小企业获得银行贷款难的问题。

【分析思考】

简述信用贷款申请人应满足的条件。

教学活动 2 　保证贷款的处理

【活动目标】

理解保证贷款的内容和特点，掌握保证贷款的产品办理程序。

【知识准备】

一、产品介绍

1. 定义。保证贷款是指按《担保法》规定的保证方式，以借款人、贷款人以外的第三人承诺在借款人不能偿还贷款时，按约定承担一般保证责任或者连带责任为前提而发放的贷款，它是担保贷款的一种。

根据《中华人民共和国担保法》（以下简称《担保法》）的规定，具有代为清偿债务能力的法人、其他组织或者公民，可以作保证人。国家机关不得为保证人（但是经国务院批准为使用外国政府或者国际经济组织贷款进行转贷的除外）；学校、幼儿园、医院等以公益为目的的事业单位、社会团体不得为保证人；企业法人的分支机构有法人书面授权的，可以在授权范围内提供保证。为顺利取得银行贷款，企业应该选择那些实力雄厚、信誉好的法人或公民作为贷款保证人。若银行等金融机构能作为企业的保证人，则效果更为理想，借款企业取得银行贷款更为容易。

2. 特点。

（1）手续简便，一般不需办理有关登记评估等手续。

（2）保证人可选一个或多个。

（3）贷款期限最长不得超过 7 年，其中贷款宽限期（指贷款发放后到第一次还款的时间）不得超过 3 年。

（4）保证人愿意长期（1 年）作担保的，可签订最高额保证借款合同，在合同期内，不再办理相关保证手续。

（5）一般保证的保证人与债权人未约定保证时间的，保证期间为主债务履行期届满之日起六个月。

3. 贷款保证人的责任。由于一般保证的保证人承担单方性、无偿性的法律责任，故对保证人尽了义务而债权人怠于行使权利，应该免除保证人一定范围内的保证责任。即保证人在贷款合同履行期满后，向商业银行提供了可供执行财产的真实情况的，银行放弃或者怠于行使追偿权利而致使该财产不能执行的，保证人可以请求法院在其提供执行财产的实际价值范围内免除保证责任。

保证存续的基础是保证人对债务人的信任，因而一旦发生债务人变动时，保证人一般不再为该债务承担保证责任。如果贷款合同发生变更，又未获得保证人书面同意时，保证人也不应为此承担责任。《担保法》第二十四条明确了这一点。但对《担保法》的一些解释已突破了这些法理，表现在：保证期间债权人与债务人对主合同的数量、价款、币种和利率等内容作了变动未经保证人同意的，如果减轻债务人的债务的，保证人仍应当对变更后的合同承担保证责任；如果加重债务人的债务的，保证人对加重的部分不承担保证责任；债权人与债务人对主合同履行期限作了变动未经保证人书面同意的，保证期间为原合同约定的或法律规定的期间，债权人与债务人协议变更主合同内容但未实际履行的，保证人仍应当承担保证责任。这说明保证债权的安全已成为《担保法》的首要价值取向，保证人对其承诺的保证义务负责，而不论合同内容是否改变。

在商业银行与借款人的借贷活动中，常常有协议以新贷还旧贷的情况发生。在此活动中，保证人是否还承担保证责任呢？基于主合同主要内容变更，保证人不再承担责任的原理，以新贷偿还旧贷属于主合同变更，保证人除该变更协议知道并应当知道外，不承担民事责任。但如果旧贷的保证人又为新贷作担保的话，那么保证人的责任不能免除。

在企业破产中，破产企业最大的债权人是包括商业银行在内的金融机构。虽然银行为了防范金融风险，一般都采用担保贷款，但在贷款保证中，商业银行知道或应当知道借款人破产后，如果不及时申报债权并告知保证人，那么保证人将在该债权破产程序中可能受偿的范围内免除保证责任。银行不能向保证人追偿，只能自己承受不良债权。

4. 贷款保证期间。贷款保证应当是有期限的，这个期限就是保证期间。在贷款担保合同中，当事人对贷款保证期间的约定非常复杂，因而适用保证期间应注意几个问题：

第一，保证期间是除斥期间。所谓除斥期间是指法律预定的某种权利存续的期间，当期间届满时该权利消灭。除斥期间为不变期间，不因任何事由而中止、中断和延长。保证期间是债权人要求保证人承担保证责任的权利存续期间，因而，《担保法》所规定的保证期间属于除斥期间。由于保证责任不同于一般民事责任，保证人实际上是为他人承担责任，因此法律有必要设立不变期间加以限制，防止保证人无限期承担保证责任。在保证期间届满时，债权人没有及时行使权利，则要求保证人承担保证责任的实体权利归于消灭，保证人免除保证责任。

第二，约定保证期间超过诉讼时效期间问题。目前法律并未限制保证期间的结束点。如果约定的保证期间长于诉讼时效期间，因债权人已对债务人失去胜诉权，再要求保证人承担保证责任，有悖于法理。但保证人的保证行为已经成立，不能因此完全免责，应当以约定不明处理。

第三，约定保证期间早于或等于贷款履行期间的问题。对于这种情况，应当视为当事人没有约定，保证期间为法定期间，即为贷款债务履行期间届满之日起六个月。

第四，约定保证期间为保证人承担保证责任直至贷款债务本息还清时为止等类似内容的问题。这种约定的意思是清楚的，但没有明确的保证期间，这与设立保证期间的立法意图相悖，因此应认为无效，视为约定不明。保证期间为贷款债务履行期间届满之日起两年。

二、产品办理

1. 保证贷款申请。符合条件的借款人向银行提出书面申请，并提交银行所需相关材料，由银行有关调查审批部门对客户的贷款需求进行调查审批。

（1）保证贷款的适用对象：

①必须是经工商行政管理部门核准注册，并按规定办理纳税登记和年检手续的企事业法人。

②产品有市场，生产经营有效益，不挤占挪用信贷资金，恪守信用。

③有按期还本付息能力，原应付贷款本息和到期贷款已清偿；按银行企业信用等级评定标准核定，原则上信用等级必须为 A 级（含）以上。

④已在银行开立基本账户或一般存款账户。

⑤除国务院规定外，有限责任公司和股份有限公司对外股本权益性投资累计额未超过其净资产总额的 50%。

⑥借款人的经营正常和财务制度健全，主要经济和财务指标符合银行的要求。

⑦申请中长期贷款的项目必须经国家主管部门批准，新建项目的企业法人所有者权益与项目总投资的比例不低于国家规定的投资项目资本金比例。

（2）申请人向银行提交借款申请书及如下材料：

①借款人基本情况。包括借款人的营业执照、公司章程、法人代表证明书或法人授权委托书。

②借款人、保证人近年来的财务报表、生产经营情况等资料。

③保证人同意担保的证明文件。

④购销合同、进出口批文及批准使用外汇等与申请该笔流动资金贷款用途密切相关的有效文件。

⑤中国人民银行颁发的贷款证（卡）。

⑥银行要求的其他资料。

2. 签订保证贷款合同。借款人的申请材料经银行审核通过后，与银行签订借款合同，同时还涉及保证合同的签订。《担保法》规定，保证人与债权人应当以书面形式订立保证合同。合同应当包括：（1）被保证的主债权种类、数额。（2）债务人履行债务的期限。（3）保证的方式。（4）保证担保的范围。（5）保证的期间。（6）双方认为需要约定的其他事项。

三、产品价格

保证贷款严格执行中国人民银行规定的贷款利率政策，坚持公平、合法和按合同办事的原则。中长期贷款利率按借款合同实行一年一定，即从合同生效日起，一年内按借款合同约定利率执行，遇利率调整不变；满一年后根据当时的利率进行调整，执行新的利率。

四、风险提示

由于保证贷款涉及借款人、担保人和银行三方，因此风险问题相对其他贷款而言比较特殊。

1. 借款人可能面临利率风险。对于商业银行的保证贷款客户而言，利率风险是贷款利率变动导致的贷款还款金额的变动，从而影响个人还款能力的风险。目前，我国绝大部分贷款均为浮动利率贷款。当贷款利率上升时，借款人每月的还款金额和还款总额将会增加，还款压力增大。

2. 保证人可能面临借款人违约风险和信用风险。若借款人由于经营不善等产生违约风险，或由于道德原因恶意拖欠等产生信用风险，导致贷款无法按期偿还，那么保证人就需要按照担保合同约定承担一般保证责任或连带保证责任，偿还借款人所欠银行的费用，包括主债权及利息、违约金、损害赔偿金和实现债权的费用。

3. 银行可能面临的风险。

（1）保证人不具备担保资格和能力，担保形同虚设。

（2）公司互保。两家公司相互以对方作为保证人，向银行申请保证贷款。这种情况叫互保，法律上并没有禁止，但是对银行来说风险较大，只要其中任何一笔贷款出现问题，另一笔贷款也会面临损失风险。

（3）操作风险。在银行办理业务的过程中，由于操作不规范或疏忽而导致保证手续不完备、合同约定不明确或不符合法律法规要求等一系列问题，使保证合同产生法律风险。

（4）超过诉讼时效。银行若没有在贷款出现问题时及时提出诉讼，超过了约定的诉讼时效，保证人即可免除保证责任。

【知识链接】

贷款担保人法律责任

《担保法》节录

第十二条　同一债务有两个以上保证人的，保证人应当按照保证合同约定的保证份额，承担保证责任。没有约定保证份额的，保证人承担连带责任，债权人可以要求任何一个保证人承担全部保证责任，保证人都负有担保全部债权实现的义务。已经承担保证责任的保证人，有权向债务人追偿，或者要求承担连带责任的其他保证人清偿其应当承担的份额。

第十六条　保证的方式有：（一）一般保证；（二）连带责任保证。

第十七条　当事人在保证合同中约定，债务人不能履行债务时，由保证人承担保证责任的，为一般保证。一般保证的保证人在主合同纠纷未经审判或者仲裁，并就债务人财产依法强制执行仍不能履行债务前，对债权人可以拒绝承担保证责任。

有下列情形之一的，保证人不得行使前款规定的权利：

（一）债务人住所变更，致使债权人要求其履行债务发生重大困难的；

（二）人民法院受理债务人破产案件，中止执行程序的；

（三）保证人以书面形式放弃前款规定的权利的。

第十八条　当事人在保证合同中约定保证人与债务人对债务承担连带责任的，为连带责任保证。连带责任保证的债务人在主合同规定的债务履行期届满没有履行债务的，债权人可以要求债务人履行债务，也可以要求保证人在其保证范围内承担保证责任。

第十九条　当事人对保证方式没有约定或者约定不明确的，按照连带责任保证承担保证责任。

第二十条　一般保证和连带责任保证的保证人享有债务人的抗辩权。债务人放弃对债务的抗辩权的，保证人仍有权抗辩。抗辩权是指债权人行使债权时，债务根据法定事由，对抗债权人行使请求权的权利。

第三节　保证责任

第二十一条　保证担保的范围包括主债权及利息、违约金、损害赔偿金和实现债权的费用。保证合同另有约定的，按照约定。

第二十五条　一般保证的保证人与债权人未约定保证期间的，保证期间为主债务履行期届满之日起六个月。在合同约定的保证期间和前款规定的保证期间，债权人未对债务人提起诉讼或者申请仲裁的，保证人免除保证责任；债权人已提起诉讼或者申请仲裁的，保证期间适用诉讼时效中断的规定

第二十六条　连带责任保证的保证人与债权人未约定保证期间的，债权人有权自主

债务履行期届满之日起六个月内要求保证人承担保证责任。在合同约定的保证期间和前款规定的保证期间，债权人未要求保证人承担保证责任的，保证人免除保证责任。

第三十条 有下列情形之一的，保证人不承担民事责任：

（一）主合同当事人双方串通，骗取保证人提供保证的；

（二）主合同债权人采取欺诈、胁迫等手段，使保证人在违背真实意思的情况下提供保证的。

第三十一条 保证人承担保证责任后，有权向债务人追偿。

第三十二条 人民法院受理债务人破产案件后，债权人未申报债权的，保证人可以参加破产财产分配，预先行使追偿权。

【分析思考】

保证贷款的保证人要承担哪些责任？

教学活动3 抵押贷款的处理

【活动目标】

理解抵押贷款的内容和特点，掌握抵押贷款的相关规定与产品办理程序。

【知识准备】

一、产品介绍

1. 定义。抵押贷款是指按《担保法》规定的抵押方式，以借款人或第三人的财产作为抵押物而发放的贷款。当借款人于到期日不能归还贷款本息时，银行根据贷款合同有权处理该抵押品作为补偿。

2. 适用范围。

（1）必须是经工商行政管理部门核准注册，并按规定办理纳税登记和年检手续的企事业法人。

（2）产品有市场，生产经营有效益，不挤占挪用信贷资金，恪守信用。

（3）有按期还本付息能力，原应付贷款本息和到期贷款已清偿；没有清偿的，已经做了银行认可的偿还计划；按《银行企业信用等级评定标准》核定，原则上信用等级必须为 A 级（含）以上。

（4）已在银行开立基本账户或一般存款账户。

（5）除国务院规定外，有限责任公司和股份有限公司对外股本权益性投资累计额未超过其净资产总额的 50%。

（6）借款人经营正常，财务制度健全，主要经济和财务指标符合银行的要求。

（7）申请中长期贷款的项目必须经国家主管部门批准，新建项目的企业法人所有者权益与项目总投资的比例不低于国家规定的投资项目资本金比例。

（8）作为抵押物的财产必须符合《担保法》的有关规定，抵押人必须依法享有对抵押物的所有权或处分权，并向银行明确表示愿以该抵押物为债务人提供担保。

（9）以房产抵押的，抵押率最高不得超过70%；以交通运输工具、通用机器设备和工具抵押的，抵押率最高不得超过60%；以专用机器设备和工具，无形资产（含土地使用权）和其他财产抵押的，抵押率最高不得超过50%。

3. 抵押物的具体规定。抵押品必须是借款人所有或确为第三人所有，必须能够估价，必须容易保存且有变现的可能性。根据《担保法》的规定，下列财产可以抵押：

（1）抵押人所有的房屋和其他地上定着物。

（2）抵押人所有的机器、交通运输工具和其他财产。

（3）抵押人依法有权处分的国有的土地使用权、房屋和其他地上定着物。

（4）抵押人依法有权处分的国有的机器、交通运输工具和其他财产。

（5）抵押人依法承包并经发包同意抵押的荒山、荒沟、荒丘、荒滩等荒地的土地使用权。

（6）依法可以抵押的其他财产。

同时，《担保法》还规定，下列财产不得抵押：

（1）土地所有权。

（2）耕地、宅基地、自留地、自留山等集体所有的土地使用权。

（3）学校、幼儿园、医院等以公益为目的的事业单位、社会团体的教育设施、医疗卫生设施和其他社会公益设施。

（4）所有权、使用权不明或者有争议的财产。

（5）依法被查封、扣押、监管的财产。

（6）依法不得抵押的其他财产。

4. 抵押贷款意义。实行抵押贷款制度，是与经济体制改革相适应的。在实行计划经济时期，与传统的经济体制相适应，针对企业发放的贷款都是信用贷款。这是信贷资金"供给制"的重要形式，存在着资金占用多、周转慢、效益差的弊端。在建立社会主义市场经济的新时期，我国经济金融体制改革后，全面开办了抵押贷款，建立完善了配套的法律法规及规章制度。从实际看，抵押贷款的安全性、盈利性明显优于其他信贷资产。

第一，增强了客户的信誉观念，提高了银企经济效益。客户在办理抵押贷款后，在获取贷款运用时，也有了按期如数归还贷款的压力。从而有利于搞活金融、搞活经济、提高信贷资金的使用效益。中国建设银行统计资料表明，个人住房抵押贷款逾期率均低于3%，利息实收率达到90%以上。同时，抵押贷款可以使商品、票据、有价证券等提前转化为货币资金，对加速货币资金的周转，刺激企业扩大生产和流通具有一定的作用。

第二，抵押贷款对贷款客户的约束力较之信用贷款大大增强了。企业一旦破产，信用贷款只是一种普通债权，银行只能以普通债权人的身份，参与破产企业财产的分配，无权要求优先受偿。抵押贷款的实行和推广，是适应社会主义市场经济的新要求，是改革信贷资金供给制、确立信贷资金借贷制的必然要求和发展趋势。

二、产品办理

1. 抵押贷款申请。客户向银行提出抵押贷款申请，提交下列材料：

（1）信贷业务申请书。

（2）借款人和抵押人最近一期的财务报表。

（3）借款人和抵押人董事会决议。

（4）抵押人出具的信贷担保承诺书。

（5）抵押物权属证明及保险凭证。

（6）银行认可的资产评估中介机构出具的抵押物价值评估报告。

（7）用款计划及还款来源说明。

（8）与借款用途有关的业务合同。

2. 签订抵押贷款合同。抵押贷款申请材料审批通过后，银行与借款人签订借款合同。并与抵押人订立抵押合同。抵押合同应当包括以下内容：

（1）被担保的主债权种类、数额。

（2）债务人履行债务的期限。

（3）抵押物的名称、数量、质量、状况、所在地、所有权权属或者使用权权属。

（4）抵押担保的范围。

（5）当事人认为需要约定的其他事项。

3. 抵押物登记与保险。抵押物登记关系到抵押权是否产生、所担保的主债务能否实现、抵押合同生效与否以及能否对抗第三人等法律问题。《担保法》规定：当事人以本法规定的财产抵押的，应当办理抵押物登记，抵押合同自登记之日起生效。抵押合同订立 15 日内，贷款行应当要求抵押人到有关保险机构办理抵押物的财产保险手续。

办理抵押物登记的部门如下：

（1）以无地上定着物的土地使用权抵押的，为核发土地使用权证书的土地管理部门。

（2）以城市房地产或者乡（镇）、村企业的厂房等建筑物抵押的，为县级以上地方人民政府规定的部门。

（3）以林木抵押的，为县级以上林木主管部门。

（4）以航空器、船舶、车辆抵押的，为运输工具的登记部门。

（5）以企业的设备和其他动产抵押的，为财产所在地的工商行政管理部门。

（6）其他财产的登记部门为抵押人所在地的公证部门。

4. 抵押贷款发放。借款人办妥贷款发放前的有关手续，借款合同即生效，银行即可向借款人发放贷款，借款人可按照合同规定用途支用贷款。

5. 抵押贷款归还。借款人按照借款合同约定的还款方式，如期偿还贷款。

6. 撤销抵押。银行收回抵押贷款后，抵押物及有关单据随即退还借款人，借款人凭有关单据到抵押物登记管理部门撤销抵押。

三、产品价格

严格执行中国人民银行规定的贷款利率政策，坚持公平、合法和按合同办事的原则。

四、风险提示

1. 有关规定对抵押的登记部门确认不统一，致使银行无所适从。如中国人民银行和建设部联合签发的《关于加强与银行贷款业务相关的房地产抵押和评估管理工作的通知》中规定，当地房地产管理部门为城市房地产抵押登记部门。而某省工商行政管理局与中国人民银行某省分行联合签发的《关于对金融机构贷款业务相关的抵押物进行登记的通知》中却规定，工商行政管理机关为以企业动产和厂房等建筑物作抵押的登记机关。

另外，由于没有在各抵押登记部门之间建立起必要的沟通制度，导致债务人重复抵押登记，骗取贷款人资金，损害债权人利益现象的发生，带来了一些不必要的混乱和纠纷。如某债务人以无地上定着物的土地使用权向贷款人甲银行作抵押，并在土地管理部门办理登记；此后此债务人在同一片土地上建筑房产，待办理合法的产权证后，又用房产向贷款人乙银行作抵押，在房产部门办理抵押登记。这就发生了债务人重复抵押，债权人权利发生冲突的问题。这便是由于登记机关分属不同的行政机关，缺乏相互间联系而造成的不应有的结果。

2. 法定登记部门对有些贷款抵押物未开办登记业务。《担保法》规定，以林木抵押的，登记部门为县级以上林业主管部门；以航空器、船舶、车辆抵押的，登记部门为运输工具的管理部门。在实际工作中，当事人虽经多次与林业局、车辆管理机关等进行联系，但有些部门一直不同意开展该项登记业务，使得银行部门抵押物无法登记。

3. 有些抵押物办理抵押登记难度较大。主要表现在：一是有些企业资产由于历史的种种原因，没有办理产权登记手续，无产权证书，无法办理登记。二是有的抵押物估价难度较大，若找专门评估机构，费用较高，抵押人负担过重，登记积极性不高。

4. 抵押权的实现难度较大。《担保法》规定，债务履行期届满抵押权人未受清偿的，可以与抵押人协议以抵押物折价或者以拍卖、变卖该抵押物所得的价款优先受偿。协议不成的，抵押权人可以向人民法院提起诉讼。在实践中，一方面由于很多抵押物没有统一的估价标准，有关部门对抵押物估价偏高，致使银行蒙受重大损失；另一方面，由于市场机制不健全，缺少规范的拍卖、变卖市场，即使有拍卖市场，也因基层市场不健全，拍卖抵押物难度大，银行难以及时实现处置权。

【分析思考】

1. 简述抵押贷款的适用对象。

2. 商业银行对于抵押物有哪些规定？

教学活动4 质押贷款的处理

📖 【活动目标】

理解质押贷款的内容和特点，掌握质押贷款的相关规定与产品办理程序。

✍ 【知识准备】

一、产品介绍

1. 定义。质押贷款是指按《担保法》规定的质押方式，以借款人或第三人的动产或权利作为质物而发放的贷款。

2. 质押物的规定。质押贷款的发放以质物为基础，质物可以是出质人的动产或权利。作为质物的动产或权利必须符合《担保法》的有关规定，出质人必须依法享有对质物的所有权或处分权，并向银行书面承诺为借款人提供质押担保。

可作质押的权利包括汇票、支票、本票、债券、存款单、仓单、提单；依法可转让的股份、股票；依法可以转让的商标专用权、专利权、著作权中的财产权等。

动产质押是指借款人以其在仓储单位存入的货物作质押，并由仓储单位承担对该货物的仓储保管、冻结责任而由借款人向银行进行融资提供担保的一种授信方式。

质押项下货物应具备下列条件：

（1）必须是不易损耗，不易贬值的，易于长期保管，具有较强变现能力。

（2）所有权明确，仓储货物系借款人所有。

（3）货物规格明确，便于计算且市场价格稳定，波动小。

（4）产品合格并符合国家有关标准。

（5）易燃、易爆、易渗漏、有毒、有腐蚀性、有放射性等危险物品、化学品等货物在安全条件得不到保障的情况下不得办理质押。

（6）仓储货物必须办理包括盗抢险、火险在内的财产保险，保险期限一般应比授信期限多三个月。第一受益人为银行，保单正本交银行保管，保险费由出质人交纳。

（7）法律、行政法规禁止转让的动产不得出质。

3. 借款人必须满足的条件。

（1）必须是经工商行政管理部门核准注册，并按规定办理纳税登记和年检手续的企事业法人。

（2）产品有市场，生产经营有效益，不挤占挪用信贷资金，恪守信用。

（3）有按期还本付息能力，原应付贷款本息和到期贷款已清偿。

（4）没有清偿的，已经做了银行认可的偿还计划。

（5）按《银行企业信用等级评定标准》核定，原则上信用等级必须为 A 级（含）以上。

（6）已在银行开立基本账户或一般存款账户。

（7）除国务院规定外，有限责任公司和股份有限公司对外股本权益性投资累计额未超过其净资产总额的 50%。

（8）借款人经营正常，财务制度健全，主要经济和财务指标符合银行的要求。

（9）申请中长期贷款的项目必须经国家主管部门批准，新建项目的企业法人所有者权益与项目总投资的比例不低于国家规定的投资项目资本金比例。

（10）作为质物的动产或权利必须符合《担保法》的有关规定，出质人必须依法享有对质物的所有权或处分权，并向银行书面承诺为借款人提供质押担保。

（11）以银行汇票、银行承兑汇票、支票、本票、存款单、国库券等有价证券质押的，质押率最高不得超过90%。

（12）以动产、依法可以转让的股份（股票）、商业承兑汇票、仓单、提单等质押的，质押率最高不得超过70%；以其他动产或权利质押的，质押率最高不得超过50%。

二、产品办理

1. 质押贷款申请。借款人提出借款申请时，需要提交以下资料：

（1）信贷业务申请书。

（2）借款人和出质人最近一期的财务报表。

（3）借款人和出质人董事会决议。

（4）出质人出具的信贷担保承诺书。

（5）质物权属证明。

（6）银行认可的资产评估中介机构出具的质押物价值评估报告。

（7）用款计划及还款来源说明。

（8）与借款用途有关的业务合同。

2. 签订质押贷款合同。借款人与银行签订借款合同；出质人与银行订立质押合同。

3. 发放贷款。借款人办妥发放贷款前的有关手续，借款合同即生效，银行即可向借款人发放贷款。

4. 贷款归还。借款单位依照合同约定，按期主动归还贷款。

三、产品价格

严格执行中国人民银行规定的贷款利率政策，坚持公平、合法和按合同办事的原则。

四、主要质押贷款产品介绍

1. 存单质押贷款。存单质押贷款是指借款人以贷款银行签发的未到期的个人本外币定期储蓄存单（也有银行办理与本行签订有保证承诺协议的其他金融机构开具的存单的抵押贷款）作为质押，从贷款银行取得一定金额贷款，并按期归还贷款本息的一种信用业务。

作为目前最为普遍使用的质押贷款方式，存单质押贷款是指以客户未到期的定期储蓄存单为质押，从银行取得一定金额的人民币贷款，并按期偿还贷款本息的一种贷款业务。存单质押贷款是目前利率最低、手续最为简便、办理速度最快的贷款方式。存单质押贷款看似简单，但若要达到最佳的使用状态，也有技巧可言。从该种贷款的特性来看，活用存单质押贷款必须注意如下三个方面：

（1）贷不贷。由于存单是可以提前支取现金的，这就存在一个"是提前支取存单，还是以存单质押贷款"的选择。确定需不需要贷款，要综合存单已存放的时间长短、存款利率和贷款利率3个因素，按如下公式大致算算看，是提前支取存款划算还是贷款划算：

$$贷款多支付的利息 = 贷款金额 \times 贷款利率 \times 贷款期限$$
$$- 存单金额 \times 定期存款利率 \times 存款期限$$
$$提前支取的损失 = 存单金额 \times 定期存款利率 \times 已存期限$$
$$- 存单金额 \times 活期存款利率 \times 已存期限$$

当贷款多支付的利息大于提前支取的损失时，就提前支取存单；当贷款多支付的利息小于提前支取的损失时，就办理质押贷款。

另外，作为一个老的贷款品种，存单质押贷款的功能不断优化，许多银行赋予存单质押贷款授信功能。借款人只要将存单质押给银行，银行按照一定标准设定个人最高授信额度。借款人可在授信额度和期限内，像从存折里取钱一样支取贷款，可无限次地周转使用，省去了每申请一次贷款就办理一次手续的繁琐。而且，因可随时支用，随时归还，从而节约利息支出。

（2）贷多久。存单质押银行贷款期限的规定一般是不超过质押存单的到期日，且最长不超过一年。若为多张存单质押，以距离到期日最近的存单时间确定贷款期限。目前银行半年期和一年期的贷款基准利率（绝大多数的银行对存单质押贷款都执行基准利率）是不一样的，分别为 5.40% 和 5.85%（2006 年 4 月 28 日执行）。10 万元的贷款，一年与半年的利息相差 450 元。因此，建议借款人将贷款的期限控制在半年期以内；即使是贷款期限必须为一年的，也建议将贷款分为两个半年期（但根据银行"先还后续贷"的规定，在第一次贷款到期时应有临时周转的资金来归还贷款，后再办理续贷）。如此，虽然多支付了几元的印花税，但却能省下较多的贷款利息支出。

（3）贷多少。贷款金额直接影响利息支出。在存单足够质押的情况下（贷款金额一般不超过存单面额的 90%），要以资金够用为主，以免多支付利息。在某家银行存单不足质押的情况下，可以对比多家银行，选择另一家质押率更高的银行办理贷款。因为各家银行的质押率是不尽相同的，有的银行为存单面额的 80%，有的银行却是 90%

2. 仓单质押贷款。单是指仓储公司签发给存储人或货物所有权人的记载仓储货物所有权的唯一合法的物权凭证，仓单持有人随时可以凭仓单直接向仓储方提取仓储货物。

仓单质押贷款是指银行与借款人（出质人）、保管人（仓储公司）签订合作协议，以保管人签发的借款人自有或第三方持有的存货仓单作为质押物向借款人办理贷款的信贷业务。

3. 知识产权质押贷款。知识产权质押贷款是指以合法拥有的专利权、商标权、著作权中的财产权经评估后向银行申请融资。由于专利权等知识产权实施与变现的特殊性，目前只有极少数银行对部分中小企业提供此项融资便利，而且一般需由企业法定代表人加保。

4. 保单质押贷款。保单质押贷款是投保人把所持有的保单直接抵押给保险公司，按照保单现金价值的一定比例获得资金的一种融资方式。若借款人到期不能履行债务，当贷款本息积累到退保现金价值时，保险公司有权终止保险合同效力。寿险展业过程中，在险种条款里加入保单质押贷款，已经成为一种时尚。

保单质押贷款，是一种短期融资方式，它指保单所有者在资金缺乏时，以手中的保单为质押，向保险公司或银行申请贷款。其贷款资金来源于保单的现金价值（当保费缴纳到一定时间后，人寿保险单就会积累一定数量的现金价值，也就具有质押价值）。因此，一般具有储蓄性质的人寿保险可以申请保单贷款。而对于短期意外险、医疗险等因其不具有现金价值或由于现金价值波动，不能申请保单贷款。利用保单质押借款（贷款）可以继续享受保险的保障功能。目前，保单质押贷款有两条途径。

（1）从保险公司取得借款。投保人可以把保单直接质押给保险公司，直接从保险公司取得借款。保险公司提供的借款期限较短，一般不超过 6 个月（但只要保单缴费有效，每次期满都可以在偿还利息后续借 6 个月，续借的次数不受限制）。最高借款金额也不超过保单现金价值的一定比例，一般在 70% ~ 80%。如果借款人到期不能履行债务，当借款本息达到退保金额时，保险公司会终止保险合同。需要特别注意的是，保单质押借款要向保险公司支付利息，其利率一般按照保监会规定的预定利率与同期银行贷款利率较高者再上浮 20% 计算。因此，保单质押借款的利率相对存单和国债质押贷款来说较高，且利率依据保单险种的不同有所差异，因此有低有高，五花八门。若同一投保人有多张可质押的保单，就要选择用相对应的借款利率较低的保单来质押，以节约利息支出。

（2）银行的保单质押贷款。与向保险公司申请保单借款相比，银行的保单质押贷款，在额度、期限和贷款利率方面都比前者更为优惠。投保人最高可以获得质押保单现金价值 90% 的贷款额度，期限最长可达 5 年，. 贷款利率则按人民银行规定的相对应贷款期限的基准利率确定。而且可享受贷款额度授信的便利，在授信额度内循环使用贷款。不过银行一般要求，作为质押的保单须是该银行代理的险种。

5. 国债质押贷款。国债质押贷款是指借款人以未到期的国债作为质押，从贷款银行取得人民币贷款，到期一次性归还贷款本息的一种贷款业务。需注意的是，这里的国债一般指凭证式国债（一般贷款银行只接受本银行承销的 1999 年以后发行的凭证式国债，也有银行对国债的时间要求比较宽松），不过也有银行（如交通银行）办理记账式国债的质押贷款。

凭证式国债质押贷款，是指借款人以 1999 年以后（含 1999 年）财政部发行的未到期的凭证式国债作质押，从原认购国债银行取得人民币贷款，到期归还贷款本息的一种贷款业务。凭证式国债质押贷款额度起点为 5 000 元，每笔贷款不超过债券质押价值的 90%，也就是说，必须拥有 5 600 元以上的凭证式国债，才能向银行申请贷款。凭证式国债质押贷款利率，按照同期同档次基准贷款利率（含浮动）和有关规定执行。贷款期限不足 6 个月，按 6 个月的基准利率来确定。贷款期限最长不得超过凭证式国债的到期日，若用不同期限的多张凭证式国债作质押，以距离到期日最近者确定贷款期限。

凭证式国债质押贷款办理程序比照存单质押贷款办理。因此，注意事项和存单质押贷款相同。但要特别注意的是，遇到急用款时，尽量申请贷款，而不要提前兑付国债。因为持有国债不到半年就兑付，不仅没有利息收入，还要支付 1‰ 的手续费；持有国债超过半年又不到一年的，提前兑付的利率是 0.63%，但扣除 1‰ 的手续费后，其收益率跌至 0.53%，低于活期储蓄存款的税后收益率 0.576%。因此，综合提前兑付要支付手续费且收益率低于活期存款、国债到期收益高于同期银行定期存款、国债质押贷款执行基准利率等因素，一般来说，国债持有人向银行申请贷款比提前兑付国债更划算。

6. 股票质押贷款。股票质押贷款是指证券公司以自营的股票、证券投资基金券和上市公司可转换债券作质押，从商业银行获得资金的一种贷款方式。股票质押率由贷款人依据被质押的股票质量及借款人的财务和资信状况与借款人商定，但最高不能超过60%。质押率上限由中国人民银行和中国银行业监督管理委员会决定。

7. 理财受益权质押贷款。银行发行了大量的人民币和外币理财产品。为增强理财产品的流动性，适应理财客户临时用款需求，银行推出了新的质押贷款品种——理财产品受益权质押贷款。理财产品受益权质押贷款是指借款人以银行销售的本外币理财产品受益权设置质押办理的人民币质押贷款。

理财产品受益权质押贷款的起点金额为人民币 1 000 元。以人民币理财产品受益权质押的，贷款金额一般不超过理财产品本金的90%；以外币理财产品受益权质押的，贷款金额一般不超过理财产品本金的80%。贷款期限一般不超过 1 年，且不超过质押的本外币理财产品的期满日。以多份理财产品受益权为质押的，以距离到期时间最近者确定贷款期满时间。若理财产品提前到期的，贷款期限相应提前。其利率可在银行同期限贷款基准利率上下浮动，贷款利随本清。

【知识链接】

抵押与质押的区别

抵押，就是债务人或第三人不转移法律规定的可做抵押的财产的占有，将该财产作为债权的担保。当债务人不行债务时，债权人有权依法就抵押物卖得价金优先受偿。

质押，就是债务人或第三人将其动产移交债权人占有，将该动产作为债权的担保。当债务人不履行债务时，债权人有权依法就该动产卖得价金优先受偿。

抵押与质押的区别在于：（1）抵押的标的物通常为不动产、特别动产（车、船等），质押则以动产为主。（2）抵押要登记才生效，质押则只需占有就可以。（3）抵押只有单纯的担保效力，而质押中质权人既支配质物，又能体现留置效力。（4）抵押权的实现主要通过向法院申请拍卖，而质押则多直接变卖。（5）孳息收取不同。根据《物权法》的规定，除合同另有约定外，质权人有权收取质押财产所产生的孳息，质权的效力及于孳息。（6）合同生效时间不同

【活动练习】

要求学生通过收集资料、调研、案例分析等方式，全面理解抵押、质押、保证贷款的产品内容和运作方式，总结产品的特点和风险点。

教学活动 5 银团贷款的处理

【活动目标】

理解银团贷款的功能和特点，掌握银团贷款的产品价格和产品办理程序。

✎ 【知识准备】

一、产品介绍

1. 定义。银团贷款又称为辛迪加贷款（Syndicated Loan），是由获准经营贷款业务的一家或数家银行牵头，多家银行与非银行金融机构参加而组成的银行集团（Banking Group）采用同一贷款协议，按商定的期限和条件向同一借款人提供融资的贷款方式。国际银团是由不同国家的多家银行组成的银行集团。各贷款银行按各自贷款的比例承担贷款风险，产品服务对象为有巨额资金需求的大中型企业、企业集团和国家重点建设项目。

2. 分类。按组织方式不同，银团贷款分为直接银团贷款和间接银团贷款。

（1）直接银团贷款：由银团各成员行委托代理行向借款人发放、收回和统一管理贷款。国际银团贷款以直接银团贷款方式为主。

（2）间接银团贷款：由牵头行直接向借款人发放贷款，然后再由牵头行将参加贷款权（即贷款份额）分别转售给其他银行，全部的贷款管理、放款及收款由牵头行负责。

3. 功能与特点。银团贷款能够充分发挥金融整体功能，更好地为企业特别是大型企业和重大项目提供融资服务，促进企业集团壮大和规模经济的发展，分散和防范贷款风险。

银团贷款产品业务主要具有如下特点：

（1）贷款金额大、期限长，可以满足借款人长期、大额的资金需求，一般用于交通、石化、电信、电力等行业新建项目贷款、大型设备租赁、企业并购融资等。

（2）融资所花费的时间和精力较少。借款人与安排行商定贷款条件后，由安排行负责银团的组建。在贷款的执行阶段，借款人无须面对所有的银团成员，相关的提款、还本付息等贷款管理工作由代理行完成。

（3）银团贷款叙做形式多样。在同一银团贷款内，可根据借款人需要提供多种形式贷款，如定期贷款、周转贷款、备用信用证额度等。同时，还可根据借款人需要，选择人民币、美元、欧元、英镑等不同的货币或货币组合。

（4）有利于借款人树立良好的市场形象。银团成功的组建是基于各参与行对借款人财务和经营情况的充分认可，借款人可以借此业务机会扩大声誉。

（5）银团贷款成员应按照"信息共享、独立审批、自主决策、风险自担"的原则自主确定各自授信行为，并按实际承诺份额享有银团贷款项下相应的权利、义务。

（6）单家银行担任牵头行时，其承贷份额原则上不少于银团融资总金额的20%，分销给其他银团贷款成员的份额原则上不低于50%。

（7）银团代理行是指银团贷款协议签订后，按相关贷款条件确定的金额和进度归集资金向借款人提供贷款，并接受银团委托按银团贷款协议规定的职责对银团资金进行管理的银行。代理行可以由牵头行担任，也可由银团贷款成员协商确定。

4. 适用范围：符合《贷款通则》规定的，在中国境内注册成立的法人或银行认可的其他经济组织。

5. 币种与期限。币种分为人民币银团贷款和外币银团贷款。银团贷款期限主要根据借款人的生产周期、还款能力、项目评估情况等，由借贷双方协商确定，通常为 7~10 年。我国银团贷款划分标准为：短期 3~5 年，中期 7~10 年，长期 10~20 年。

6. 服务渠道。借款客户可向银行信贷经营部门提出贷款申请，银行信贷经营部门负责安排筹组银团贷款事宜。国际银团贷款由总行或一级分行负责筹组。

二、产品办理

1. 银团贷款申请。借款客户向开户银行信贷经营部门提出银团贷款申请。

（1）申请条件。

①银团贷款借款人应是中华人民共和国境内依法核准登记的企业、事业法人及其他经济组织。

②银团贷款借款人必须符合《贷款通则》及相关银行授信管理政策关于借款人的各项基本条件和要求。

③借款人须经相关银行或其他认可的评级机构信用评级，并达到一定级别要求。

④借款人是经营状况和财务状况良好的大中型企业或项目公司，借款人所属行业发展前景良好，在行业中有竞争优势。

⑤借款人在中银集团建立了稳定良好的合作关系。

⑥参加他行组建的银团，安排行应为具备足够资信和业务实力的政策性银行、国有控股银行或国外银行。

（2）申请材料。

①银团贷款申请书，借款人及其股东、担保人（银行或其他金融机构除外）的资格证明文件。

②董事会成员、正副总经理、总经济师、总会计师等主要负责人的名单及其签字样本和履历。

③政府部门批准的项目建议书、可行性研究报告和工程概预算等资料以及批准文件。

④借款人注册资本缴纳的验资报告或证明。

⑤借款人公司章程及外商投资企业、内联企业的合资或合作合同；购买设备、技术的商务合同或其他有关的合同。

⑥项目工程建设合同以及承建商的有关资料。

⑦借款人以及股东、担保人近 3 年的财务报表及其相关资料。

⑧抵押物的所有权证明文件及其清单和估价报告。

⑨银行需要的其他文件或资料。

2. 出具委托书。银行进行初步调查和市场测试后若反映良好，则向借款客户发送银团贷款建议书，借款客户应在 5 日内确认贷款建议书。借款客户接受银团贷款建议后，正式向牵头行出具筹资委托书。借款客户应向银行提供各种相关资料，如借款人营业执照或股东登记注册资料等资格证书、财务报表等。若借款客户申请国际银团贷款，还需随申请书附上政府计划部门关于对外借款的计划指标、外汇管理部门的批准或承诺。

3. 签订银团贷款合同。在安排行取得所有参加行对已修改的贷款文件的确认后，印制正式的贷款文件。客户将接到安排行发出的邀请函签署银团贷款合同（协议）。

4. 银团贷款发放。在手续办理齐全后，代理行将根据规定的时间将款项划入客户的账户，客户即可使用贷款。

5. 银团贷款归还。客户按照合同、章程及有关法律规定提取各项基金后，将结余的利润和折旧优先偿还贷款合同项下的贷款。每次还款（包括提前还款）、付息和支付费用，客户须在规定日的上午 11：00（代理行账户所在地时间）之前，将应支付的款项付到代理行指定的账户，由代理行在当日按比例支付给各贷款人。

三、产品价格

贷款价格由利息和费用两部分组成。

1. 利息。国内银团贷款利率按人民银行的规定计收。参与国际银团贷款的贷款利率主要分为固定利率和浮动利率。固定利率是由借贷双方商定选用的贷款利率，在签订贷款协议时确定，在整个贷款期限内不变。浮动利率是以 LIBOR 利率为基本利率，再加上一定的利差作为银团贷款的风险费用。

2. 费用。在国际银团贷款中，借款人除了支付贷款利息以外，还承担一定费用，如承诺费、管理费、参加费、代理费及杂费等。

（1）承诺费（Commitment Fee），也称承担费。借款人在用款期间，对已用金额要支付利息。未提用部分因为银行要准备出一定的资金以备借款人的提款，所以借款人应按未提贷款金额向贷款人支付承诺费，作为贷款人承担贷款责任而受利息损失的补偿。

（2）管理费（Management Fee），此项费用是借款人向组织银团的牵头行支付的。由于牵头行负责组织银团、起草文件，与借款人谈判等，所以要额外收取一笔贷款管理费，作为提供附加服务的补偿。该费用通常在签订贷款协议后的 30 天内支付。

（3）参加费（Participant Fee），参加费按出贷份额在各参加行中按比例分配。贷款金额较大银行的管理费和参加费可稍高于贷款金额较小的银行。

（4）代理费（Agent Fee），它是借款人向代理行支付的报酬，作为对代理行在整个贷款期间管理贷款、计算利息、调拨款项等工作的补偿。

（5）杂费。它是借款人向牵头银行支付的费用，用于其在组织银团、安排签字仪式等工作时间所作的支出，如通信费、印刷费、律师费等。具体费率标准按人民银行及各商业银行的有关规定执行。

四、产品参与主体

银团贷款主要由安排行、牵头行、经理行、参加行、代理行、协调行等成员共同组成，各个成员按照合同约定或各自的放款比例履行职责、享受权益和承担风险。银团成员行主要分三个层次：一是安排行（牵头行），二是经理行，三是参加行。

1. 安排行。安排行是指一家或一组接受客户委托筹组银团并安排贷款分销的银行，是银团贷款的组织者和安排者。通常安排行也会包销整笔银团贷款。

2. 牵头行。牵头行是指包销银团贷款份额较大的银行，在经理团成员中居于最高位置。通常牵头行即安排行。

3. 经理行。经理行是指在金额较大、参加行众多的银团贷款中，由牵头行根据各家银行所承诺的贷款金额和级别给予的地位，是银团组团阶段承担组团任务的银行。各经理行组成银团贷款的经理团，主要负责组织评审贷款项目和组团的可行性，与牵头行讨论贷款文件，直至贷款合同签署等工作。

4. 参加行。参加行是指接受安排行邀请参加贷款银团，并按照协商确定的份额提供贷款的银行。与经理团成员的区别是：认购相对较少的贷款份额，不承担任何包销责任与其他实质性筹组工作。

5. 代理行。代理行是指在贷款期内，由银团成员推选及借款人同意下选定其中一家银行作为代理行。在贷款协议签订后，代理行按照贷款协议内所列条款代表银团成员办事，负责提款、还本付息、贷后管理等贷款管理事宜，负责借款人和银团成员之间的信息沟通，并处理违约事件等。

6. 协调行。协调行是指在牵头行中挑选出的照看整个银团贷款并承担某些银团筹组任务的银行。

7. 顾问行。顾问行是指在银团贷款中，面对许多银行的报价和贷款条件，为正确作出借款决策，借款人可以指定一家银行担任顾问行，向借款人提供有偿的财务咨询服务，以保证全部借款工作的顺利进行。

五、产品案例

2007 年，力拓集团为收购 Alcal，在全球筹组 400 亿美元银团贷款。中国银行是亚洲（除日本银行外）唯一以共同安排行（Lead Arranger）及包销行的身份加入此笔银团贷款的银行。这是伦敦市场上第一大银团贷款项目（世界第四大）。

2008 年，印尼 Indramayu 电站 5.92 亿美元出口买方信贷银团贷款项目，该项目由中国银行作为协调安排行、委任安排行、代理行，18 家国际活跃银行共同参与，超额认购达 4.5 倍。

2008 年，澳洲最大的电讯运营商澳洲电讯股份有限公司（Telstra）6 亿美元银团贷款项目，中国银行作为独家委任安排行为该客户成功筹组一笔 6 亿美元的银团贷款，并获得超额认购。

【活动练习】

举例说明银团贷款的特点和办理程序。

教学活动6 循环贷款的处理

【活动目标】

理解循环贷款的内容和申请条件，掌握循环贷款的产品价格和产品办理程序。

【知识准备】

一、产品介绍

1. 定义。循环贷款是银行为有日常流动周转资金需求的客户设计的一种贷款产品。银行按照企业经营规模核定可以给予企业的流动资金贷款额度，一般一年签订一次合同，约定最高借款额。企业分次申请使用资金时，即以填写借据方式上账。在约定期间内，企业可随借随还。循环贷款与其他贷款不同之处在于，贷款银行有义务及时足额保证企业限额内的贷款供应，否则应承担规定的法律责任。

2. 申请条件。

（1）借款人应是经工商行政管理机关（或主管机关）核准登记注册、具有独立法人资格的企业、其他经济组织和个体工商户。

（2）遵守国家的政策法规和银行的信贷制度，在国家政策允许的范围内生产、经营。

（3）经营管理制度健全，财务状况良好，资产负债率符合银行的要求。

（4）具有固定的生产、经营场地，产品有市场，生产经营有效益，不挤占挪用信贷资金，恪守信用。

（5）在贷款行或贷款行的代理机构开立了基本账户或一般存款账户，并领有当地人民银行核发的贷款证，经营情况正常，资金运转良好，具有按期偿还贷款本息的能力。

（6）应经过工商部门办理年检手续。

（7）贷款行规定的其他条件。

3. 额度及期限。协议期限。循环货款必须有一定的期限，原则上为一年。对 AAA 级借款人，期限可以超过一年，但最长不超过三年。

贷款限额，是在协议期限内企业可贷款最高额度。在此额度内，可像存款一样支取。此额度在协议签署时确定。

二、产品价格

循环贷款产品价格由两部分构成。一是流动资金循环贷款利率，即按每次提款的实际使用期限的同档次流动资金贷款利率执行。二是企业享用周转信贷协定，通常要对贷款限额的未使用部分付给银行一笔承诺费。

三、产品办理

1. 循环贷款申请。借款人填写借款申请书，并按银行提出的贷款条件和要求提供有关资料。申请贷款应提交的资料如下：

（1）借款人及保证人的基本情况。

（2）经会计（审计）部门核准的上年度财务报告及申请借款前一期的财务报告。

（3）企业资金运用情况。

（4）抵押、质押物清单，有处分权人同意抵押、质押的证明及保证人。

（5）拟同意保证的有关证明文件。

（6）项目建议书和可行性报告。

（7）银行认为需要提供的其他资料。

2. 循环贷款调查与审批。银行收到贷款申请和有关资料后，对借款人的合法性、财务状况的真实性、借款用途等进行调查，了解借款人在本行业相关业务数据，核实借款人提供的担保形式是否可靠，预测借款人按期还本付息的能力，并在规定时间内完成贷款的评估、审查工作，向申请人作出正式答复。

3. 签订循环贷款合同。银行同意贷款后，与借款人签订借款合同。借款合同应当约定借款种类，借款用途、金额、利率、期限，还款方式，借、贷双方的权利、义务，违约责任和双方认为需要约定的其他事项；对于保证贷款还应由保证人与贷款人签订保证合同，或保证人在借款合同上写明与贷款人协商一致的保证条款，加盖保证人的法人公章，并由保证人的法定代表人或其授权代理人签署姓名；抵（质）押贷款应当以书面的形式由抵（质）押人与贷款人（抵［质］押权人）签订抵（质）押合同。

4. 循环贷款发放。

5. 循环贷款归还。客户按照合同约定偿还贷款本息，贷款本息结清后，银行注销抵押登记。

四、风险控制

1. 借款人发生下列情况之一时将被视做违约：

（1）未经银行同意，发生或实施合并、兼并、合资、分立、减资、承包、股权变动、重大资产转让以及其他可能影响银行债权安全的行为。

（2）借款人高层管理人员或董事会成员涉嫌贪污、受贿、舞弊或违法经营等重大案件，未能在事件发生后5日内书面通知银行。

（3）歇业、解散、停业整顿、被吊销营业执照或被撤销。

（4）发生对其正常经营构成危险或对其履行循环借款合同项下还款义务产生重大不利影响的任何其他事件，包括但不限于涉及重大经济纠纷、发生或涉及重大诉讼或仲裁案件、破产、财务状况的恶化等，未能履行书面通知银行的义务。

（5）借款人未能按照银行的要求提供真实的财务报表和其他反映企业生产经营情况的材料。

（6）借款人所提供的流动资金循环贷款担保的条件、效力发生变更。

（7）借款人擅自改变流动资金循环贷款的用途。

（8）借款人未能按照循环借款合同条款支付到期贷款本息等应付款项。

（9）借款人未能履行流动资金循环贷款的义务，并且在银行发出书面通知要求纠正该违约行为后仍未得到补救。

（10）借款人与其他任何债权人的合同项下发生重大违约事件。

（11）借款人不能支付其到期债务或资不抵债、破产、重组、解散或任何借款人的债权人已向借款人指定托管人或破产财产接管人。

（12）循环借款合同中列明的其他违约行为。

2. 若发生上述违约事件，银行立即调整或取消流动资金循环贷款额度，拒绝新的提款要求，终止循环贷款合同，要求立即偿还所有未还借等，控制贷款风险。

3. 银行通过信贷管理系统对流动资金循环贷款逐户、逐笔进行监测，对贷款全过程进行实时监控管理。

4. 银行按照《贷款通则》以及信贷管理有关规定，定期对借款人进行贷后跟踪检查。贷后检查管理的重点是监督贷款使用、了解借款人经营状况，并建立完整的信贷档案。

5. 通过现场检查或非现场检查（信贷管理系统）对流动资金循环贷款的管理情况进行监测。对流动资金循环贷款发生欠息、逾期等贷款风险的，将停办其流动资金循环贷款业务，限期清收不良资产，并严肃查处责任人。银行要按此要求对所辖机构严格管理。

【知识链接】

循环额度贷款（建设银行）

案例：A 企业需每年需购进原材料 3 次，分别为 2 月、6 月、10 月。每次采购的原材料的价款为 500 万元，购买原材料至贷款回笼期限为 5 个月，应怎样办理贷款？

解决方案：A 企业如果申请循环额度贷款 1 000 万元。2 月企业仅需申请支用 500 万元循环额度贷款，期限 5 个月；6 月企业仅需申请支用 500 万元循环额度贷款，期限 5 个月；10 月由于第一笔贷款已到期归还，空余额度 500 万元额度，企业又可申请循环额度贷款 500 万元。三笔贷款利息总计：500 × 4.86%（六个月贷款利率）× 5/12 × 3 = 30.375 万元。

与企业相同条件申请一般流动资金贷款相比：A 企业需申请一般流动资金贷款 500 × 3 = 1 500 万元。该笔流动资金贷款利息总计：1 500 × 5.31%（一年期贷款利率）× 15/12 = 99.563 万元。

优势分析：企业申请循环额度贷款会比申请一般流动资金贷款节省贷款利息支出 69.188 万元。

循环额度贷款是指银行向借款人提供一定的人民币贷款额度。在额度有效期内，只要借款人未偿还贷款本金余额不超过该额度，借款人可以循环支用额度。主要适用于贸易类、建筑类等日常支付结算业务频繁且有经常性的短期循环用款需求的客户，用于日常经营周转需要，包括备品备料、进货采购、支付水电费用等。

与传统业务相比，该产品最大的优势在于节约企业融资成本。企业可以根据自身需求在额度内随时支用贷款，根据资金回笼情况及时偿还贷款，贷款偿还后空余额度可循环支用，避免企业信贷资金闲置，提高信贷资金使用效率，降低融资成本。另外，贷款支用简便易行。在额度授信内，客户支用贷款仅需提供贷款支用申请表，经客户经理审查是否有空余额度后提交主管行长审批即可发放贷款。

【活动练习】

通过网络、银行等渠道收集商业银行的新型贷款产品，总结它们各自的特点和优势。

教学项目四

贴现及其他资产产品

TIEXIAN JI QITA ZICHAN
CHANPIN

【学习目标】

◇ 掌握票据贴现、出口信贷、应收账款购买等资产产品的种类与用途。

◇ 能够理解贴现等商业银行资产产品的特点与形式。

◇ 掌握票据贴现、出口信贷等银行资产产品的基本规定和办理手续。

【技能目标】

◇ 能够通过沟通了解客户需求。

◇ 能够按照贴现、出口信贷等资产产品的相关规定为客户提供咨询服务。

◇ 能够将客户需求与银行产品对接，开展产品营销。

　　银行所提供的资产产品是商业银行运用资金的业务，也就是商业银行将其吸收的资金贷放或投资出去赚取收益的活动。商业银行盈利状况如何，经营是否成功，很大程度上取决于资金运用的结果。在我国商业银行提供的资产产品中，贷款占据着最主要的地位。而除贷款之外，银行还向客户提供票据贴现、出口信贷等资产产品。

学习任务一 票据贴现

【学生的任务】

◇ 要求学生熟悉票据贴现产品的种类及用途。

◇ 要求学生了解票据贴现产品的特点。

◇ 要求学生掌握票据贴现的办理流程等具体业务内容。

【教师的任务】

◇ 指导学生通过银行、网络等途径收集有关票据产品的相关案例资料。

◇ 讲解票据贴现产品的属性、特征等主要知识点。

◇ 对学生作业完成情况进行点评。

教学活动　票据贴现的处理

【活动目标】

了解票据贴现产品的属性、功能,掌握票据贴现产品的办理流程。

【知识准备】

一、产品介绍

1. 定义。票据贴现是收款人或持票人将未到期的银行承兑汇票或商业承兑汇票向银行申请贴现,银行按票面金额扣除贴现利息后将余款支付给收款人的一项银行授信业务。票据一经贴现便归贴现银行所有,贴现银行到期可凭票直接向承兑人收取票款。

2. 特点。

(1) 一种高效实用的融资手段。

(2) 为客户快速变现手中未到期的商业票据,手续方便、融资成本低。

(3) 预先得到银行垫付的融资款项,加速公司资金周转,提高资金利用效率。

3. 种类。按照贴现的票据不同,商业汇票贴现分为商业承兑汇票贴现和银行承兑汇票贴现。

4. 用途。银行办理商业汇票贴现主要用于满足客户短期的资金周转。

5. 币种和期限。银行办理的商业汇票贴现的币种仅限于人民币。贴现期限自贴现之日起至汇票到期日止,最长不超过 6 个月。

6. 适用客户。在中国境内经依法注册经营并持有有效贷款卡,能证明其票据合法取得、具有真实贸易背景，在银行开立存款账户的企业法人及其他组织。

二、产品办理

1. 票据贴现产品申请条件。

（1）申请人在贴现银行开立存款账户。

（2）按照《中华人民共和国票据法》和《支付结算办法》规定签发的有效汇票，基本要素齐全，未注明"不得转让"字样。

（3）汇票的签发和取得必须遵循诚实守信的原则，并以真实合法的交易关系和债务关系为基础。

（4）汇票的承兑人符合银行的相关规定。

2. 票据贴现产品申请。符合申请条件的持票人持商业汇票向银行提出申请，同时提交以下材料：

（1）贴现业务申请书。

（2）根据《中华人民共和国票据法》及有关法规签发的、要素齐全、尚未到期、承兑期限不超过6个月的有效商业汇票。

（3）有效期内的营业执照、贷款卡（贷款证）及年检证明。

（4）贴现票据项下的商品、劳务交易合同原件及复印件，以及能够证明票据项下的交易确已履行的凭证，包括与其前手之间的增值税发票和商品发运单据等复印件，或者其他能够证明商业汇票合法持有的证明。

（5）若申请人为有限责任公司、股份有限责任公司、合资合作企业或承包企业等，如公司章程有相关规定的应提供有权机构同意申请贴现的决议和授权文件。

（6）持有商业承兑汇票的申请人还需提供有关担保材料。

3. 背书转让。经银行调查审批同意贴现后，客户当场背书转让汇票，并办理相关手续。

4. 发放贴现资金。经客户背书转让后，银行扣除贴现日至汇票到期前一日的贴现利息后将相应的资金划转到客户的存款账户，客户即可使用贴现所得款项。

三、产品价格

银行办理商业汇票贴现收取的贴现利息率，按人民银行规定，在公布的再贴现利率基础上加百分点的方式确定。汇票承兑人在异地的，贴现期限及利息的计算应另加3天的划款日期。商业汇票金额扣除贴现利息后即为实付持票人的贴现金额。

贴现利息 = 汇票金额 × 贴现天数 × （月贴现率/30天）

实付贴现金额 = 汇票金额 - 贴现利息

四、服务渠道

客户可向开户银行信贷经营部门提出贴现申请，商业银行各级分支机构信贷经营部门负责贴现申请的受理和调查。

【活动练习】

资料：汇利汽车公司于2011年1月3日与上海威天汽车销售公司签订购销合同，上海威天汽车销售公司向汇利汽车公司支付 850 万元用于购买该公司新生产的汇利 10 款 1.8L 汽车 50 辆之货款。其中 300 万元已转入汇利汽车公司账内，而其余 550 万元由上海威天汽车销售公司支付给汇利汽车公司 2011 年 1 月 6 日开立的中行上海浦东支行承兑汇票一张，汇票承兑日为 2011 年 7 月 6 日。汇利汽车公司同意接收，并已将 50 辆车中的 30 辆全部运付至上海威天汽车销售公司，其余车辆按合同协议，将在 2011 年 3 月底一并运付。目前，汇利汽车公司急需去上海进一批货，但由于上次业务对方付的银行承兑汇票尚未到期，无法变现，公司账上的流动资金周转出现困难。

2011 年 3 月 6 日，汇利汽车公司财务人员小王来到某银行就上述业务进行咨询。请模拟银行职员为客户设计资金周转计划，介绍业务办理手续。

【分析思考】

简述银行贴现产品的特点及办理手续。

学习任务二
出口信贷

【学生的任务】

◇ 要求学生熟悉出口信贷产品的主要形式及用途。

◇ 要求学生了解出口信贷产品的特点。

◇ 要求学生掌握出口买方信贷和出口卖方信贷的申请条件、办理流程等具体业务内容。

【教师的任务】

◇ 指导学生通过银行、网络等途径收集有关出口信贷产品的相关案例资料。

◇ 讲解出口信贷产品的属性、特征等主要知识点。

◇ 对学生作业完成情况进行点评。

教学活动   出口信贷的处理

【活动目标】

了解出口信贷产品的特点，掌握出口买方信贷和出口卖方信贷的申请条件、办理流程等具体业务内容，能够根据不同客户需求办理出口信贷业务。

【知识准备】

一、产品介绍

1. 定义。出口信贷是一种国际信贷方式，是一国为了支持和鼓励该国大型机械设备、工程项目的出口，加强国际竞争力，以向该国出口商或国外进口商提供利息补贴和信贷担保的优惠贷款方式，鼓励该国的银行对该国出口商或国外的进口商提供利率较低的贷款，以解决该国出口商资金周转的困难，或满足国外进口商对该国出口商支付货款需要的一种融资方式。

2. 特点。

（1）利率较低。对外贸易中长期信贷的利率一般低于相同条件资金贷放的市场利率，由国家补贴利差。大型机械设备制造业在西方国家的经济中占有重要地位，其产品价值和交易金额都十分巨大。为了加强该国设备的竞争力，削弱竞争对手，许多国家的银行竞相以低于市场的利率对外国进口商或该国出口商提供中长期贷款即给予信贷支持，以扩大该国资本货物的国外销路。银行提供的低利率贷款与市场利率的差额由国家补贴。

（2）与信贷保险相结合。由于中长期对外贸易信贷偿还期限长、金额大，发放贷款的银行存在着较大的风险。为了减缓出口国家银行的后顾之忧，保证其贷款资金的安全发放，国家一般设有信贷保险机构，对银行发放的中长期贷款给予担保。

（3）由专门机构进行管理。发达国家提供的对外贸易中长期信贷，一般直接由商业银行发放。若因为金额巨大，商业银行资金不足时，则由国家专设的出口信贷机构给予支持。不少国家还对一定类型的对外贸易中长期贷款，直接由出口信贷机构承担发放的责任。它的好处是利用国家资金支持对外贸易中长期信贷，可弥补私人商业银行资金的不足，改善该国的出口信贷条件，加强该国出口商夺取国外销售市场的力量。

3. 主要形式。出口信贷主要方式为出口买方信贷和出口卖方信贷。出口买方信贷的借款人一般是银行认可的进口方银行或其他单位（如进口国的财政部等）。出口卖方信贷的借款人一般是具有法人资格、经国家批准有权经营机电产品出口的出口商和生产企业。出口信贷是国家为支持本国产品出口，采取提供保险、补贴利息等方式，鼓励本国金融机构对本国出口商、外国进口商或进口国的银行提供的优惠贷款，主要用于国外进口商购买本国的船舶、飞机、电站、汽车等成套设备以及其他机电产品。

二、卖方信贷的产品办理

1. 定义。出口卖方信贷是出口方银行向该国出口商提供的商业贷款。出口商（卖方）以此贷款为垫付资金，允许进口商（买方）赊购自己的产品和设备。出口商（卖方）一般将利息等资金成本费用计入出口货价中，将贷款成本转移给进口商（买方）。

2. 特点。

（1）扩大了进口商的融资渠道，同时，ECA（出口信贷机构）项下（保险、担保或直接融资）的出口买方信贷融资成本较一般商业贷款的融资成本低。

（2）贷款人与出口商都在同一国度，操作比较方便。

（3）适用客户。出口卖方信贷的对象应是具有法人资格、经国家批准的进出口企业和生产企业。

3. 申请条件。

（1）借款企业经营管理正常，财务信用状况良好，有履行出口合同的能力，能落实可靠的还款保证并在银行开立账户。

（2）出口项目符合国家有关政策和企业的法定经营范围，经有关部门审查批准并有已生效的合同。

（3）出口项目经济效益好，换汇成本合理，各项配套条件落实。

（4）合同的商务条款在签约前征得银行认可。

（5）进口商资信可靠，并能提供银行可接受的国外银行付款保证或其他付款保证。

（6）出口合同原则上应办理出口信用保险。

（7）借款企业原则上应提供银行认可的还款保证。

（8）如果借款人申请了外汇贷款，则借款人必须落实相应的外汇还款来源。

4. 申请材料。

（1）借款申请书（写明企业概况、申请借款金额、币别、期限、用途、还款来源、还款保证、用款/还款计划等），股份制企业的董事会关于同意申请借款的决议和借款授权书，初次借款的企业需要提交公司章程和资本金到位情况的证明。

（2）企业经年审的营业执照，近三年经年审的财务报表和贷款卡。

（3）有关主管部门对项目的批准书（包括使用外汇贷款的进口所需的批准文件）。

（4）有关商务合同副本（含出口合同、国内采购合同和使用外汇贷款的进口合同）。

（5）项目基本情况及经济效益分析报告。

（6）进口方银行出具的延付保证（不可撤销的信用证或保函）。

（7）保险机构承诺办理出口信用保险的意向书及借款人同意将出口信用险项下赔付款优先用于还贷的证明。

（8）担保的有关资料（包括抵/质押物权属证明文件、评估报告等，以及保证人的营业执照、财务报表复印件及担保意向书等）。

（9）银行需要的其他有关材料。

5. 产品办理。

（1）卖方信贷申请。在对外投标及签订贸易合同前，出口商向银行提出申请，并提交出口卖方信贷意向书申请函。客户应向银行提供各种相关资料，主要有：营业执照；法人代码证书；法定代表人身份证明；贷款证卡、经财政部门或会计（审计）师事务所核准的前三个年度及上个月财务报表和审计报告（成立不足 3 年的企业，提交自成立以来的年度和近期报表）；税务部门年检合格的税务登记证明；公司合同或章程；企业董事会（股东会）成员和主要负责人、财务负责人名单和签字样本等；信贷业务由授权委托人办理的，需提供企业法定代表人授权委托书（原件）；若客户为有限责任公司、股份有限公司、合资合作公司或承包经营企业，要求提供董事会（股东会）或发包人同意申请信贷业务决议、文件或具有同等法律效力的文件或证明；担保人相关材料；出口项目概况和经济效益分析；用款还款计划；项目可行性研究报告，国家有权部门的批复；出口合同的草本及必要的进口批准文件；中保集团的出口信用保险意向书；国外银行的付款担保函或其他付款保证文件；银行要求提供的其他资料。

（2）签订协议。银行调查审批后认为可行的，出口商与银行谈判、签订贷款协议及相关协议。

（3）落实担保手续。合同签订完毕后企业需落实第三方保证、抵押、质押等担保，办理有关担保登记、公证或抵押物保险、质物交存银行等手续。

（4）银行发放贷款。银行按贷款协议的规定逐笔发放贷款。

（5）还款。出口商应按贷款协议的规定按时还本付息。客户借人民币还人民币，借外汇须以同种货币归还。

6. 卖方信贷与延期付款的区别。

（1）当事人不同。卖方信贷下是银行与工商企业的关系，延期付款下是工商企业之间的关系。

（2）标的物不同。卖方信贷下是货币资本，延期付款下是商品资本。

（3）信用性质不同。卖方信贷下是银行信用，延期付款下是商业信用。

7. 特点和优势。

（1）相对于打包放款、出口押汇、票据贴现等贸易融资方式，出口卖方信贷主要用于解决该国出口商延期付款销售大型设备或承包国外工程项目所面临的资金周转困难，是一种中长期贷款，通常贷款金额大，贷款期限长。如中国进出口银行发放的出口卖方信贷，根据项目不同，贷款期限可长达 10 年。

（2）出口卖方信贷的利率一般比较优惠。一国利用政府资金进行利息补贴，可以改善该国出口信贷条件，扩大该国产品的出口，增强该国出口商的国际市场竞争力，进而带动该国经济增长。所以，出口信贷的利率水平一般低于相同条件下资金贷放市场利率，利差由出口国政府补贴。

（3）出口卖方信贷的发放与出口信贷保险相结合。由于出口信贷贷款期限长、金额大，发放银行面临着较大的风险，所以一国政府为了鼓励该国银行或其他金融机构发放出口信贷贷款，一般都设有国家信贷保险机构，对银行发放的出口信贷给予担保，或对出口商履行合同所面临的商业风险和国家风险予以承保。在中国主要由中国出口信用保险公司承保此类风险。

三、买方信贷的产品办理

1. 定义。出口买方信贷是出口国政府支持出口方银行直接向进口商或进口商银行提供信贷支持，以供进口商购买技术和设备，并支付有关费用。出口买方信贷一般由出口国出口信用保险机构提供出口买方信贷保险。

2. 特点。

（1）出口国政府支持。作为政策执行者，由各国出口信贷机构（Export Credit Agencies，ECAs）为出口信贷提供保险、担保或直接优惠贷款。

（2）优化出口商资产负债结构。由于出口买方信贷是对进口方（进口商或进口商银行）的融资，出口商无须融资负债，并且有利于出口商的收汇安全，加快资金周转。

（3）节约进口商融资成本。一方面，扩大了进口商的融资渠道；另一方面，由于出口国 ECAs 的主要经营目标是实现国家政策，不以盈利为主要目的，其保险费率（或担保费率）和贷款利率往往低于市场平均水平，从而致使 ECA 项下（保险、担保或直接融资）的出口买方信贷融资成本较一般商业贷款的融资成本低。

3. 主要形式。出口买方信贷主要有两种形式：一是出口商银行将贷款发放给进口商银行，再由进口商银行转贷给进口商。二是由出口商银行直接贷款给进口商，由进口商银行出具担保。

4. 适用客户。

（1）出口商为我国机电产品、成套设备、对外工程承包等资本性货物和服务的出口商。

（2）借款人为银行认可的进口商、进口方银行（转贷行）或进口国法定主权级借款部门（财政部、中央银行等）。

5. 申请条件。

（1）商务合同总金额不低于100万美元。

（2）出口商品在中国制造部分的价值，在成套设备商务合同中一般应占70%以上，在船舶、飞机商务合同中一般应占50%以上，否则要适当降低贷款额占商务合同总价的比例。

（3）进口商以现汇即期支付的比例，船舶不低于商务合同总价的20%，成套设备不低于商务合同总价的15%。

（4）本贷款项下签订的商务合同必须符合贸易双方政府的有关法律规定。

（5）本贷款项下的出口企业应根据银行要求，在出口信用保险机构办理出口信用保险。

（6）满足银行要求的其他条件。

6. 产品办理。

（1）买方信贷申请。在对外投标及签订贸易合同前，出口商向银行提出申请，并提交出口买方信贷意向书申请函。

客户应向银行提供各种相关资料。主要有：营业执照；法人代码证书；法定代表人身份证明；贷款证卡；经财政部门或会计（审计）师事务所核准的前三个年度及上个月财务报表和审计报告（成立不足3年的企业，提交自成立以来的年度和近期报表）；税务部门年检合格的税务登记证明；公司合同或章程；企业董事会（股东会）成员和主要负责人、财务负责人名单和签字样本等；信贷业务由授权委托人办理的，需提供企业法定代表人授权委托书（原件）；若客户为有限责任公司、股份有限公司、合资合作公司或承包经营企业，要求提供董事会（股东会）或发包人同意申请信贷业务决议、文件或具有同等法律效力的文件或证明；担保人相关材料；出口项目概况和经济效益分析；进口商资信情况；建设银行要求提供的其他资料。

（2）签订协议。银行调查审批后认为可行的，银行对外签约部门负责与有关方面签订贷款协议及相关协议。出口信贷的协议一般包括贷款协议、出口信贷保险协议、利息补偿协议以及银团内部协议。协议内容中要约定币种、金额、期限等要素。出口买方信贷的币种为美元或经银行同意的其他货币；贷款金额不超过贸易合同金额的80% ~ 85%；期限根据实际情况而定，一般不超过10年。

（3）报批。贷款协议签订后，应报国家外汇管理局批准（贷款协议的所有前提条件满足后，银行通知客户及出口商贷款协议生效，商务合同在贷款协议生效之后生效。原则上，贷款协议须在利息补偿协议、银团内部协议签订和信用保险协议签订后才能生效，而信用保险协议生效是贷款提取的首要前提条件）。

（4）银行发放贷款。与一般贷款不同，买方信贷应先由境外要求提款，再对出口商划款（如为银团贷款，还须通知参加行），而且一般是分次贷款。

具体程序为：出口商交单—经办行送单—国外借款银行审单、转单—进口商承付—国外借款银行发提款指令—经办行划款。

（5）还款。在提款结束后，客户和出口商应根据银行提供的付息、还款计划表偿还银行本金、利息或（及）利息补偿。

7. 产品价格。出口买方信贷产品价格由利率和费率两部分构成。

（1）利率：买方信贷一般低于市场利率，但各国不同，大致可分为以下几种类型：

①经济合作与发展组织（OECD）国家的利率类型——一种是模式利率，它是由美元、英镑、法国法郎、德国马克和日元五种一篮子货币的政府债券利率加权平均而成的综合利率，目前已经停止使用；另一种是商业参考利率，它是经合组织国家各国的政府债券利率，是单一货币利率。

②伦敦银行同业拆放利率（LIBOR）类型——此利率高于 OECD 类型。

③加拿大类型——一般高于 OECD 类型，低于 LIBOR 类型。

④美国类型——美国发放的买方信贷资金一部分由进出口银行提供，一部分由商业银行提供，前者收取的利率较低。

我国银行业具体操作中一般参照经济合作与发展组织的利率水平由借贷双方根据国际资本市场情况商定。

（2）费率：承诺费为贷款总额的 0.15% 左右，按未提贷款余额每半年支付一次；管理费为贷款总额的 0.35% 左右，一次性支付。出口信用保险费率根据国别和项目而不同，一般为保险金额的 5%，保险金额为商务合同额的 85%，船舶为 80%。

8. 买方信贷的贷款原则。

（1）接受买方信贷的进口商所得贷款仅限于向提供买方信贷国家的出口商或在该国注册的外国出口公司进行支付，不得用于第三国。

（2）进口商利用买方信贷，仅限于进口资本货物，一般不能以贷款进口原料和消费品。

（3）提供买方信贷国家出口的资本货物限于该国制造的。若该项货物是由多国部件组装，该国部件应占 50% 以上。

（4）贷款只提供贸易合同金额的 85%，船舶为 80%，其余部分需支付现汇。贸易合同签订后，买方可先付 5% 的定金，一般须付足 15% 或 20% 现汇后才能使用买方信贷。

（5）贷款均为分期偿还，一般规定半年还本付息一次。还款期限根据贷款协议的具体规定执行。

（6）还款的期限对富国为 5 年，中等发达国家为 8.5 年，相对贫穷的国家为 10 年。

9．意义。

（1）对本国出口商来讲：

①可以及时收汇，加速资金周转。

②向进口商提供信贷支持，增加出口产品的竞争力。

③可集中精力进行商务谈判，信贷条件由双方银行解决。

④有利于改善资产负债结构。

（2）对本国银行来讲：

①可以获得贷款本息收入、管理费和承担费收入。

②可以促进本国出口企业发展，扩大本国银行与本国出口商、国外进口商之间的合作，拓展与进口国银行的业务领域。

③扩大银行在出口贸易融资领域的影响。

10．风险提示。

（1）贷款本息不能按时回收的风险。

（2）汇率变动风险。

（3）进口商、出口商以及进口国转贷行的经营和信用风险。

（4）银行在国际贸易融资中的信誉风险。

【活动练习】

举例说明买方信贷业务的办理流程。

学习任务三
统一授信

【学生的任务】

◇ 要求学生熟悉统一授信产品的主要形式及用途。

◇ 要求学生了解统一授信产品的特点。

◇ 要求学生掌握全球统一授信和公开统一授信的申请条件、办理流程等具体业务内容。

【教师的任务】

◇ 指导学生通过银行、网络等途径收集有关统一授信产品的相关案例资料。

◇ 讲解统一授信产品的属性、特征等主要知识点。

◇ 对学生作业完成情况进行点评。

教学活动 统一授信的处理

【活动目标】

了解银行统一授信不同产品适用的客户群，掌握全球统一授信和公开统一授信的申请条件等具体业务内容，能够根据不同客户需求进行统一授信的营销。

【知识准备】

一、全球统一授信

1. 定义。全球统一授信就是根据企业跨境发展的需求，凭借中国银行广泛的海外机构网络，为企业境内外分支机构提供整体性融资方案。突出功能是能够满足企业境外分支机构的融资需求。

2. 产品特点。

（1）以便捷、高效的整体合作模式，使客户迅速得到全面和规范的银行整体性服务。

（2）简化工作手续，提高融资效率，节省银企合作成本。

（3）可加大客户对自身融资和统一管理的力度。在银行的帮助下，集团总部统一控制其境外分支机构的融资，加强对境外运营风险的管理。

3. 适用客户。为致力于国际化发展的大型企业集团客户量身定做。客户在经营领域内具有较高知名度及较强的经营能力、资金实力及技术实力，是银行重点支持的对象。

4. 申请条件。

（1）集团客户是在我国境内注册的企业法人客户。

（2）设立境外企业已获国家有权部门的批准。

（3）已向外汇管理部门办理境外投资外汇登记手续。

（4）境外投资企业已在境外依法注册。

（5）境外授信所支持的业务符合国家"走出去"战略、银行授信政策和企业主营业务。

（6）集团为总行级重点客户，在银行的信用评级达到 A 级（含 A 级）以上标准。

（7）提供经银行认可的反担保条件。

（8）满足银行其他授信条件。

二、公开统一授信

1. 定义。公开统一授信指银行在对单一法人客户的风险和财务状况进行综合评价的基础上，就核定的最高综合授信额度，与客户签订授信协议，使客户在一定时期和核定额度内，能够便捷使用银行信用。

2. 特点。

（1）统一性。包括由一个管理部门统一审核批准，表内外业务统一授信，本外币业务统一授信。

（2）有效性。它使银行信用发放更具动态化、科学化，使贷款管理更具效率，控制更加主动、有效。

（3）强制性。它是监管客户风险的内控制度，赋予授信管理以行政的强制性。

（4）公开性。授信额度公开，同客户签订授信合同。

3. 有效期和额度。

（1）有效期。统一授信有效期为一年，最高综合授信额度一年一定。

（2）额度。最高综合授信额度是在对法人客户的风险和财务状况进行综合评估的基础上，确定的能够和愿意承担的风险总量。确定方法为：

①信用等级 AA 级以上客户，最高综合授信额度≤（2.33×资产总额－3.33×负债总额）＋银行现有信用余额。

②信用等级 A 级客户，核定的最高综合授信额度不得超过客户提供的有效抵押物变现值的 70%，或质押现值的 90%，或他人 100% 保证担保。

③信用等级 B、C 级客户，核定的最高综合授信额度只能小于年初的实际信用余额，并且只收不贷。

4. 收益点。对客户实行公开统一授信，有利于开发优质"黄金客户"，规避、防范企业信用风险，提高银行的信贷资产质量，保护社会公众和商业银行的合法权益。

5. 风险防范要点。客户发生重大经营问题、产权关系和经营体制发生重大变化、挪用或转移银行信用等，要及时调整授信额度或终止授信。

【活动练习】

举例说明统一授信业务的办理流程。

学习任务四
应收账款购买

【学生的任务】

◇ 要求学生熟悉应收账款购买产品的主要形式及用途。

◇ 要求学生了解应收账款购买产品的特点。

◇ 要求学生掌握应收账款购买产品的申请条件、办理流程等具体业务内容。

【教师的任务】

◇ 指导学生通过银行、网络等途径收集有关应收账款购买产品的相关案例资料。

◇ 讲解应收账款购买产品的属性、特征等主要知识点。

◇ 对学生作业完成情况进行点评。

教学活动 应收账款购买的处理

【活动目标】

了解银行应收账款购买适用的客户，熟悉应收账款购买产品的主要形式及特点。

【知识准备】

一、有限追索权的应收账款购买

1. 定义。有限追索权的应收账款购买是指银行根据客户要求，同意在保险公司提供保险支持的基础上向客户购买有限追索权的应收账款，并从中收取一定费用的业务。

所谓"有限追索权"是指当发生应收账款偿付事件时，保险公司将偿付所承保部分的应收账款，余下的未承保部分将由客户负责，即银行对客户拥有对该余下未承保部分之应收账款额的追索权。

2. 特点。

（1）对客户有保证性的应收账款给予融资。

（2）银行对客户保留有限追索权。

（3）银行收取一定费用。

（4）目前办理该业务的多为大型电讯设备供应商，交易金额大，付款期限长，容易形成应收账款。

3. 收益点。

（1）增加手续费收入，扩大中间业务。

（2）如果应收账款的债务人（设备买方）的贷款也由本行承担，则明显增加了贷款的附加值。

4. 风险防范要点。

（1）对应收账款的保险免赔风险。

（2）有追索部分的收回风险。

二、无追索权的应收账款购买

1. 定义。无追索权的应收账款购买是指银行与客户达成协议，购买客户一定时间内、一定额度的应收账款，在收取一定费用（贴现利息）的前提下，以此额度逐笔或一次性向客户进行融资业务。

2. 特点。

（1）以购买应收账款的方式给予客户融资。

（2）银行只对应收账款的债务享有追索权，对客户无追索权。

（3）银行收取一定费用。

（4）目前办理该业务的多为大型电讯设备供应商，交易金额大，付款期限长，容易形成应收账款。

3. 收益点。

（1）银行可以此类业务为契机，与国外大型设备供应商开展业务合作。

（2）有贴现利息收入。

4. 风险防范要点。应收账款的风险防范主要是回收风险。

5. 产品案例。在国内，中国农业银行率先向摩托罗拉（中国）电子有限公司开办了该项业务。

【活动练习】

举例说明应收账款购买产品的办理流程。

学习任务五
进出口贸易融资

【学生的任务】

◇ 要求学生熟悉进出口贸易融资产品的主要形式及用途。

◇ 要求学生了解进出口贸易融资产品的特点。

◇ 要求学生掌握进出口贸易融资产品的申请条件、办理流程等具体业务内容。

【教师的任务】

◇ 指导学生通过银行、网络等途径收集有关进出口贸易融资产品的相关案例资料。

◇ 讲解进出口贸易融资产品的属性、特征等主要知识点。

◇ 对学生作业完成情况进行点评。

教学活动　进出口贸易融资的处理

【活动目标】

了解银行进出口贸易融资的用途与关联产品，熟悉应收账款购买产品的种类及特点，掌握进出口贸易融资的办理流程等具体业务内容，能够根据针对客户需求进行进出口贸易融资产品的业务办理。

【知识准备】

一、产品定义

进出口贸易融资是为从事进出口贸易的客户提供的融资行为。进出口贸易融资主要包括信托收据贷款、出口议付、信用证打包贷款等品种。进出口贸易融资对象是在国内正式注册的有权从事进出口贸易的企业。

二、产品用途

主要满足客户进出口贸易的短期融资需要。

三、关联产品

银行承兑汇票贴现、流动资金贷款。

四、产品种类

进出口贸易融资包括：

1. 信用证打包贷款。银行根据借款人的资信情况，将开证行开立的以借款人为受益人的信用证及修改（如有）正本留存，对借款人发放用于该信用证项下备货的贷款。

2. 出口议付。银行根据出口商（信用证受益人）的资信情况，在其提交符合信用证条款的全套单据后，依据开证行的议付委托，将议付金额先行解付给出口商，然后凭单据向开证行索回信用证项下款项的短期融资。

3. 出口托收贷款。银行为出口商办理跟单托收业务时，在出口商交单后向其提供的短期融资。

4. 远期信用证汇票贴现及应收款买入。银行根据出口商（信用证受益人）的要求，在开证行对远期议付信用证或承兑信用证项下汇票承兑后，对该汇票进行贴现；或在开证行确认延期付款信用证项下付款到期日后，买入该信用证项下应收款。

5. 信托收据贷款。银行在信用证付款到期日向申请人提供的短期融资。

五、产品相关服务

信用证开证、信用证通知、提货担保。

六、币种和期限

进出口贸易融资开办的币种为人民币。一般情况下，各项融资品种的单次使用期限不超过 3 个月，个别融资品种最长不超过 6 个月。

合同期限：贸易融资额度合同的有效期原则上为一年。在客户信用等级不变的情况下，贸易融资额度最长可延续使用三年。在合同期限内，客户可支用各项融资品种。在贸易融资额度合同有效期间实际发生的业务，其履行期限届满日不受贸易融资额度合同期限是否届满的限制。

融资品种的单次使用期限：指客户支用建设银行贸易融资额度时，每笔业务对相应融资品种的单次占用期限。

打包贷款：最长不超过 90 天。

出口议付：出口议付期限应是合理的寄单索汇期限，对日本、韩国、中国香港、东南亚、欧洲、北美以及大洋洲，不得超过 15 天；对西亚、中南美洲、非洲以及其他国家和地区，不得超过 25 天；如开证行拒付，则出口议付自动到期。

出口托收贷款：最长不超过 30 天，如收到代收行发来付款人拒付的通知，则出口托收贷款自动到期。

远期信用证汇票贴现及应收款买入：在对开证行授信期限许可的范围内，汇票贴现的期限为从贴现日到银行承兑到期日的期限，应收款买入的期限为从买入日到开证行付款到期日的期限。

信托收据贷款：原则上不得超过 90 天。

七、产品价格

1. 利率。贸易融资中的贷款、贴现利率按照流动资金贷款利率执行，垫款及客户不按时偿还的逾期贷款和各项议付款按逾期贷款利率计息。

2. 费用。为客户开立信用证、办理承兑、担保等业务时，应按规定的费率向客户收取费用，优质客户和银行重点支持的客户可以适当减免收费。

八、服务渠道

客户可向当地银行信贷经营部门提出进出口贸易融资申请，银行信贷经营部门负责进出口贸易融资业务的营销、申请受理和调查评估以及贷款发放的办理。

九、客户流程

1. 申请。客户向银行信贷经营部门提出申请，并按要求提供各种相关资料。

2. 签订合同。银行经营部门进行调查和审批后认为可行，则客户将与银行签订相关的法律性文件。如银行认为不可行，则将客户申请时交付的材料退还。

3. 落实担保手续。合同签订完毕后，客户需落实第三方保证、抵押、质押等担保，办理有关担保登记、公证或抵押物保险、质物交存银行等手续。

4. 银行发放贷款。客户办妥发放贷款前的有关手续，合同即生效，银行即可向借款客户发放贷款，借款人可按合同规定用途支用贷款。

5. 贷款还款。贷款即将到期时，借款客户应筹集资金以按时归还银行借款。

【分析思考】

1. 简述进出口贸易融资产品的种类和产品价格。

2. 试述资产类产品在商业银行经营过程中的作用以及对银行的贡献。

结算类银行产品

JIESUAN LEI YINHANG CHANPIN

【学习目标】

　　◇ 掌握结算类产品的种类，并区分票据结算类产品和非票据结算类产品。

　　◇ 能够说明支票、本票、汇票和汇兑、托收承付、委托收款产品的基本属性。

　　◇ 掌握结算类银行产品的基本规定和办理手续。

　　◇ 了解结算类产品在商业银行经营过程中的作用以及对银行的贡献。

【技能目标】

　　◇ 能够通过对各种结算类银行产品的对比分析，将客户需求与银行产品对接。

　　◇ 能够针对不同的客户业务活动展开票据结算产品和非票据结算产品营销。

　　支付结算是单位、个人在社会经济活动中使用票据、信用卡、汇兑、托收承付、委托收款等结算方式进行货币给付及资金清算的行为。银行是支付结算和资金清算的中介机构。目前的结算方式主要有银行汇票、商业汇票、银行本票、支票、汇兑、委托收款和托收承付等方式。

　　结算工作的任务是根据经济往来，合理组织结算和准确、及时、安全办理结算，加强结算管理，保障结算活动正常进行。办理结算的原则是恪守信用、履约付款，谁的钱进谁的账、由谁支配，银行不垫款。支付结算实行集中统一和分级管理相结合的管理体制。中国人民银行总行负责制定统一的支付结算制度，组织、协调、管理、监督全国的支付结算工作，调解、处理银行之间的支付结算纠纷。

学习任务一
票据结算产品

【学生的任务】

◇ 要求学生熟悉票据类结算产品的种类。

◇ 要求学生掌握支票、银行本票、银行汇票和商业汇票各自的功能、特点。

◇ 要求学生能够为客户提供票据结算产品的申请条件、办理手续等方面的咨询服务。

【教师的任务】

◇ 指导学生通过银行网络渠道查找有关票据结算产品的相关案例资料。

◇ 讲解票据结算产品的属性、特征等主要知识点。

◇ 对学生作业完成情况进行点评。

教学活动 1　票据基础知识学习

【活动目标】

理解票据的定义及其包含的权利义务关系，掌握票据行为。

【知识准备】

一、票据简介

1. 定义。票据就是指出票人依票据法签发的，由自己或委托他人于到期日或见票时无条件支付一定金额给收款人或持票人的一种有价证券，包括汇票、本票和支票。

2. 票据的权利与义务。票据赋予了持票人向票据债务人请求支付票据金额的权利，具体包括两种：一是付款请求权，二是追索权。而票据债务人具有向持票人支付票据金额的义务。

3. 票据日期和时效。票据出票日期，是指出票人在票据上记载的签发票据的日期。票据的付款日期，又称到期日，是指支付票据金额的日期，它既是付款人应该履行付款义务的日期，也是收款人或持票人行使付款请求权的日期。

票据的时效是指持票人在法定期限内不行使票据权利，即引起持票人对票据债务人的票据权利丧失的制度。

二、票据行为

票据行为是指引起票据权利义务关系发生变化的法律行为，包括出票、背书、承兑、保证、付款五种。

1. 出票。出票是按法定形式制作成票据交付给收款人的行为，票据上的一切权利义务均因出票而产生。出票行为包括两个内容：填制票据相关的记载事项并在票据上签章，将票据交付给收款人。只有制作并交付了票据，才算完成了出票行为。

票据是要式证券，出票人只有将法定内容记载于票据上，才能产生票据的效力；缺少法定内容的票据，如发票人姓名、收款人姓名、票据金额付款时间、地点、出票时间、地点及出票人签名等绝对应记事项之一的，即使已经完成了交付行为，也不能认为票据有效。

2. 背书。背书是票据持有人在票据背面批注签章，将票据权利授予他人的行为，背书也包括两个内容，即在票据后面背书和将已背书的票据交付给被背书人。背书行为可以分为转让背书和非转让背书。转让背书以转让票据权利为目的，非转让背书包括委托收款背书和质押背书（见表 5 - 1）。

表 5 - 1　　　　　　　　　　　　　质押背书和委托收款背书

项目	定义	权利行使	办理规程
委托收款	背书人委托被背书人行使票据权利的背书	被背书人不得再以背书转让票据权利	委托收款背书应记载"委托收款"字样、被背书人和背书人签章；支票的持票人委托开户银行收款时，应作委托收款背书，在支票背面背书人签章栏签章、记载"委托收款"字样、背书日期，在被背书人栏记载开户银行名称，并将支票和填制的进账单送交开户银行
质押	以担保债务而在票据上设定质权为目的的背书	被背书人依法实现其质权时，可以行使票据权利	质押背书应记载"质押"字样、质权人和出质人签章

3. 承兑。承兑行为，是指汇票的付款人同意承担支付汇票所载金额的义务，在票面上作出表示承认付款的文字记载及签章的行为。也可以说，是汇票付款人承诺负担票据债务的行为。汇票到期前，持票人应向付款人提示票据，要求承兑；付款人同意到期付款，在票据注明"承兑"并签章，承兑票据行为即告完成。

承兑的作用主要是确定付款人对汇票的付款责任。付款人未承兑以前，对汇票不负任何责任；一旦承兑付款人就成为汇票的主债务人，对汇票的到期付款负绝对责任。因此，通常情况下持票人都应主动、及时地进行承兑提示，这样一方面可以及早地得知付款人是否加入票据关系，以便在付款人拒绝承兑时，及时行使追索权，保障自己的权利；另一方面在付款人承兑后，可以提高票据的信用，增强其流通性。

4. 保证。保证行为是票据保证人发生保证债务的行为，即票据债务人以外的第三人担保票据债务履行的行为。票据的债务人包括出票人、背书人和承兑人，都可成为被保证的对象。保证使保证人与被保证人之间产生票据法律关系。保证人的责任以被保证人的责任为限，因此被保证人不同，保证人的责任也不同。

5. 付款。汇票承兑人或付款人、本票出票人和支票付款人向持票人支付票据金额并收回票据的行为就是付款行为。付款行为的作出，持票人的票据债权实现，票据的流通过程结束，票据上的全部债务人的责任解除，票据的债权债务关系消灭。

【知识链接】
票据丧失的处理

票据丧失，失票人并没有丧失票据权利，失票人要立即采取补救措施以挽回损失，补救措施主要有挂失止付、申请公示催告、向人民法院提起诉讼。

（1）挂失止付只适用于已承兑的商业汇票、支票、填明"现金"字样的银行汇票和填明"现金"字样的银行本票。付款人或者代理付款人收到挂失止付通知书后应当暂停支付。付款人或者代理付款人收到挂失止付通知书12日内没有收到人民法院止付通知书的，自13日起，挂失止付通知书无效，所以挂失止付只是一种临时的防范措施。要想获得票据权利，还需要申请公示催告或者向人民法院提起诉讼。

（2）根据《票据法》第十五条规定，失票人应当在通知挂失止付后3日内，也可以在票据丧失后，依法向人民法院申请公示催告。人民法院受理公示催告申请后，应当同时通知付款人停止支付；3日内发出公告。催促利害关系人申请权利。公示催告的期限由法院决定，一般不少于60天。

（3）失票人也可以直接向人民法院提起诉讼。公告期为60日，最后由人民法院来判决所丧失的票据无效，付款人向失票人支付票款。

【活动练习】
举例说明票据行为。

教学活动2 支票的处理

【活动目标】
掌握支票的功能、特点以及使用的基本规定，了解支票的处理流程。

【知识准备】

一、产品介绍

1. 定义。支票是出票人签发的，委托办理支票存款业务的银行在见票时无条件支付确定的金额给收款人或持票人的票据。出票人是签发支票的单位或个人，付款人是出票人的开户银行。

2. 种类。支票分为现金支票、转账支票和普通支票。现金支票只能用于支取现金，转账支票只能用于转账，普通支票既可以用于现金也可以用于转账，在普通支票左上角划两条平行线的划线支票只能用于转账。现金支票、转账支票样式如图5-1、图5-2所示。

现金支票正面

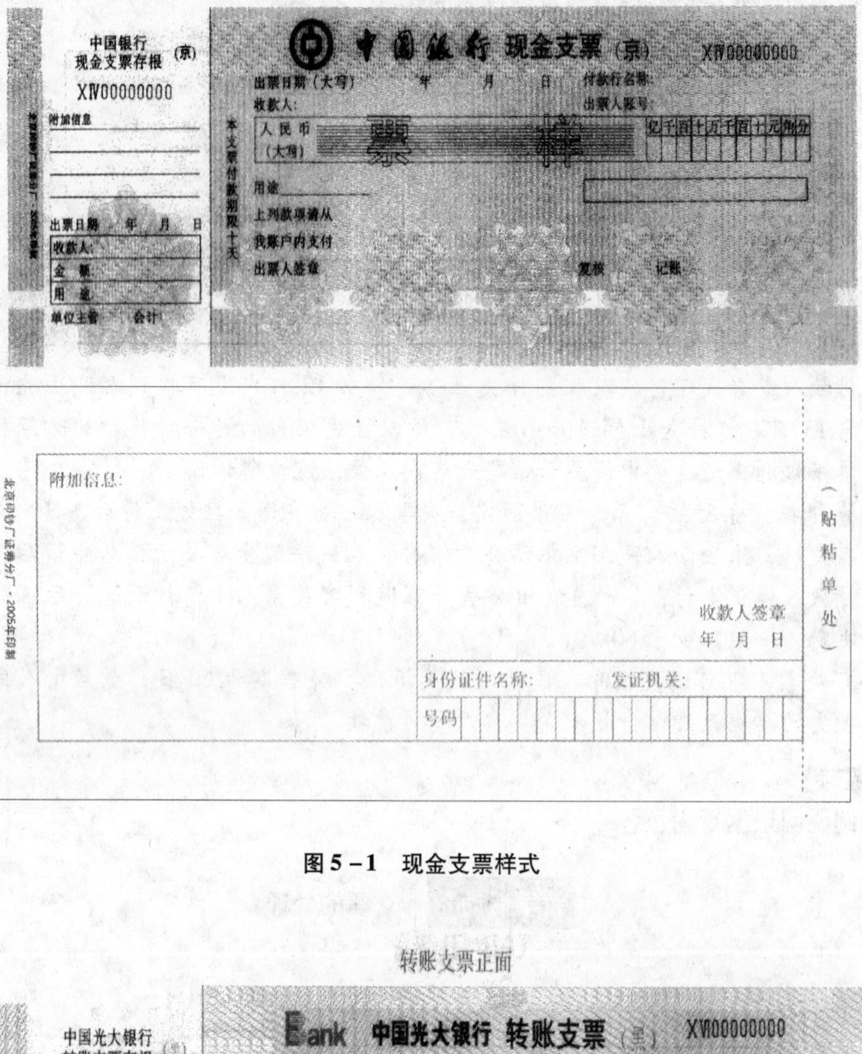

图 5-1 现金支票样式

转账支票正面

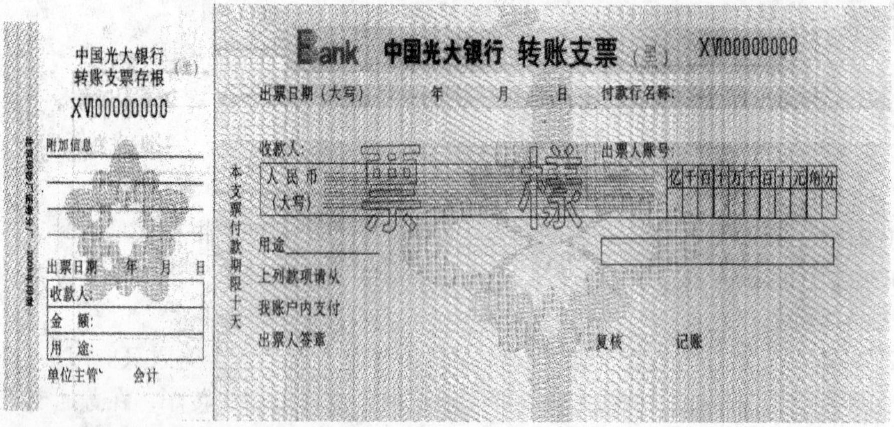

图 5-2 转账支票样式

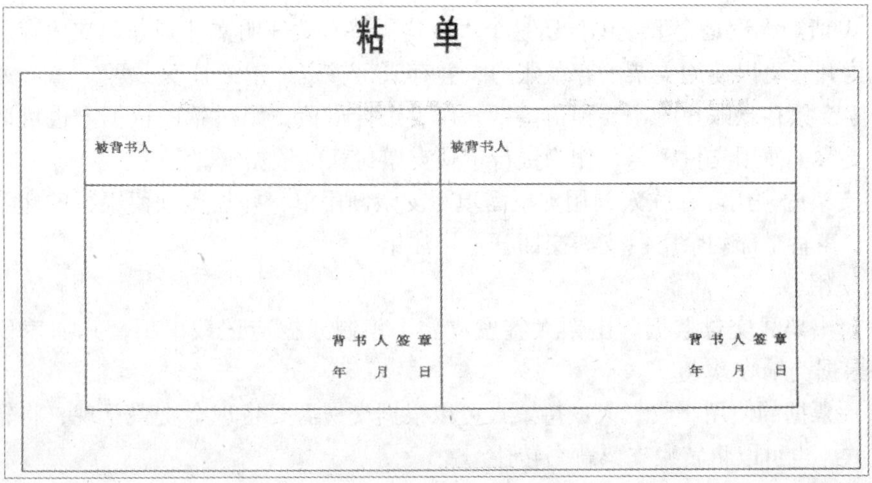
粘　单

被背书人	被背书人
背书人签章 年　月　日	背书人签章 年　月　日

图 5－2　转账支票样式（续）

二、支票产品的基本规定

1. 单位和个人在同一票据交换区域内的各种款项结算，均可使用支票。

2. 支票的提示付款期限。支票的提示付款期限为自出票日起 10 天内。超过提示付款期限提示付款的，银行不予受理。持票人可以委托开户银行收款或直接向付款人提示付款。用于支取现金的支票仅限于向付款人（出票人开户银行）提示付款。

3. 支票的填写。签发支票应使用碳素墨水或墨汁填写，中国人民银行另有规定的除外。支票的出票人预留的银行印鉴是银行审核支票付款的依据。银行也可以与出票人约定使用支付密码，作为银行审核支付支票金额的条件。

4. 支票的金额、日期和收款人名称不得更改，更改的票据无效。

5. 禁止签发空头支票。对签发空头支票或签章与预留银行签章不符的支票，银行将对出票人处以票面金额 5% 但不低于 1 000 元的罚款；持票人有权要求出票人赔偿支票金额 2% 的赔偿金。

6. 存款人领购支票的规定。存款人领购支票，必须填写“中国××银行业务收费凭证”并签章，签章应与预留银行的签章相符。存款账户结清时，必须将全部剩余空白支票交回银行注销。

7. 出票人在付款人处的存款足以支付支票金额时，付款人应当在见票当日足额付款。

8. 支票的付款人为支票上记载的出票人开户银行。

支票的出票人为在经中国人民银行当地分支行批准办理支票结算业务的银行机构开立可以使用支票的存款账户的单位和个人。

三、产品办理

1. 申请。无论是企事业单位还是个人,均需持有效证明文件到办理支票存款业务的银行机构开立可以使用支票的存款账户,并存入足够资金用于签发支票。

开立支票存款账户时,要预留签章,作为银行审核支票付款的依据。也可以和银行约定在支票上使用支付密码,作为银行审核支票付款的依据。

2. 支票的领用。存款人领用支票需填写支票领用单,并加盖预留银行的印鉴。账户结清时,需将全部剩余空白支票交回开户行注销。

3. 使用。

(1) 出票并交付票据。出票人签发支票,填制票据应记载事项,并加盖预留印鉴后,将票据交给收款人。

(2) 票据的使用。收款人或持票人可以根据交易需要将现金支票兑现、将转账支票转账收款,也可以将转账支票背书转让。

4. 挂失。已签发的支票(必须已填写收款人名称)遗失,可以在付款期内向银行申请挂失。如挂失前已支付,银行不予受理。

四、支票产品创新发展

(一) 旅行支票

1. 旅行支票及其特点。旅行支票是一种预先印刷的、具有固定金额的支票,持有人需预先支付给发出者(通常是银行)相应金额,可获得无条件给付。旅行支票如果丢失或被盗可获补发,经常用于旅行时换取当地货币。总的来讲,旅行支票主要具有如下特点:

(1) 旅行支票很像现金,具有良好的流动性、永久有效且无使用时间限制。如果用不完,可以留着下次再用,或支付一定费用换回现钞。同时,旅行支票即使丢了也不用担心,只要凭护照和购买合约去指定机构办理挂失手续,即可得到新的旅行支票。

(2) 旅行支票的购买和使用,手续费低廉,仅需支付(以国内为例)0.75%的手续费;在美国甚至是免费的。

(3) 旅行支票的使用不像信用卡那样受到通信状况制约。

(4) 旅行支票具有多币种选择,避免了兑换产生的汇率损失。

总之,旅行支票发展成熟,在方便性、安全性等方面具有非常显著的优势,可作"有卡族"有益的补充。

2. 旅行支票的发行和使用。旅行支票可用的货币有美元、加拿大元、英镑、日元及欧元,常提供如20、50或100的面额,而经常以五张或十张整叠卖出,例如5张€20为€100。旅行支票不会过期,所以未使用的旅行支票可以保存起来以备未来使用。购买者购买旅行支票实际上给发行者提供了免息的贷款,这也是多数银行免佣金提供给客户旅行支票的原因。如果收取佣金,通常是总面值的1%。

购买后,使用者得先在支票上方字段预先签名,之后于购买物品或是兑现实体货币时,在支票下方栏再次签上自己的名字。收取支票者须核对上下栏的名字是否相同。此种机制目的在于防范他人盗用。

如果旅行支票遗失或被盗,应即时通知发行人及当地警署,并可向发行银行申请补发,但须持有购买支票时的发票。

（二）支票影像交换系统

支票是一种成本低廉、使用便捷、流通性强的信用支付工具,为我国各企事业单位广泛使用。长期以来,由于受业务和技术条件的制约,我国支票基本只在同一城市范围内使用,不能适应区域经济发展和人们日益增长的多样化支付需要。因此,中国人民银行根据我国支票使用现状及发展趋势,借鉴国际支票截留的先进经验,建设了影像交换系统,支持支票全国通用。2006 年 12 月 18 日,影像交换系统在北京、天津、上海、河北、广东和深圳六省（市）成功试点运行。在此基础上,2007 年 6 月 25 日,中国人民银行完成了影像交换系统在全国的推广建设。

人民银行全国支票影像交换系统（CIS）是指综合运用影像技术、支付密码等技术,将纸质支票转化为影像和电子清算信息,实现纸质支票截留,利用信息网络技术将支票影像和电子清算信息传递至出票人开户银行提示付款,实现支票全国通用的业务处理系统。

【活动练习】

举例说明支票产品的办理手续。

【分析思考】

银行支票产品的基本规定是什么?

教学活动 3 银行本票的处理

📖 【活动目标】

掌握本票的功能、特点以及使用的基本规定,了解本票的处理流程。

✎ 【知识准备】

一、产品介绍

（一）定义

银行本票是银行签发的、承诺自己在见票时无条件支付确定金额给收款人或者持票人的票据。银行本票的出票人为经中国人民银行当地分支行批准办理银行本票业务的银行机构。

（二）种类

银行本票可以分为转账银行本票和现金银行本票。转账银行本票只能用于转账,注明"现金"字样的可以用于支取现金。本票样式如图 5-3 所示。

（三）特点

与其他银行结算方式相比,银行本票结算具有如下特点:

（1）使用方便。我国现行的银行本票使用方便灵活。单位、个体经济户和个人不管

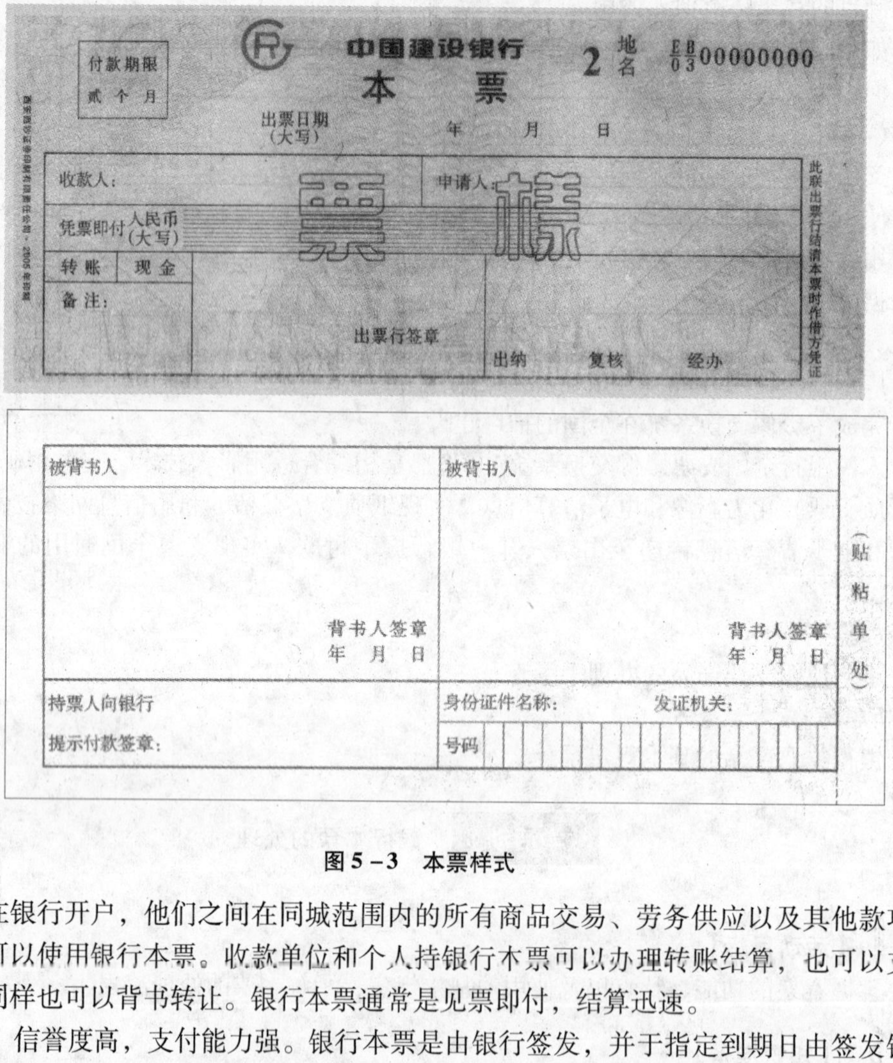

图 5 - 3　本票样式

其是否在银行开户，他们之间在同城范围内的所有商品交易、劳务供应以及其他款项的结算都可以使用银行本票。收款单位和个人持银行本票可以办理转账结算，也可以支取现金，同样也可以背书转让。银行本票通常是见票即付，结算迅速。

（2）信誉度高，支付能力强。银行本票是由银行签发，并于指定到期日由签发银行无条件支付，因而信誉度很高，一般不存在不能正常支付的问题。其中定额银行本票由中国人民银行发行，各大国有商业银行代理签发，不存在票款不能兑付的问题。不定额银行本票由各大国有商业银行签发，由于其资金力量雄厚，因而一般也不存在票款不能兑付的问题。

二、本票产品的基本规定

1. 银行本票的提示付款期限自出票日起最长不得超过两个月，超过提示付款期限的银行本票，代理付款银行不予受理。

2. 银行本票在同一票据交换区域内允许背书转让。但填明"现金"字样的银行本票不得背书转让。

3. 银行本票没有金额起点和最高限额。

4. 银行本票小写金额必须为压数机压印金额。

5. 银行本票的签发行在票据上签章，应为该行的本票专用章加其法定代表人或其授权经办人的名章。

6. 现金银行本票的申请人和收款人必须均为个人。

7. 在银行开立存款账户的持票人向开户银行提示付款时，应在银行本票背面"持票人向银行提示付款签章"处签章，签章须与预留银行签章相同。未在银行开立存款账户的个人持票人，持注明"现金"字样的银行本票向出票银行支取现金时，应在银行本票背面签章，记载本人身份证件名称、号码及发证机关。

8. 银行本票丧失，失票人可以凭人民法院出具的享有票据权利的证明，向出票银行请求付款或退款。

9. 银行本票的金额、日期、收款人名称不得更改，更改的票据无效。

10. 银行本票见票即付。

三、产品办理

1. 申请。申请人向开户银行提交"本票申请书"，提出业务申请。

2. 付款。申请人以现金或转账方式支付相应款项给银行。

3. 签发银行本票。出票银行经审核无误后，签发银行本票。

4. 本票的使用。申请人将本票交给持票人（收款人），持票人到开户银行办理兑付。

【活动练习】

举例说明本票产品的办理手续。

【分析思考】

银行本票产品的基本规定是什么？

教学活动 4　银行汇票的处理

【活动目标】

掌握银行汇票的功能、特点以及使用的基本规定，了解银行汇票的处理流程。

【知识准备】

一、产品介绍

1. 定义。银行汇票是出票银行签发的，由其在见票时按照实际结算金额无条件支付给收款人或者持票人的票据。银行汇票的样式如图 5-4 所示。

2. 分类。银行汇票按是否能直接支取现金可以分为转账银行汇票和现金银行汇票。

3. 特点。银行汇票结算方式是指利用银行汇票办理转账结算的方式。与其他银行结算方式相比，银行汇票结算方式具有如下特点：

(1) 适用范围广。银行汇票是目前异地结算中较为广泛采用的一种结算方式。这种结算方式不仅适用于在银行开户的单位、个体经济户和个人，而且适用于未在银行开立账户的个体经济户和个人。凡是单位、个体经济户和个人需要在异地进行商品交易、劳

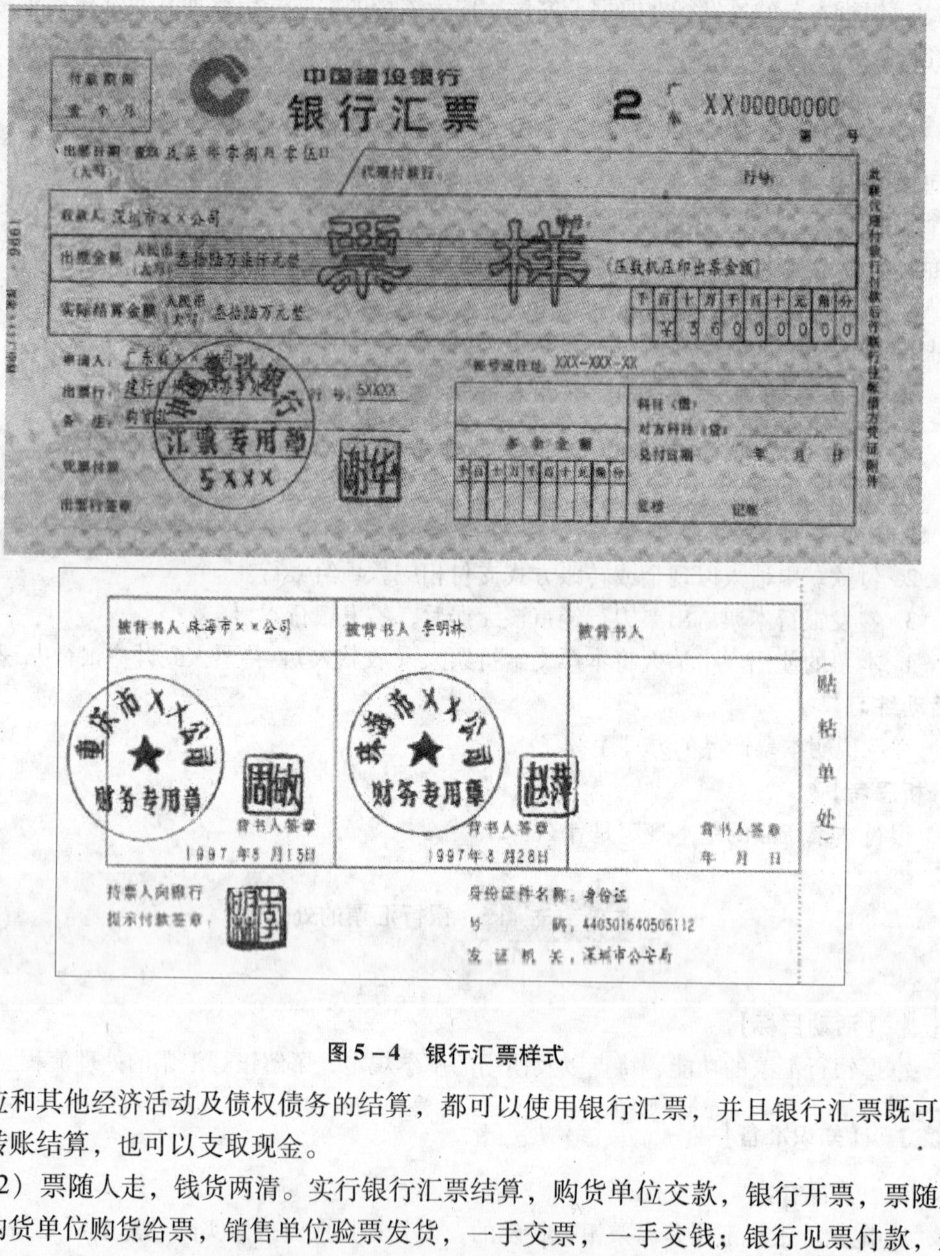

图 5-4 银行汇票样式

务供应和其他经济活动及债权债务的结算，都可以使用银行汇票，并且银行汇票既可以用于转账结算，也可以支取现金。

（2）票随人走，钱货两清。实行银行汇票结算，购货单位交款，银行开票，票随人走；购货单位购货给票，销售单位验票发货，一手交票，一手交钱；银行见票付款，这样可以减少结算环节，缩短结算资金在途时间，方便购销活动。

（3）信用度高，安全可靠。银行汇票是银行在收到汇款人款项后签发的支付凭证，因而具有较高的信誉。银行保证支付，收款人持有票据可以安全及时地到银行支取款项。而且，银行内部有一套严密的处理程序和防范措施。只要汇款人和银行认真按照汇票结算的规定办理，汇款就能保证安全。一旦汇票丢失，如果确属现金汇票，汇款人可以向银行办理挂失，填明收款单位和个人，银行可以协助防止款项被他人冒领。

（4）使用灵活，适应性强。实行银行汇票结算，持票人可以将汇票背书转让给销货单位，也可以通过银行办理分次支取或转让，另外还可以使用信汇、电汇或重新办理汇票转汇款项，因而有利于购货单位在市场上灵活地采购物资。

（5）结算准确，余款自动退回。一般来讲，购货单位很难准确确定具体购货金额，因而出现汇多用少的情况是不可避免的。在有些情况下，多余款项往往长时间得不到清算从而给购货单位带来不便和损失。而使用银行汇票结算则不会出现这种情况。单位持银行汇票购货，凡在汇票的汇款金额之内的，可根据实际采购金额办理支付，多余款项将由银行自动退回。这样可以有效地防止交易尾欠的发生。

二、银行汇票产品的主要规定

1. 单位和个人异地或同城各种款项的结算，均可使用银行汇票。

2. 银行汇票主要用于异地间的款项结算。如果同城使用银行汇票，则必须由另一具备办理银行汇票资格的、与出票行同属一个系统的银行办理。

3. 银行汇票的出票和付款。全国范围内只限于中国人民银行和参加全国联行往来的各商业银行机构办理。跨系统银行签发的转账银行汇票的付款，应通过同城票据交换将银行汇票和解讫通知提交给同城的有关银行审核支付后抵用。代理付款人不得受理未在本行开立存款账户的持票人为单位直接提交的银行汇票。

4. 银行汇票的付款人为出票银行。银行汇票的代理付款人是代理本系统出票银行或跨系统签约银行审核支付汇票款项的银行。

5. 签发银行汇票必须记载有关要素事项。欠缺要素事项之一的，汇票无效。

6. 银行汇票可以用于转账；填明"现金"字样的银行汇票可以用于支取现金，但申请人和收款人必须均为个人，而且银行汇票上必须注明代理付款人名称。出票行不得为单位签发现金银行汇票。

7. 银行汇票一律记名。银行汇票背书转让时，以不超过出票金额的实际结算金额为准。但填明"现金"字样的银行汇票不得背书转让。

8. 银行汇票的提示付款期限自出票日起一个月。持票人超过付款期限提示付款的，代理付款人不予受理。

9. 银行汇票的实际结算金额不得更改，更改实际结算金额的银行汇票无效。

10. 出票行为个人签发的填明"现金"字样并填明代理付款银行的银行汇票丢失，可以由失票人通知签发行或代理付款行挂失止付。

11. 银行汇票出票行在票据上的签章，应为该行的汇票专用章和法定代表人或其授权经办人的名章。不符合该规定的，票据无效。

12. 银行汇票的出票金额（含实际结算金额）、出票日期和收款人名称不得更改，更改的票据无效。

13. 持票人向银行提示付款时，必须同时提交银行汇票和解讫通知。缺少任何一联，银行不予受理。

14. 在银行开立存款账户的持票人向开户银行提示付款时，应在汇票背面签章。银行审查无误后办理转账。

15. 未在银行开立存款账户的个人持票人，可以向选择的任何一家银行机构提示付款。提示付款时，应在汇票背面签章，并提交身份证件及复印件备查。银行审查无误后，以持票人的姓名开立应解汇款及临时存款账户。该账户只付不收，付完清户，不计付利息。

16. 银行汇票的实际结算金额低于出票金额的，其多余金额由出票银行退交申请人。

17. 持票人或者申请人因汇票超过付款提示期限或者其他原因要求退款时，应将银行汇票和解讫通知同时提交到出票银行，并出具单位证明或个人身份证件，经审核无误后才能办理。如果缺少解讫通知要求退款的，出票银行应于银行汇票提示付款期满一个月后才能办理。

三、产品办理

1. 申请。申请人（付款人）填写银行汇票业务申请书，在指定位置加盖预留银行印鉴。凭支付密码支取的，还需在指定位置编制、填写支付密码。

凡是要求使用银行汇票办理结算业务的单位，财务部门均应按规定向签发银行提交银行汇票委托书，在银行汇票委托书上逐项写明汇款人名称和账号、收款人名称和账号、兑付地点、汇款金额、汇款用途（军工产品可免填）等内容，并在汇款委托书上加盖汇款人预留银行的印鉴，由银行审查后签发银行汇票。如汇款人未在银行开立存款账户，则可以交存现金办理汇票。

汇款人办理银行汇票，能确定收款人的，须详细填明单位、个体经济户名称或个人姓名。确定不了的，应填写汇款人指定人员的姓名。

2. 付款。申请人以现金或转账方式支付相应款项给银行。

3. 签发银行汇票。业务受理银行审核无误后，为申请人签发银行汇票。对个体经济户和个人需要支取现金的，在汇票"汇款金额"栏先填写"现金"字样，后填写汇款金额，再加盖印章并用压数机压印汇款金额。

4. 使用。申请人将银行汇票交付持票人（收款人），作为付款凭证。持票人到代理付款行办理兑付。

具体流程如图 5 - 5 所示。

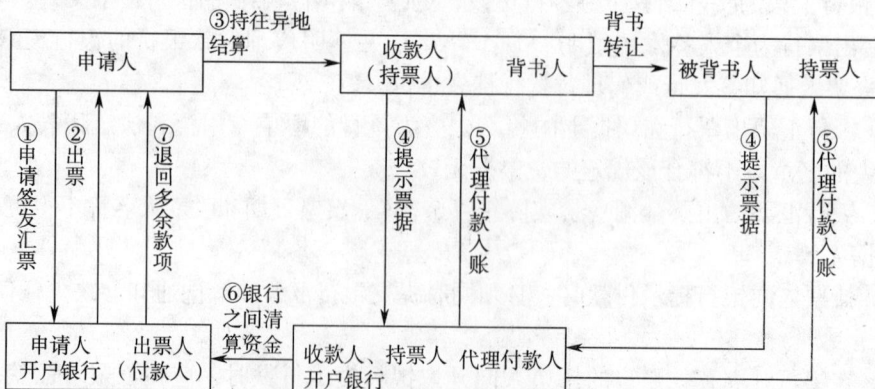

图 5 - 5 银行汇票业务处理流程

【活动练习】

举例说明银行汇票产品的办理手续。

【分析思考】

银行汇票产品的基本规定是什么？

教学活动5　商业汇票的处理

【活动目标】

掌握商业汇票的功能、特点以及使用的基本规定，了解商业汇票的处理流程。

【知识准备】

一、产品介绍

（一）定义

商业汇票是出票人签发的，委托付款人在指定日期无条件支付确定的金额给收款人或者持票人的票据。商业汇票根据承兑人的不同分为银行承兑汇票和商业承兑汇票。

（二）商业汇票的主要规定

1. 签发商业汇票以合法的商品交易为基础。禁止签发、承兑和贴现无商品交易的商业汇票，严禁利用商业汇票拆借资金和套取银行贴现资金。

2. 商业汇票一律记名，允许背书转让。票据出票人或承兑人在汇票上记载"不得转让"字样的，该汇票不得背书转让。需要保证的，保证人必须在汇票或粘单上记名保证人名称、日期等。

3. 商业汇票付款期限，由交易双方商定，但最长不得超过六个月。如属分期付款，应分别签发若干张不同期限的汇票。

4. 商业汇票的出票金额、日期和收款人名称不得更改，更改的票据无效。

5. 商业汇票的提示付款期限为自汇票到期日起10天内，超过提示付款期限的银行承兑汇票，持票人开户银行不予受理。超过提示付款期限的商业承兑汇票在向承兑人作出说明后，可向承兑人请求付款。

6. 商业承兑汇票是由银行以外的付款人承兑，银行承兑汇票由银行承兑。

7. 付款人承兑商业汇票不得附有条件，承兑附有条件的视为拒绝承兑。

8. 银行承兑汇票的承兑银行应按照比例向出票人收取承兑手续费。

9. 银行承兑汇票的承兑权限按上级行的贷款审批授权执行。每张汇票承兑金额不得超过1 000万元。

10. 禁止出售、承兑、贴现空白银行承兑汇票。

11. 银行承兑汇票的承兑行在票据上的签章，应为该行的汇票专用章和法定代表人或其授权经办人的名章。

12. 商业汇票可以转让背书，但票据被拒绝承兑、拒绝付款或者超过提示付款期的，不得背书转让；背书不得附有条件，附有条件的所附条件不具备票据上的效力。商业承兑汇票的收款人或持票人委托其开户银行提示付款的，应作成委托收款背书，未按此规定办理的，开户银行不予受理。

二、银行承兑汇票产品办理

1. 定义。银行承兑汇票是由付款人出票，并由出票人向出票人的开户行申请，经银行审查同意承兑的票据。对出票人签发的商业汇票进行承兑是银行基于对出票人资信的认可而给予的信用支持。

2. 特点及优势。

（1）信用好，承兑性强。银行承兑汇票经银行承兑到期无条件付款。就把企业之间的商业信用转化为银行信用。对企业来说，收到银行承兑汇票，就如同收到了现金。

（2）流通性强，灵活性高。银行承兑汇票可以背书转让，也可以申请贴现，不会占压企业的资金。

（3）节约资金成本。对于实力较强，银行比较信得过的企业，只需交纳规定的保证金，就能申请开立银行承兑汇票，用于进行正常的购销业务，待付款日期临近时再将资金交付给银行，相对于贷款融资可以明显降低财务费用。

（4）对于卖方来说，对现有或新的客户提供远期付款方式，可以增加销售额，提高市场竞争力。

（5）对于买方来说，利用远期付款，以有限的资本购进更多货物，最大限度地减少对营运资金的占用与需求，有利于扩大生产规模。

3. 产品办理。

（1）签订交易合同。交易双方经过协商，签订商品交易合同，并在合同中注明采用银行承兑汇票进行结算。作为销货方，如果对方的商业信用不佳，或者对对方的信用状况不甚了解或信心不足，使用银行承兑汇票较为稳妥。因为银行承兑汇票由银行承兑，以银行信用作为保证，因而能保证及时地收回货款。

（2）签发汇票。付款方按照双方签订的合同的规定，签发银行承兑汇票。

（3）汇票承兑。付款单位出纳员在填制完银行承兑汇票后，应将汇票的有关内容与交易合同进行核对，核对无误后填制银行承兑协议及银行承兑汇票清单，并在"承兑申请人"处盖单位公章。待银行审核完毕之后，在银行承兑协议上加盖银行公章或合同章，在银行承兑汇票上加盖汇票专用章，并至少加盖一个经办人私章。

（4）支付手续费。按照银行承兑协议的规定，付款单位办理承兑手续并向承兑银行支付手续费，由开户银行从付款单位存款户中扣收。按照现行规定，银行承兑手续费按银行承兑汇票的票面金额的万分之五计收；每笔手续费不足10元的，按10元计收。

承兑期限最长不超过6个月。承兑申请人在银行承兑汇票到期未付款的，按规定计收逾期罚息。

（5）使用。出票人将银行承兑汇交付给持票人（收款人），持票人可在票到期时凭票据等相关材料到开户银行办理委托收款，也可以将票据背书转让或贴现。

银行承兑汇票的具体流程，如图5-6所示。

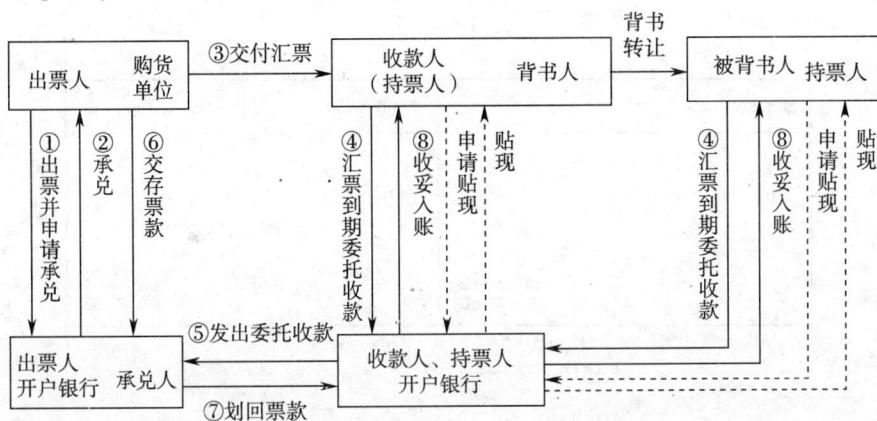

图 5-6 银行承兑汇票办理流程

三、商业承兑汇票产品办理

1. 定义。商业承兑汇票是由付款人或收款人签发，经付款人承兑，在指定日期无条件支付确定金额给收款人或者持票人的票据。

商业承兑汇票是由银行以外的付款人承兑的票据。商业承兑汇票可以由付款人签发并承兑，也可以由收款人签发交由付款人承兑。商业承兑汇票的出票人，为在银行开立存款账户的法人以及其他组织，与付款人具有真实的委托付款关系，具有支付汇票金额的可靠资金来源。商业承兑汇票不附带利息。商业承兑汇票的样式如图 5-7 所示。

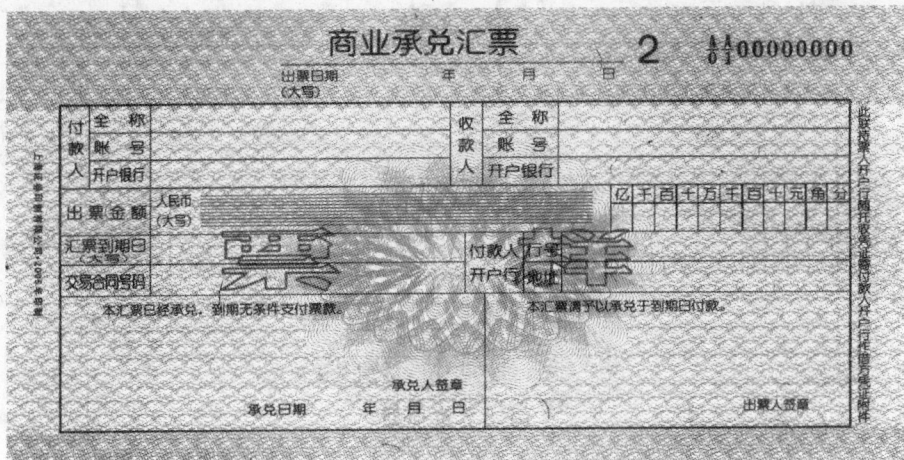

图 5-7 商业承兑汇票样式

商业承兑汇票第二联背面:

被背书人	被背书人	（贴粘单处）
背书人签章 年 月 日	背书人签章 年 月 日	

图 5-7　商业承兑汇票样式（续）

2. 产品办理手续。

（1）出票。使用商业承兑汇票结算的交易双方签订合同后，由收款人或付款人出票。商业承兑汇票的出票人为在银行开立存款账户的法人以及其他组织，与付款人具有真实的委托付款关系，具有支付汇票金额的可靠资金来源。

（2）承兑。商业承兑汇票签发后，由银行以外的付款人承兑汇票。

（3）使用。付款人将已承兑的商业承兑汇票交付收款人。收款人可以在汇票到期时到开户银行办理委托收款，也可以将票据背书转让或申请贴现。

具体流程如图 5-8 所示。

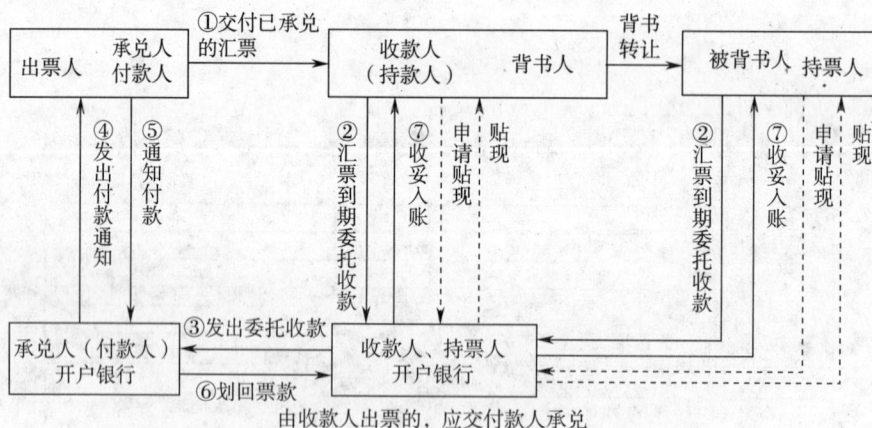

图 5-8　商业承兑汇票办理流程

【知识链接】

支票、本票、汇票三种票据的异同比较

一、概念分析

支票，是指由出票人签发的，委托办理支票存款业务的银行或者其他金融机构在见票时无条件支付确定的金额给收款人或者持票人的票据。支票的基本当事人有三个：一是出票人，即在开户银行有相应存款的签发票据的人。二是付款人，即银行等法定金融机构。三是收款人，即接受付款的人。支票的出票人必须是银行的存户，而且出票时账户上有足额存款。签发空头支票的，要受到行政处罚，严重的要追究刑事责任。其付款人必须是银行等法定金融机构。

本票，是指由出票人签发的，承诺自己在见面时无条件支付确定的金额给收款人或者持票人的票据。这里所说的"本票"仅指银行本票。本票的基本当事人只有两个，一个是出票人，也是付款人，即本票出票人自己担任付款；另一个是收款人。

汇票，是指出票人签发的，委托付款人在见票时或者在指定日期无条件支付确定的金额给收款人或者持票人的票据。汇票分为银行汇票和商业汇票。而商业汇票中按其承兑人不同，又分为银行承兑汇票和商业承兑汇票。汇票的基本当事人有三个：1. 出票人，即签发票据的人。2. 付款人，即接受出票人委托而无条件支付票据金额的人。3. 收款人，即持有汇票而向付款人请求付款的人。汇款的基本当事人，是指在汇票签发时就已经存在的当事人，他们是汇票关系中必不可少的。

二、相同点

1. 具有同一性质。

（1）都是设权有价证券。即票据持票人凭票据上所记载的权利内容，来证明其票据权利以取得财产。

（2）都是格式证券。票据的格式（其形式和记载事项）都是由法律（票据法）严格规定，不遵守格式对票据的效力有一定的影响。

（3）都是文字证券。票据权利的内容以及票据有关的一切事项都以票据上记载的文字为准，不受票据上文字以外事项的影响。

（4）都是可以流通转让的证券。一般债务契约的债权。如果要转让，必须征得债务人的同意。而作为流通证券的票据，可以经过背书或不作背书仅交付票据的简易程序而自由转让与流通。

（5）都是无因证券，即票据上权利的存在只依票据本身的文字确定，权利人享有票据权利只以持有票据为必要，至于权利人取得票据的原因、票据权利发生的原因均可不同。这些原因存在与否，有效与否，与票据权利原则上互不影响。由于我国目前的票据还不是完全票据法意义上的票据。只是银行结算的方式，这种无因性不是绝对的。

2. 具有相同的票据功能。

（1）汇兑功能。凭借票据的这一功能，解决两地之间现金支付在空间上的障碍。

（2）信用功能。票据的使用可以解决现金支付在时间上障碍。票据本身不是商品，它是建立在信用基础上的书面支付凭证。

（3）支付功能。票据的使用可以解决现金支付在手续上的麻烦。票据通过背书可作为多次转让，在市场上成为一种流通、支付工具，减少现金的使用。而且由于票据交换制度的发展，票据可以通过票据交换中心集中清算，简化结算手续，加速资金周转，提高社会资金使用效益。

三、不同点

1. 本票是约定（约定本人付款）证券；汇票是委托（委托他人付款）证券；支票是委托支付证券，但受托人只限于银行或其他法定金融机构。

2. 我国的票据在使用区域上有区别。本票只用于同城范围的商品交易和劳务供应以及其他款项的结算，支票可用于同城或票据交换地区，汇票在同城和异地都可以使用。

3. 付款期限不同。本票付款期为 1 个月，逾期兑付银行不予受理。我国汇票必须承兑，因此，承兑到期，持票人方能兑付。商业承兑汇票到期日付款人账户不足支付时，其开户银行应将商业承兑汇票退给收款人或被背书人，由其自行处理。银行承兑汇票到期日付款，但承兑到期日已过持票人没有要求兑付的如何处理，《银行结算办法》没有规定，各商业银行都自行作了一些补充规定。如中国工商银行规定超过承兑期日 1 个月持票人没有要求兑付的，承兑失效。支票付款期为 5 天（背书转让地区的转账支票付款期 10 天，从签发的次日算起，到期日遇节假日顺延）。

4. 汇票和支票有三个基本当事人，即出票人、付款人、收款人；而本票只有出票人（付款人和出票人为同一个人）和收款人两个基本当事人。

5. 支票的出票人与付款人之间必须先有资金关系，才能签发支票；汇票的出票人与付款人之间不必先有资金关系；本票的出票人与付款人为同一个人，不存在所谓的资金关系。

6. 支票和本票的主债务人是出票人；而汇票的主债务人，在承兑前是出票人，在承兑后是承兑人。

7. 远期汇票需要承兑，支票一般为即期无须承兑，本票也无须承兑。

8. 汇票的出票人担保承兑付款，若另有承兑人，由承兑人担保付款；支票的出票人担保支票付款；本票的出票人自负付款责任。

9. 支票、本票持有人只对出票人有追索权，而汇票持有人在票据有效期内，对出票人、背书人、承兑人都有追索权。

10. 汇票有复本，而本票、支票则没有。

11. 支票、本票没有拒绝承兑证书，而汇票则有。

【活动练习】

A 纺织有限责任公司与 B 服装有限责任公司签订了一份合同。A 纺织有限责任公司出售给 B 服装有限责任公司 40 万元的布料。B 服装有限责任公司向 A 纺织有限责任公司出具了一张以工商银行某分行为承兑人的银行承兑汇票，该汇票记载事项完全符合票据法的要求。A 纺织有限责任公司将汇票贴现给建设银行某分行。后建设银行某分行向承兑行工商银行某分行提示付款时，遭到拒付。理由是：B 服装有限责任公司来函告知，因布料存在瑕疵，该汇票不能解付，请协助退回汇票。建设银行某分行认为，该行是因为汇票贴现成为该汇票的善意持有人，购销合同纠纷不影响自己的票据权利。于是起诉于法院，向 A 纺织有限责任公司追索权利。

请回答：

（1）建设银行某分行的看法是否正确？为什么？

（2）建设银行某分行可否向 A 纺织有限责任公司追索权利？为什么？

学习任务二
非票据结算产品

【学生的任务】

◇ 要求学生了解非票据结算产品的类型。

◇ 要求学生熟悉汇兑、委托收款和托收承付的业务内容和特性。

◇ 要求学生掌握各类型非票据结算产品的办理手续。

【教师的任务】

◇ 指导学生通过银行、网络等渠道查找非票据结算产品的相关资料与案例。

◇ 讲解非票据结算产品的类型、应用等主要知识点。

◇ 对学生作业完成情况进行点评。

教学活动 1　汇兑业务的处理

【活动目标】

掌握汇兑的功能、特点以及产品的基本规定，了解汇兑业务的处理流程。

【知识准备】

一、产品介绍

1. 定义。汇兑是汇款人委托银行将其款项支付给收款人的结算方式。单位和个人的各种款项的结算，均可使用汇兑结算方式。这种方式便于汇款人向异地的收款人主动付款，适用范围十分广泛。

2. 种类。汇兑根据划转款项的不同方法以及传递方式的不同可以分为信汇和电汇两种，由汇款人自行选择。

信汇是汇款人向银行提出申请，同时交存一定金额及手续费，汇出行将信汇委托书以邮寄方式寄给汇入行，授权汇入行向收款人解付一定金额的一种汇兑结算方式。

电汇是汇款人将一定款项交存汇款银行，汇款银行通过电报或电传给目的地的分行或代理行（汇入行），指示汇入行向收款人支付一定金额的一种汇款方式。

在这两种汇兑结算方式中，信汇费用较低，但速度相对较慢；而电汇具有速度快的优点，但汇款人要负担较高的电报电传费用，因而通常只在紧急情况下或者金额较大时适用。另外，为了确保电报的真实性，汇出行在电报上加注双方约定的密码；而信汇则不须加密码，签字即可。

3. 特点。

（1）汇兑结算，无论是信汇还是电汇，都没有金额起点的限制。

（2）汇兑结算属于汇款人向异地主动付款的一种结算方式。它对于异地上下级单位之间的资金调剂、清理旧欠以及往来款项的结算等都十分方便。汇兑结算方式还广泛地用于先汇款后发货的交易结算方式。

（3）汇兑结算方式除了适用于单位之间的款项划拨外，也可用于单位对异地的个人支付有关款项，如退休工资、医药费、各种劳务费、稿酬等，还可适用个人对异地单位所支付的有关款项，如邮购商品、书刊等。

（4）汇兑结算手续简便易行，灵活方便。

二、产品基本规定

1. 单位和个人的各种款项的结算，均可使用汇兑结算方式。

2. 签发汇兑凭证必须记载下列事项：签发汇兑凭证必须表明"信汇"或"电汇"字样；无条件支付的委托，确定的金额，收款人名称，汇款人名称，汇入地点、汇入行名称，汇出地点、汇出行名称，委托日期，汇款人签章。汇兑凭证上欠缺上列记载事项之一的，银行不予受理。

3. 汇兑凭证上记载收款人为个人的，收款人需要到汇入银行领取汇款，汇款人应在汇兑凭证上注明"留行待取"字样；信汇凭收款人签章支取的，应在信汇凭证上预留其签章。

4. 汇款人确定不得转汇的，应在汇兑凭证"备注"栏注明"不得转汇"字样。

5. 汇款人和收款人均为个人，需要在汇入银行支取现金的，应在信汇、电汇凭证的"汇款金额"大写栏，先填写"现金"字样，后填写汇款金额。

6. 汇入银行对开立存款账户的收款人，应将汇给其的款项直接转入收款人账户，并向其发出收账通知。

7. 未在银行开立存款账户的收款人，凭信汇、电汇的取款通知或"留行待取"的字样，向汇入银行支取款项，必须交验本人的身份证件或需要的其他证件。银行审核无误后，以收款人的姓名开立应解汇款及临时存款账户。该账户只付不收，付完清户，不计付利息。

8. 汇款人对汇出银行尚未汇出的款项可以申请撤销，汇款人对汇出银行已经汇出的款项可以申请退汇。转汇银行不得受理汇款人或汇出银行对汇款的撤销或退汇。

9. 汇入银行对于收款人拒绝接受的汇款，应即办理退汇。汇入银行对于向收款人发出取款通知，经过2个月无法交付的汇款，应主动办理退汇。

三、产品办理

1. 汇兑办理。汇款人委托银行办理汇兑，应向汇出银行填写信汇、电汇凭证，详细填明汇入地点、汇入银行名称、收款人名称、汇款金额、汇款用途（军工产品可以免填）等各项内容，并在信汇、电汇凭证第二联上加盖预留银行印鉴。

2. 转汇办理。汇款人因汇入地没有所需商品等原因需要转汇时，可以带取款通知和有关证件，请求汇入银行重新办理信汇、电汇手续，将款项汇往其他地方。按照规定，转汇的收款人和汇款用途必须是原汇款的收款人和汇款用途。

3. 退汇办理。汇款人因故对汇出的款项要求退汇，如果汇款是直接汇给收款单位的存款账户入账的，退汇由汇出单位自行联系，银行不予介入。如果汇款不是直接汇往收款单位存款账户入账的，由汇款单位备公函或持本人身份证件连同原信汇、电汇凭证回单交汇出行申请退汇，由汇出银行通知汇入银行，经汇入银行查实汇款确未解付，方可办理退汇；如果汇入银行接到退汇通知前汇款已经解付收款人账户或被支取，则由汇款人与收款人自行联系办理退款手续。如果汇款被收款单位拒绝接受的，由汇入银行立即办理退汇。汇款超过两个月，收款人尚未来汇入银行办理取款手续或在规定期限内汇入银行已寄出通知但由于收款人地址迁移或其他原因致使该笔汇款无人受领时，汇入银行主动办理退汇。

4. 汇款领取。按照规定，汇入银行对开立账户的收款单位的款项应直接转入收款单位的账户。留行待取的汇款，收款人应携带身份证件或汇入地有关单位开具的足以证实收款人身份的证明去汇入银行办理取款。收款人需要在汇入地分次支取汇款的，可以由收款人在汇入银行开立临时存款户，将汇款暂时存入该账户，分次支取。临时存款账户只取不存，付完清户，不计付利息。

需要特别提示的是，汇款人在银行办妥汇款业务后，应及时向银行索取汇款回单。

5. 汇兑业务流程如图 5 - 9 所示。

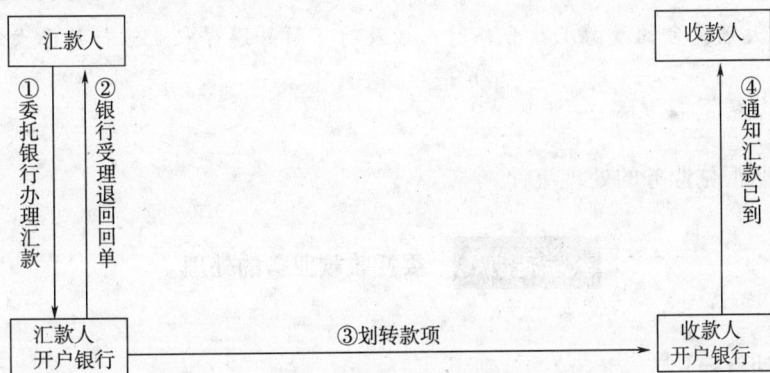

图 5 - 9 汇兑业务流程图

【知识链接】

农业银行汇兑产品——漫游汇款

漫游汇款是农业银行推出的一种实时汇款方式，汇款人可通过营业机构或者通过网上银行办理汇款。款项汇出后，收款人可就近选择所在地农业银行的任何营业机构或者通过网上银行，凭漫游汇款号和支取密码实时进行兑付。

一、产品特点

1. 方便。漫游汇款可通过营业机构和网上银行两种渠道办理。通过营业机构办理时，不需开立结算账户。农业银行网银的签约人，可通过网上银行办理汇款、兑付和查询信息业务。农业银行银行卡（借记卡或准贷记卡）持有人，可通过网上银行进行兑付。

2. 安全。汇款人只要准确知道收款人的姓名就能汇款，收款人无须将本人账号或卡号告知汇款人，保证账户信息的安全。

兑付、查询汇款均凭密码。如密码一日累计三次输入错误，可办理退汇或次日进行兑付，防止被他人破译，保证资金的安全。

3. 快捷。漫游汇款实时汇出、实时兑付、实时查询，随时满足您用款的需要。

适用对象：汇款人可为个人或企事业单位，收款人应为个人。

二、使用提示

1. 在营业机构办理漫游汇款时，需持本人有效身份证件办理；如委托他人兑付，另需提供代理人有效身份证件。

2. 汇款后请妥善保管漫游汇款回执（信息），并将漫游汇款号及支取密码以安全方式通知收款人。

3. 漫游汇款需一次全额兑付。

4. 遗忘密码或款项未支取时，汇款人可办理退汇，通过柜台汇出的在原汇出行办理；通过网上银行汇出的在网上银行办理。

5. 在网上银行办理汇出业务仅限于网银注册客户，单笔汇出业务最高限额为 5 万元。

6. 办理大额现金的漫游汇款业务时，请及时了解并遵循农业银行关于大额现金的相关规定。

【活动练习】

举例说明汇兑业务的处理流程。

教学活动2　委托收款业务的处理

📖 **【活动目标】**

掌握委托收款的种类、功能以及产品的基本规定，了解委托收款业务的办理手续。

✍ **【知识准备】**

一、产品介绍

1. 定义。委托收款是指收款人委托银行向付款人收取款项的结算方式。

委托收款结算方式是一种建立在商业信用基础上的结算方式，即由收款人先发货或提供劳务，然后通过银行收款。银行不参与监督，结算中发生争议由双方自行协商解决。因此收款单位在选用此种结算方式时应当慎重，应当了解付款方的资信状况，以免发货或提供劳务后不能及时收回款项。

2. 种类。委托收款分邮寄和电报划回两种，由收款人选用。邮寄是以邮寄方式由付款人开户银行向收款人开户银行转送委托收款凭证、提供收款依据的方式，简称委邮；电报划回则是以电报方式由付款人开户银行向收款人开户银行转送委托收款凭证、提供收款依据的方式，简称委电。

3. 适用范围。凡在银行或其他金融机构开立账户的单位和个体经济户的商品交易，公用事业单位向用户收取水电费、邮电费、煤气费、公房租金等劳务款项以及其他应收款项，无论是在同城还是异地，均可使用委托收款的结算方式。

二、产品基本规定

1. 单位和个人凭已承兑商业汇票、债券、存单等付款人债务证明办理款项的结算，均可以使用委托收款结算方式。

2. 委托收款在同城、异地均可以使用。

3. 收款结算款项的划回方式，分邮寄和电报两种，由收款人选用。

4. 签发委托收款凭证必须记载要素事项。欠缺要素事项之一的，银行不予受理。

5. 委托收款以银行为付款人的，银行应当在当日将款项主动支付给收款人；以单位为付款人的，银行应及时通知付款人，付款人应于接到通知的当日书面通知银行付款（如付款人提前收到由其付款的债务证明，应通知银行于债务证明的到期日付款）。付款人在接到通知日的次日起3天内（遇法定节假日顺延）未通知银行付款，视同付款人承诺付款，银行应于付款人接到通知日的次日起（法定节假日顺延。如债务证明未到期的，则应于债务证明到期日）上午营业时，将款项划给收款人。

6. 银行在办理划款时，付款人存款账户不足支付的，应通过被委托银行向收款人发出到期未付款项通知书。

7. 付款人审查有关债务证明后，对收款人委托收取的款项需要拒绝付款的，可以在接到付款通知日的次日起3日内办理拒绝付款。

8. 在同城范围内，收款人收取公用事业费可以使用同城特约委托收款，但必须有收付双方签订的经济合同，由付款人向开户银行授权，并经开户银行同意，报经人民银行批准。

三、产品办理

1. 委托收款。

（1）收款人办理委托收款应填写邮划委托收款凭证或电划委托收款凭证并签章，将委托收款凭证和有关的债务证明一起提交银行。

委托收款凭证样式如图5-10所示。

（2）收款人开户行收到委托收款凭证和债务证明后，对下列内容进行审查：表明"委托收款"的字样；确定的金额；付款人名称；收款人名称；委托收款凭据名称及附寄单证张数；委托日期；收款人签章；收款人为单位的，在凭证上的签章是否为收款人在银行的预留印鉴。上述内容银行审核无误后，将第一联凭证加盖业务公章退回收款人。

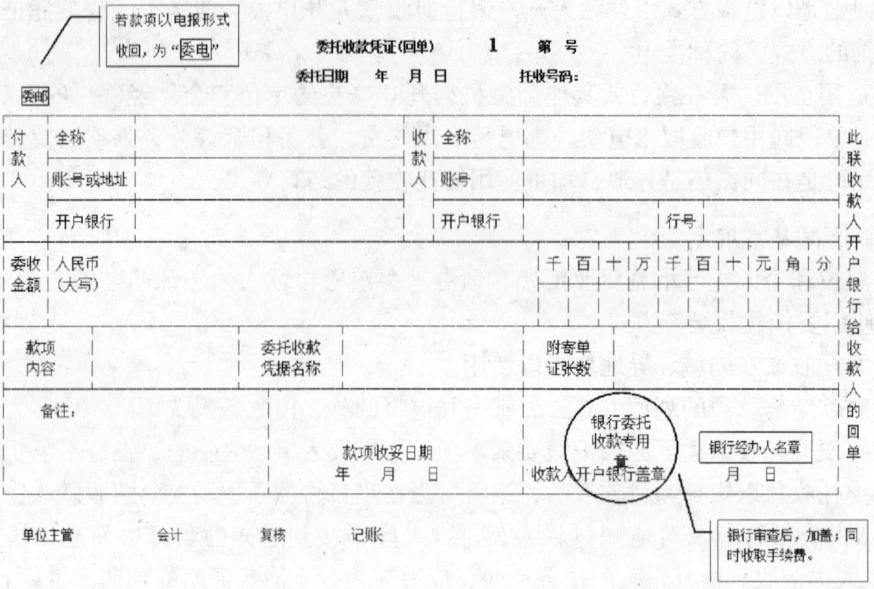

注：委托收款凭证一式五联。

第一联为回单，由银行盖章后退给收款单位。

第二联为收款凭证，收款单位开户银行作收入传票。

第三联为支款凭证，付款人开户银行作付出传票。

第四联为收账通知或发电报的依据。

第五联为付款通知，是付款人开户银行给付款单位按期付款的通知。

图 5 - 10　委托收款凭证样式

（3）将委托收款凭证和有关的债务证明寄交付款人开户行办理委托收款。

2. 付款。

（1）银行为付款人的，银行应在当日将款项主动支付给收款人。

（2）以单位为付款人的，银行应及时通知付款人。按照有关办法规定，需要将有关债务证明交给付款人的应交给付款人，并签收。

（3）付款人应于接到通知的 3 日内书面通知银行付款。付款人未在规定期限内通知银行付款的，视同同意付款，银行应于付款人接到通知日的次日起第 4 日上午开始营业时，将款项划给收款人。

（4）银行在办理划款时，付款人存款账户不足支付的，应通过被委托银行向收款人发出未付款项通知书。按照有关办法规定，债务证明留存付款人开户银行的，应将其债务证明连同未付款项通知书邮寄被委托银行转交收款人。

3. 拒绝付款。

（1）付款人审查有关债务证明后，对收款人委托收取的款项需要拒绝付款的，可以办理拒绝付款。

（2）以银行为付款人的，应自收到委托收款及债务证明的次日起 3 日内出具拒绝证明连同有关债务证明、凭证寄给被委托银行，转交收款人。

（3）以单位为付款人的，付款人应在接到通知日的次日起 3 日内出具拒绝证明，持有债务证明的，应将其送交开户银行。银行将拒绝证明、债务证明和有关凭证一并寄给被委托银行，转交收款人。

4. 业务流程如图 5 – 11 所示。

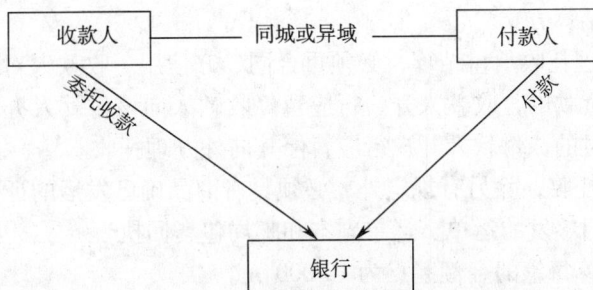

图 5 – 11　委托收款业务流程图

【活动练习】

甲公司财务部门从贸易伙伴乙公司收到即将到期的银行承兑汇票一张，票面金额 30 万元。请运用所学知识帮助 A 公司财务人员将该银行承兑汇票上的款项处理入账（说明具体业务办理手续）。

教学活动 3　托收承付业务的处理

【活动目标】

掌握托收承付产品的种类、功能以及产品的基本规定，了解托收承付业务的办理手续。

【知识准备】

一、产品介绍

1. 定义。托收承付是根据购销合同由收款人发货后委托银行向异地付款人收取款项，由付款人向银行承认付款的结算方式。

2. 种类。托收承付款项的结算方式分为邮寄和电报两种，由收款人选用。相应地，托收承付结算凭证也分为邮划托收承付结算凭证和电划托收承付结算凭证两种。

3. 适用范围。托收承付结算方式只适用于异地订有经济合同的商品交易及相关劳务款项的结算。代销、寄销、赊销商品的款项，不得办理异地托收承付结算。

二、产品基本规定

1. 使用托收承付结算方式的收款单位和付款单位，必须是国有企业、供销合作社以及经营管理较好，并经开户银行审查同意的城乡集体所有制工业企业。

2. 办理托收承付结算的款项，必须是商品交易，以及因商品交易而产生的劳务供应的款项。代销、寄销、赊销商品的款项，不得办理托收承付结算。

3. 收付双方使用托收承付结算必须签有符合《合同法》规定的购销合同，并在合同上订明托收承付结算方式。

4. 收付双方办理托收承付结算，必须重合同、守信用。收款人对同一付款人发货托收累计3次收不回货款的，收款人开户行应暂停收款人向该付款人办理托收；付款人累计3次提出无理拒付的，付款人开户行应暂停其向外办理托收。

5. 收款人办理托收，除另有规定外，必须具有商品确已发运的证件（包括铁路、航运、公路等运输部门签发的运单、运单副本和邮局包裹回执）。

6. 托收承付结算每笔的金额起点为 10 000 元。

7. 托收承付结算款项的划回方法分邮寄和电寄两种，由收款人选择使用。

8. 签发托收承付凭证必须记载要素事项。欠缺要素事项之一的，银行不予受理。

9. 付款人货款的承付方式有验单付款和验货付款两种，由收付款双方协商选用，并在合同中明确规定。验单付款的承付期为3天，从付款人开户银行发出承付通知的次日算起（承付期内遇法定节假日顺延）。验货付款的承付期为10天，从运输部门向付款人发出提货通知的次日算起。

10. 付款人在承付期内，未向银行表示拒绝付款，银行即视做承付，并在承付期满的次日（法定节假日顺延）上午银行开始营业时，将款项主动从付款人的账户内付出，按照收款人指定的划款方式，划给收款人。

11. 付款人在承付期满日银行营业终了时，如无足够资金支付货款，其不足部分，即为逾期未付款项，按逾期付款处理。付款人开户银行对付款人逾期支付的款项，应当根据逾期付款金额和逾期天数，按每天万分之五计算逾期付款赔偿金。

三、产品办理

1. 托收。收款人按照签订的购销合同发货后，委托银行办理托收。

（1）收款人应将托收凭证附发运证件或其他符合托收承付结算的有关证明和交易单证交银行。收款人如需取回发运证明证件，银行应在托收凭证上加盖"已验发运证件"戳记。

托收承付凭证样式如图 5－12 所示。

（五联）邮　　　　　　　中国××银行托收承付凭单（回单）1

托收号码：　　　　　　委托日期　年　月　日　　　　　　　　　　第　号

收款单位	全称			付款单位	全称	
	账号				账号或地址	
	开户银行		行号		开户银行	
托收金额	人民币（大写）				千百十万千百十元角分	
附件		商品发运情况			合同名称号码	
附寄证件张数或册数						
备注：			款项收妥日期年　月　日		（收款单位开户行盖章）年　月　日	

此联是收款单位开户银行给收款单位的回单

单位主管：　　　　　会计：　　　　　复核：　　　　　记账：

托收承付结算凭证一式五联：

- 第一联（回单）是收款单位开户银行给收款单位的回单。
- 第二联（委托收款凭证）是收款单位委托开户银行办理托收项后的收款凭证。
- 第三联（支款凭证）是付款单位向开户银行支付货款的支款凭证。
- 第四联（收账通知）是收款单位开户银行在款项收妥后给收款单位的收账通知，或付款单位开户银行拍发电报的依据。
- 第五联（承付支款通知）是付款单位开户银行通知付款单位按期承付货款的承付（支款）通知。

图 5 – 12　委托收款凭证样式

（2）收款人开户银行接到托收凭证及其附件后，应当按照托收的范围、条件和托收凭证记载的要求认真进行审查，必要时，还应查验收付款人签订的购销合同。凡不符合要求或违反购销合同发货的，不能办理。审查时间最长不得超过次日。

2. 承付。付款人开户银行收到托收凭证及其附件后，应当及时通知付款人。

（1）承付货款分为验单付款和验货付款。收付双方商量选用，并在合同中明确规定：

① 验单付款：验单付款的承付期为 3 天，从付款人开户银行发现承付通知的次日算起（法定节假日顺延）。付款人在承付期内，未向银行表示拒绝的，银行即视做承付，在承付期满的次日（法定节假日顺延）上午银行开始营业时，将款项主动从付款人的账户内付出，按照收款人指定的划款方式划给收款人。

②验货付款：验货付款的承付期为 10 天，从运输部门向付款人发出提货通知的次日算起。对收付双方在合同中明确规定，并在托收凭证上注明验货付款期限的，银行从其规定。

（2）不论是验单付款还是验货付款，付款人都可以在承付期内提前向银行表示承付，并通知银行提前付款，银行应立即办理划款；因商品的价格、数量或金额变动，付款人应多承付款项的，须在承付期内向银行提交书面通知，银行据以随同当次托收款项划给收款人。

（3）付款人不得在承付货款中，扣抵其他款项或以前托收的货款。

（4）逾期付款：付款人在承付期满日营业终了时，如无足够资金支付，其不足部分，即为逾期未付款项，按逾期付款处理。

付款人开户银行对付款人逾期支付的款项，应当根据逾期付款金额和逾期天数，按每天万分之五计算逾期付款。但对无理的拒绝付款，而增加银行审查时间的，应从承付期满日起，计算逾期付款赔偿金。

3. 拒绝付款。付款人在承付期内，有正当理由，可向银行提出全部或部分拒绝付款。依照《支付结算办法》的规定，该理由包括：

（1）没有签订购销合同或未定明异地托收承付结算方式购销合同的款项。

（2）未经双方事先达成协议，收款人提前交货或因逾期交货付款人不再需要该项货物的款项。

（3）未按合同规定的到货地址发货的款项。

（4）代销、寄销、赊销商品的款项。

（5）验单付款，发现所列货物的品种、规格、数量、价格与合同规定不符，或货物已到，经查验货物与合同规定或发货清单不符的款项。

（6）验货付款，经查验货物与合同规定或与发货清单不符的款项。

（7）货款已经支付或计算有错误的款项。

不属上述情况的，付款人不得向银行提出拒绝付款。

付款人对以上情况提出拒绝付款时，必须填写拒绝付款理由书，并加盖单位公章，注明拒绝付款理由，涉及合同的应引证合同上的有关条款。属于商品质量问题，需要提出商品检验部门的检验证明；属于商品数量问题，需要提出数量问题的证明及其有关数量的记录；属于外贸部门进口商品，应当提出国家商品检验或运输等部门出具的证明，一并送交开户银行。开户银行经审查，认为拒付理由不成立，均不受理，应强制扣款。银行同意部分或全部拒付的，应在拒绝付款理由书上签注意见。

4. 托收承付业务流程如图 5 - 13 所示。

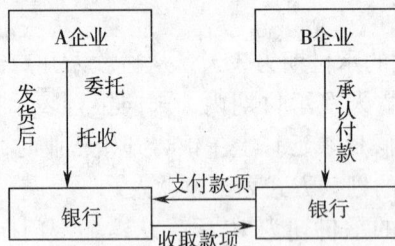

图 5 - 13　托收承付业务流程

【知识链接】

委托收款和托收承付比较

1. 委托收款是收款人委托银行向付款人收取款项的结算方式。该结算方式同城和异地都可使用，既适用于在银行开立账户的单位和个体经济户各种款项的结算，也适用水电、邮电、电话等劳务款项的结算。

托收承付也称异地托收承付，是指根据购销合同由收款人发货后委托银行向异地付款人收取款项，由付款人向银行承认付款的结算方式。根据《支付结算办法》的规定，托收承付结算每笔的金额起点为 1 万元，新华书店系统每笔的金额起点为 1 000 元。使用托收承付结算方式的收款和付款单位必须是国有企业，供销合作社以及经营管理较好的并经开户银行审查同意的城乡集体所有制工业企业；结算款项必须有商品交易以及因商品交易而产生的劳务供应的款项，代销、寄销和赊销的款项不得办理托收承付结算。

2. 委托收款适用范围广泛很广，无论同城还是异地，均可使用，且不受金额起点限制。凡在银行或其他金融机构开立账户的单位，各种款项结算都可采用。而托收承付如前所述只适用于异地企业之间有协议的商品交易，且有金额起点，为 1 万元。

3. 在两种结算方式中，银行的作用也不一样。采用委托收款方式，银行只起结算中介作用，付款方无款支付，只要退回单证就行；拒付，银行不审查理由。而采用托收承付方式，银行还行使行政仲裁职能，要审查拒付方的拒付理由。

【活动练习】

举例说明托收承付业务的处理程序。

【分析思考】

1. 简述非票据结算产品的种类及特点。

2. 试分析结算类产品在商业银行经营过程中的作用以及对银行的贡献。

教学项目六

银行卡
YINHANGKA

【学习目标】
◇ 了解银行卡的概念、产品种类。
◇ 能够说明各类银行卡的不同特性。
◇ 熟悉信用卡的使用及相关规定。

【技能目标】
◇ 能够通过对各种银行卡产品的对比分析，将客户需求与银行产品对接。
◇ 能够针对不同的客户业务活动展开银行卡产品服务和营销。

银行卡是指由商业银行向社会发行的具有消费信用、转账结算、存取现金等全部或部分功能的信用支付工具。从 20 世纪中叶出现以来，银行卡经过几十年的发展已经成为商业银行的重要业务内容。中国的银行卡经过近三十年的高速发展也已经成为高度普及的金融产品，具有强大的功能和丰富的服务内容，并且逐步走上国际舞台。

学习任务一
银行卡概述

【学生的任务】
◇ 要求学生掌握银行卡的产品分类和产品办理。

◇ 要求学生能够通过对各种银行卡产品特性的对比分析，将客户的需求与银行产品相对接。

【教师的任务】

◇ 指导学生上网查找有关银行卡产品的相关资料。

◇ 讲解银行卡产品的种类、特征等主要知识点。

◇ 对学生作业完成情况进行点评。

教学活动　认识银行卡

【活动目标】

了解银行卡种类，熟悉银行卡的功能，掌握银行卡的主要关系人权利义务的具体规定，能够正确认识和区分银行卡业务的风险。

【知识准备】

一、产品介绍

1. 概念。银行卡是指由商业银行向社会发行的具有消费信用、转账结算、存取现金等全部或部分功能的信用支付工具。

2. 分类。

（1）按结算币种不同分类。按照币种的不同，银行卡可以分为人民币卡和外币卡。

人民币卡即以人民币为结算货币的银行卡。

外币卡指发卡机构以某种可自由兑换的货币作为结算货币的银行卡。其中，外币卡按照结算货币的数量分成单币种卡和双币种卡。单币种外币卡是指存款、信用额度均为外币，并且应当以外币偿还的银行卡。因为这种产品的使用有比较大的局限性，只适合在境外使用。双币种外币银行卡是指存款、信用额度同时有人民币和外币两个账户的银行卡。双币种银行卡集合了外币卡和本币卡的功能特点，将人民币和另外一种可自由兑换货币两种结算币种账户并存于一张银行卡之中。

（2）按发卡对象不同分类。按发行对象不同，银行卡分为单位卡（商务卡）、个人卡。

单位卡是发卡机构向单位发行的银行卡。它一般以法人名义申领并授权指定个人使用，凡是在中国境内金融机构开立基本存款账户的单位可申领单位卡。单位卡账户的资金一律从其基本存款账户转账存入，不得交存现金，不得将销货收入的款项存入其账户。单位卡一律不得支取现金，不得用于 10 万元以上的商品交易、劳务供应款项的结算。

个人卡是发卡机构向个人发行的银行卡。它以个人名义申领并由其承担用卡的一切责任。个人卡账户的资金以持有的现金存入或以其工资性款项及属于个人的劳动报酬收入转账存入，严禁将单位的款项存入个人卡账户。个人申领银行卡（储值卡除外），应当向发卡银行提供公安部门规定的本人有效身份证件。发卡银行审查合格后，为其开立记名账户。

（3）按信息载体不同分类。按信息载体不同，银行卡分为磁条卡、芯片（IC）卡。

磁条卡是指将磁条压贴在卡片上，以磁条为信息载体的银行卡。磁条按照严格的ISO标准制造，一般有三个磁道，分别用于记载特定的信息。

芯片卡又称集成电路卡（Integrated Circuit Card，IC 卡）是指在卡片上嵌置一个或多个集成电路。集成电路芯片可以是存储器或微处理器。带有存储器的 IC 卡又称为记忆卡或存储卡。记忆卡可以存储大量信息。带有微处理器的 IC 卡又称为智能卡或智慧卡，智能卡则不仅具有记忆能力，而且还具有处理信息的功能，它的安全性比磁条卡大大提高。用芯片卡取代磁条卡是银行卡当前发展的一个趋势。

另外还有一种芯片卡叫射频卡，又叫非接触式 IC 卡。它由集成电路芯片和感应天线组成，完全密封在一个标准 PVC 卡片中，无外露部分。非接触式 IC 卡与读写器之间通过无线电波来完成读写操作，解决了无源（卡中无电源）和免接触两个难题，逐渐引起了广泛的关注和推广应用。

（4）按记账性质不同分类。按记账性质不同银行卡分为信用卡和借记卡。

信用卡（credit card）允许持卡人在信用额度内先消费后还款。信用卡按是否向发卡银行交存备用金分为贷记卡、准贷记卡两类。贷记卡是指发卡银行给予持卡人一定的信用额度，持卡人可在信用额度内先消费、后还款的信用卡。准贷记卡是指持卡人须先按发卡银行要求交存一定金额的备用金，当备用金账户余额不足支付时，可在发卡银行规定的信用额度内透支的信用卡。

借记卡（debit card）没有消费信用功能。借记卡可进一步划分为转账卡（含储蓄卡）、专用卡和储值卡。转账卡是实时扣账的借记卡，具有转账结算、存取现金和消费功能。专用卡是具有专门用途（指在百货、餐饮、饭店、娱乐行业以外的用途）、在特定区域使用的借记卡，具有转账结算、存取现金功能。储值卡是发卡银行根据持卡人要求将其资金转至卡内储存，交易时直接从卡内扣款的预付钱包式借记卡。

（5）联名/认同卡。联名/认同卡是商业银行与营利性机构/非营利机构合作发行的银行卡附属产品，其所依附的银行卡品种必须是已经中国人民银行批准的品种，并应当遵守相应品种的业务章程或管理办法。发卡银行和联名单位应当为联名持卡人在联名单位用卡提供一定比例的折扣优惠或特殊服务，持卡人领用认同卡表示对认同单位事业的支持。

（6）按持卡人信用等级不同分类。《银行卡业务管理办法》中没有规定这样一种分类标准，但在银行卡业务实际操作中，发卡银行往往按照持卡人的信用等级的不同把信用卡分为白金卡、金卡、普通卡等这样一些类别。所谓白金卡和金卡往往要求持卡人交纳较高会费，持卡人能够享受特别待遇，授权额度的起点较高，附加服务项目较多，因而一般发给资信较好、偿付能力较强或有一定社会地位的人。而普通卡通常是向经济实力和信誉、地位一般的持卡人发行的信用卡。它对持卡人的要求较低，信用额度往往也比较低，服务项目比较单一。

3. 银行卡的主要功能。根据《银行卡业务管理办法》的定义，银行卡可能具有

"消费信用、转账结算、存取现金"这三个功能的全部或部分。

（1）消费信用功能。消费信用功能是指发卡人可以通过银行卡向持卡人提供短期消费信用贷款，具有这样功能的银行卡也就是信用卡。发卡人根据持卡人的信用状况规定一定的信用额度，允许持卡人在这个额度内获得短期消费贷款。这种贷款是信用贷款，不用担保，因此贷款银行需要承担较大的信用风险，所以银行卡的贷款利率高于银行一般贷款的利率。

贷记卡持卡人的非现金交易可以享受免息还款期待遇。从银行记账日到发卡银行规定的到期还款日之间为免息还款期，持卡人在免息还款期内偿还所使用全部银行款项即可享受免息还款期待遇，无须支付非现金交易的利息。《银行卡业务管理办法》规定免息还款期最长为60天。如果持卡人在到期还款日前偿还所使用全部银行款项有困难，可按照发卡银行规定的最低还款额还款。贷记卡持卡人选择最低还款额方式或超过发卡银行批准的信用额度用卡时，不再享受免息还款期待遇，应当支付未偿还部分自银行记账日起，按规定利率计算的透支利息。贷记卡持卡人支取现金、准贷记卡透支，不享受免息还款期和最低还款额待遇。

（2）转账结算功能。转账结算功能是银行卡最基本、最重要的功能，指在交易时银行卡可以代替现金执行支付功能。持卡人通过销售终端（Point of Sale，POS）可以实现无现金购物，还可以通过柜台、自动柜员机（Automated Teller Machine，ATM）、电话银行、手机银行或者网上银行实现转账支付。作为支付结算的工具，银行卡可以减少人们携带现金的麻烦，节约交易成本和社会劳动。

（3）存取现金功能。持卡人可以在柜台或者通过ATM存取现金。使用银行卡通过ATM存取现金相比较于使用存折或存单更加便利，在存取的时间和地点上更加灵活。

二、银行卡业务的主要关系人

银行卡业务的主要关系人包括发卡银行、持卡人和受理银行卡的商户。根据《银行卡业务管理办法》的规定，银行业务的有关当事人之间分别有以下的权利义务关系：

（一）发卡银行的权利和义务

1. 发卡银行的权利包括：

（1）发卡银行有权审查申请人的资信状况，索取申请人的个人资料，并有权决定是否向申请人发卡及确定透支额度。

（2）发卡银行对持卡人透支有追偿权。对持卡人不在规定期限内归还透支款项的，发卡银行有权申请法律保护并依法追究持卡人或有关当事人的法律责任。

（3）发卡银行对不遵守其规章制度的持卡人，有权取消其持卡资格，并可授权有关单位收回其银行卡。

（4）发卡银行对储值卡和IC卡内的电子钱包可不予挂失。

2. 发卡银行的义务包括：

（1）发卡银行应当向银行卡申请人提供有关银行卡的使用说明资料。

（2）发卡银行应当设立针对银行卡服务的公平有效的投诉制度，并公开投诉程序和投诉电话。

（3）发卡银行应当向持卡人提供对账服务，按月向持卡人提供账户结单。在一些例外情况下允许发卡银行不提供账户结单。

（4）发卡银行应当向持卡人提供银行卡挂失服务，应当设立24小时挂失电话服务，提供电话服务和书面挂失两种挂失方式，书面挂失为正式挂失方式。

（5）发卡银行应当在有关卡的章程或使用说明中向持卡人说明密码的重要性及丢失的责任。

（6）发卡银行对持卡人的资信资料负有保密责任。

（二）持卡人的权利和义务

1. 持卡人的权利包括：

（1）持卡人享有发卡银行对其银行卡所承诺的各项服务的权利，有权监督服务质量并对不符合服务质量要求的进行投诉。

（2）申请人、持卡人有权知悉其选用的银行卡的功能、使用方法、收费项目、收费标准、适用利率及有关的计算公式。

（3）持卡人有权在规定时间内向发卡银行索取对账单，并有权要求对不符账务内容进行查询或改正。

（4）借记卡的挂失手续办妥后，持卡人不再承担相应卡账户资金变动的责任，司法机关、仲裁机关另有判决的除外。

（5）持卡人有权索取信用卡领用合约，并应妥善保管。

2. 持卡人的义务包括：

（1）申请人应当向发卡银行提供真实的申请资料并按照发卡银行规定向其提供符合条件的担保。

（2）持卡人应当遵守发卡银行的章程及《领用合约》的有关条款。

（3）持卡人或保证人通讯地址、职业等发生变化，应当及时书面通知发卡银行。

（4）持卡人不得以和商户发生纠纷为由拒绝支付所欠银行款项。

三、产品价格

银行卡年费相关规定。借记卡一般会在开户时扣除年费10元，部分股份制银行暂未收取年费。信用卡年费视银行、卡种的不同而有所不同。

四、风险提示

银行卡业务风险是指银行卡业务中各参与主体在银行卡经营或者管理过程中，由于各种因素造成损失的可能性。

（一）银行风险

1. 欺诈风险。欺诈风险是指银行卡业务的关系人以非法占有、骗取财物为目的的行为给其他关系人造成损失的可能性。比如不法分子非法获取或伪造他人银行卡，模仿持卡人签名或伪造身份证，或通过手机短信诈骗、钓鱼网站、在ATM上安装摄像头等手段窃取银行卡密码，并借此进行欺诈性消费或提取现金。再比如以虚假身份申请多张贷记卡，利用贷记卡进行高额消费和提现，给发卡行带来损失。信用卡套现也是一种常见的银行卡欺诈行为。商家与持卡人勾结利用贷记卡的免息还款期刷卡套现，甚至利用多张贷记卡发放高利贷，将风险转嫁到银行。此外还有虚假申请，也就是使用虚假身份或未经同意冒用他人身份获取贷记卡进行交易获取商品或服务的欺骗性行为。

2. 信用风险。信用风险主要指银行的交易对象由于各种原因未能按合同约定偿还信用卡消费贷款的风险。比如持卡人超过个人还款能力透支，导致其无力偿还借款；发卡行未能发现持卡人信用程度的变化，持卡人消费后无力偿还借款；持卡人的多张信用卡的总信用额度超过其还款能力，持卡人消费后无力偿还借款等。

3. 操作风险。银行卡业务的操作风险是指因为银行工作人员违规操作、操作失误或恶意利用职务之便，或因为计算机系统、通信系统等设施设备的错误，给发卡行或银行客户带来损失的可能性。比如审查不尽职导致欺诈申请得以通过，因疏忽而丢失空白卡片；记账失误将存款记成取款；或记账串户张冠李戴。再如银行卡业务软硬件系统的错误、漏洞或损坏带来的安全隐患，商业银行在进行系统升级时带来的安全隐患，计算机病毒、黑客入侵等恶意攻击造成的损失等。

（二）持卡人风险防范

1. 卡丢失或被盗，或存在可疑交易时及时通知发卡行。

2. 仔细核对每月信用卡对账单，如发现非自己作出的交易，及时报告银行。

3. 不要写下密码，不要告诉他人。

4. 在使用信用卡进行交易时，不要让卡离开视线，以免他人盗用或读取卡上信息。

5. 不要随便扔掉信用卡交易的销售单据和其他包含个人财务信息或身份信息的单据，在扔掉前销毁单据。

6. 在使用 ATM 时，避免让他人看到输入的密码。

【知识链接】
八大"要诀"确保资金安全

在使用银行卡时有八大"要诀"必须注意，这样有助于确保客户的资金安全。

一、在领卡时要在背面签上自己的真实姓名，以防丢失后被他人盗用。

二、密码是开启账户的钥匙，客户应牢记自己的密码。

三、磁条是银行卡的"心脏"，所有的信息都记录在磁条上。因此，持卡人在携带银行卡时，应避免两张卡的磁条相互接触、摩擦，从而使卡内资料受到破坏，也尽量不要把银行卡放在有磁铁或有强磁场的家用电器附近，以免卡上的磁条失效。

四、如果持卡人在使用中经常出现不流畅现象，要及时到发卡机构检查，必要时换新卡。

五、在机器上输入密码时，注意遮挡，不要被别人看见。如果密码不慎被他人知道，应及时到营业网点或以自助、打电话等方式修改。密码最好不要用生日等易被猜到的数字。

六、持卡人在 ATM 上存取款出现异常现象时，应及时与存取款的营业网点联系。

七、如因操作不慎导致吞卡，应先确认是吞卡，还是误操作。如确实为吞卡应及时按照 ATM 上提示的电话与所属机构的服务电话联系。

八、要熟悉工商银行 95588、中国银行 95566、建设银行 95533 等客服电话。通过客服电话咨询或办理相关业务，方便使用银行卡。

【知识链接】

招商银行信用卡费用和利息标准表

收费项目	收费标准		
年费（每卡＜套＞/年）	金卡	主卡 RMB300 元　附属卡 RMB150 元	
	标准卡、普通卡	主卡 RMB100 元　附属卡 RMB50 元	
循环信用利息（每日）	日息万分之五		
滞纳金	最低还款额未还部分的 5%，最低收取 RMB10 元或 USD1 元		
账单分期手续费	为分期本金总额×手续费率，且手续费最低收费额为每笔 20 元人民币	3 期手续费率：2.6%	
		6 期手续费率：4.2%	
		12 期手续费率：7.2%	
挂失手续费（每卡/每套）	RMB60 元/卡		
境外补发紧急替代卡手续费（每卡）	威士卡（VISA）：USD175 元　万事达卡（Master Card）：USD155 元		
调阅签购单副本手续费（每笔）	国内 RMB20 元；国外 USD5 元		
预借现金手续费（每笔）	境内：预借现金金额的百分之一，最低收取 RMB10 元　境外（含港、澳、台）：预借现金金额的百分之三，最低收取 RMB30 元或 USD3 元		
损坏换卡手续费（每卡/每笔）	RMB15 元/卡		
开具证明（存款、清偿等）手续费（每份）	RMB20 元		
补制纸质对账单手续费（每次每月）	索取 3 个月前的对账单、每次每月收取 RMB5 元		
溢缴款领回手续费（每笔）	汇款金额的千分之五，最低收取 RMB5 元或 USD1 元		
外汇兑换手续费（每笔）	交易金额的 1.5% 结付		
快递费（每封）	RMB20 元		

【活动练习】

通过实地调查、网络资源等方法收集并总结各大银行的银行卡品牌及特色服务。

【分析思考】

1. 什么是银行卡？它的分类有哪些？

2. 简述银行卡业务涉及的基本关系人及其关系。

3. 银行卡有哪些功能？

学习任务二
信用卡

【学生的任务】

　　◇ 要求学生掌握信用卡产品的特性和产品办理。

　　◇ 要求学生能够通过对各种信用卡产品特性的对比分析，将客户的需求与银行产品相对接。

【教师的任务】

　　◇ 指导学生上网查找有关信用卡产品的相关资料。

　　◇ 讲解信用卡产品的种类、特征等主要知识点。

　　◇ 对学生作业完成情况进行点评。

教学活动　信用卡产品的处理

【活动目标】

　　了解银行信用卡的种类、功能及适用的客户，掌握信用卡的申请、使用、还款等相关操作。

【知识准备】

一、产品介绍

　　1. 概念。信用卡是发卡机构（商业银行）向社会公开发行的、给予持卡人一定的信用额度，持卡人可在信用额度内先消费后还款的信用支付工具，具有消费信用、存取现金和转账结算等功能。

　　2. 信用卡的功能。

　　（1）转账结算功能。持卡人可通过发卡银行办理约定的卡与卡、卡与账户之间的转账业务，或者与特约商户办理款项划拨。目前，较普遍的是银证转账业务，就是用信用卡实现股民储蓄账户与证券保证金账户双向实时划转的转账结算业务。

　　（2）储蓄功能。持卡人可以在相当广泛的范围内，在发卡银行指定的储蓄网点办理存款手续。

　　（3）代收代付功能。发卡银行利用自身的营业网点，为政府、企业、个人提供代理资金结算的代理服务功能。

　　（4）消费支付功能。持卡人凭卡可在特约商户直接购物消费，无须以现金货币支付，只需使用银行卡进行支付结算。发卡银行扣减持卡人银行账户资金后，划拨给特约商户。消费支付功能是信用卡最主要的功能，它能为社会提供最广泛的结算服务，方便持卡人与特约商户的购销活动，减少社会的现金流通量，节约社会劳动。

（5）消费信贷功能。持卡人在购物消费过程中所支付的货物与服务费超过其信用卡账户余额时，发卡银行允许持卡人在规定的限额范围之内进行短期透支。这就是发卡银行给客户提供的消费信贷。持卡人需要注意的是最好在还款日前偿还透支款，否则会承担高额利息。

二、信用卡的主要利益主体

信用卡的利益主体包括持卡人、特约商户、发卡银行。

1. 持卡人。持卡人使用信用卡有如下益处：

（1）使用信用卡的便利性。

（2）持卡人可以随时获得信贷支持。

（3）信用卡为持卡人提供了一定的延期付款时间。

（4）信用卡为持卡人提供了相对较为安全的交易手段。

（5）信用卡为持卡人积累了信用。

（6）信用卡交易为客户提供了交易记录，方便客户了解账户情况。

【知识链接】

案　例

2007 年初，胡女士办理了一张中国银行信用卡。2007 年 11 月下旬，为了筹备婚礼，胡女士从这张卡里刷了 1 万元购买液晶电视。在收到银行的对账单后，由于还需要购买其他结婚用品，所以她便先还了一半的透支款。后来由于忙结婚的事情，耽搁了另一半透支款的还款。其实算下来也就耽搁了两三天的时间。等胡女士想起来再去还款的时候，被银行告知产生了 210 元滞纳金。

点评：持卡人在办理信用卡后，在享有包括转账、代收代付、消费信贷等在内的信用卡诸多好处的同时，也需要承担一定的责任。到期偿还透支款就是其中最主要的一项。如果持卡人到期不偿还透支款，不但需要支付利息，而且还需要缴纳滞纳金。在启用个人征信系统的情况下，还会留下不良信用记录。

2. 特约商户。特约商户使用信用卡的益处：

（1）信用卡使持卡人购物方便，从而促使销售增长，而且消费者使用信用卡比使用现金更有可能大量购物。

（2）商户可以相当容易地验证持卡人购物的合法性。

（3）特约商户既不会承担信贷风险，也不会发生因接受支票产生的风险。

3. 发卡银行。发卡行发行信用卡的益处：

（1）开展信用卡业务，增强了银行的竞争能力。

（2）信用卡使银行能吸引到不住在银行附近的客户。

（3）新的信用卡用户给银行其他金融产品提供了良好的发展机会。

（4）增加了银行的营业收入。

（5）特约商户为银行带来了附加存款，成为银行新的信贷资金来源。

三、产品办理

1. 信用卡的申请。客户可以通过因特网、银行的营销活动现场、营业网点等多种方式申请办理信用卡。我们以柜面申请为例，信用卡申请业务的流程如下：

（1）柜面受理信用卡申请业务，提醒客户阅读信用卡领用合约，了解信用卡的使用、收费、利息、还款等方面的规定，明确银行与客户双方的权利与义务。

（2）指导客户填写信用卡申请表，要求填写内容完整、清晰、真实，并由客户在签名栏签名确认。

（3）柜员审核相关材料，包括对申请人或担保人的资格审核，还包括对相关材料的审核（申请表填写是否正确、身份证件是否有效、是否有固定工作和收入证明）。

（4）信用卡卡部专职人员复审（主要是对客户的资信调查和资信评估），提出初审意见。

（5）发卡行的卡部人员终审通过后向客户发卡。持卡人领取信用卡后，应立即在信用卡背面的签名栏内签上与申请表相同的签名，并在使用信用卡交易时使用相同的签名，否则，由此产生的损失由持卡人负责。

【知识链接】

申请信用卡的条件

申请条件：年满18周岁，具有完全民事行为能力，且资信良好的中国居民、常住国内的外国人、港澳台同胞，均可凭本人有效身份证件向发卡机构申请信用卡个人卡主卡。个人卡主卡持卡人还可为其他具有完全民事行为能力的自然人或限制民事行为能力的自然人申领附属卡。主卡持卡人可随时申请注销附属卡。附属卡持卡人与主卡持卡人共用同一信用额度，主卡持卡人可在信用额度内设定附属卡的使用限额；附属卡所有交易款项及相应的利息、费用等均记入主卡账户。

2. 信用卡开卡。信用卡常用的开卡方式有两种即电话开卡和网银开卡。

（1）信用卡电话开卡的业务流程如下：①拨打客服热线。②选择自助开卡。③输入相关信息、核实身份。④输入电话银行密码。⑤开卡成功。

（2）信用卡网银开卡的业务流程如下：①网上银行申请注册。②登录网上银行。③选择在线开卡服务。④输入相关信息。⑤开卡成功。

3. 信用卡的使用。信用卡的日常使用主要包括存款、取款、转账、购物、预借现金以及查询等。

（1）信用卡存款、取款、转账业务主要是通过银行营业网点和自动柜员机按照柜员或ATM提示办理。

（2）客户持信用卡在特约商户购物时，将卡片交给特约商户收款人员，经收款员检验信用卡和持卡人合法性后，在 POS 机上刷卡交易，并由客户输入密码并在打印的交易凭证上签字确认。

（3）信用卡预借现金。由持卡人向银行柜员提出预借现金的请求后，银行柜员将现金预借表输入到银行的处理中心。如果该卡是该行发行的，处理中心就给持卡人授权，并过账到持卡人账户。授权批准后，银行柜员就可将现金交给持卡人。

（4）信用卡查询内容包括账户余额、历史交易明细、当日交易明细、有效期、持卡人相关信息、账户状态、积分情况、优惠活动等。银行卡的查询方式有柜面查询、网银查询、电话银行查询、ATM 查询等。

【知识链接】

案　例

小李准备用 1 万元买一台电视，并且已将资金准备好了。但朋友建议她可以先用信用卡划卡消费而不是用现金购买。假设她在免息期最后一天还款的话，那么她的 1 万元现金将多出 50 天的活期存款利息。

点评：信用卡的基本功能就是透支。在免息期内（一般最长为 50 天）还款，银行是不收取利息的。作为普通消费者，可以算好消费日期和还款日期，使自己最长期限占用信用资金。建设银行客户经理告诉大家，在一些比较大额的消费上，您都可以利用信用卡的免息期来支付，例如购房的排号费等。

ATM 使用相关规定

ATM 是英文 Automatic Teller Machine 的缩写，即自动柜员机。它是由计算机控制的持卡人自我服务型的金融专用设备。ATM 可以向持卡人提供提款、存款、查询余额、更改密码等功能。ATM 不仅能接受银行本地卡，还可以通过网络功能接受异地卡、他行卡，同时为持卡人提供每日 24 小时服务。使用 ATM 应注意下列问题：

（1）ATM 允许最多两次输错密码，如因输错而未按取消键，则第三次输错时卡将被吞掉。

（2）当屏幕提醒取卡后，如半分钟内没有取卡，机器将认为机前无人而自动将卡吞掉。

（3）ATM 取款金额必须是 100 元的整倍数。

（4）若现金被吐出半分钟后未取，则机器自动吞入。

（5）取款后要仔细清点现金，并与打印的客户通知书核对。如金额不符，应及时与当地银行联系。

4. 信用卡还款。信用卡持卡人使用信用卡透支后，银行给予一段免息期，持卡人需要在最后还款日前归还全额或最低还款额。信用卡还款方式主要有柜台还款、网上银行或自助终端还款、约定账户自动还款以及第三方平台还款等。

目前国内常见的信用卡还款方式主要有以下几类：

（1）发卡行内还款。该方式包括发卡行柜台、ATM、网上银行、自动转账、电话银行还款等方式。还款后，信用卡额度即时恢复。款项一般在当天系统处理后，即可入账。这也是所有还款方式中最直接、快捷的一种。在还款时间比较紧迫的情况下，建议持卡人尽量采用这种方式，以免产生罚息和滞纳金。其中，通过网上银行转账的时候，需要持卡人开通借记卡的网银转账功能；自动转账在卡片的要求上需满足"同行同名活期"账户的条件，即转出的借记卡和转入的信用卡必须是同家银行本人名下的卡片。同时，通过行内还款，免收手续费。

目前国内大部分银行都支持柜台、ATM、网银、自动转账四种方式。部分银行还开通了电话银行还款功能，具体银行有交通银行、招商银行、民生银行、兴业银行、华夏银行和广发银行等。

（2）跨行转账/汇款还款。通过这种方式还款，根据接收和汇出行之间在地域上的关系不同，收费有所不同，主要分为同城跨行、异地跨行两种方式。无论是何种方式进行转账或者汇款，汇出行都将收取一定的费用，同时款项在到账的时间和还款便捷程度上都不如同行内还款、网络还款、便利店还款等方式。因而，除非特殊情况下，一般不建议广大消费者采用这种还款方式。

（3）网络还款。目前，国内比较常见的网络平台有银联在线、快钱等。选择不同的平台和银行，收费标准和款项具体到账时间均有所不同。

（4）便利店还款。该种方式主要是通过安装在便利店中的"拉卡拉"智能支付终端完成还款。一般到账时间需 2～3 个工作日，同时利用这种方式还款免收取手续费。具体操作上，只要您有一张银联标志的借记卡，就可以通过该卡往信用卡里面还款。在还款时间比较充裕的情况下，通过这种方式还款，不失为一种便捷的方式。

（5）"柜面通"还款。"柜面通"业务是指各联网金融机构发行的银行卡，通过在中国银联交换中心主机系统注册的他行银行网点柜面，进行人民币活期存取款交易。交易类型为查询交易、存款交易、存款撤销交易、取款交易、信用卡还款业务等。目前支持柜面通的银行有招商银行、民生银行、兴业银行、中信银行、广发银行、浦发银行和深圳发展银行等。通过"柜面通"还款，一般没有手续费，到账时间因选择的银行不同而有所不同。

（6）"信付通"还款。"信付通"智能刷卡电话是中国银联自主研发，通过银行卡检测中心认证，并由中国银联跨行信息交换网络提供金融服务支持的创新电子产品。用户通过支付易终端，即可方便地享受银行跨行转账、公共事业缴费、手机充值、机票订购等金融服务。目前支持"信付通"还款的银行有民生银行、兴业银行、广发银行和深圳发展银行等。"信付通"还款到账时间一般为 2～3 个工作日，费用因选择的银行不同而有所不同。

（7）"还款通"。由于历史及资产规模的原因，股份制银行在营业网点的数量和广度上都远远无法与国有银行相比，这也在很大程度上限制了股份制银行信用卡业务的发展。虽然"先天不足"，但部分股份制银行还是找到了解决的方法——互惠合作，网点共享，协同发展，通过发挥"集体的力量"提高各自的竞争力，以适应激烈的市场竞争。目前加入"信用卡还款通"协议的银行有中信银行、兴业银行、广东发展银行、深圳发展银行和民生银行等。利用"还款通"进行还款,收费一般按人民银行当地分支机构规定的同城跨行转账与异地跨行汇划收费标准收取。

(8)其他还款方式。除了上面提到的几种方式外,发卡行为了便于持卡人还款,还开通了有各自特色的还款方式。比如:兴业银行信用卡可以通过腾讯"财付通"还款,宁波银行信用卡可以通过"环迅支付"平台还款、深圳地区的手机还款、"易办事"支付和天威银联电视支付等。

【知识链接】

信用卡对账单常用术语

1. 信用额度:指信用卡最高可以使用的金额。它是依据客户申请信用卡时所填写的资料和提供的相关证明文件综合评定核给的。

2. 可用额度:指客户所持的信用卡还没有被使用的额度。计算公式:信用额度－未还清的已出账金额－已使用未入账的累计金额＋溢缴款金额＝可用额度

3. 免息还款期:指对于非现金交易,从银行记账日至到期还款日之间的时间。免息还款期最短20天,最长60天。在此期间,客户只要全额还清当期对账单上的本期还款金额,便不用支付任何由银行代垫给商店的资金利息。

4. 最低还款额:指在规定的到期还款日之前必须偿还的最低金额。

5. 循环信用:是一种按日计息的小额无担保贷款。客户可根据自己的财务状况,每月在信用卡当期对账单中的到期还款日前,自行决定还款金额的多少。当客户偿还的金额等于或高于当期对账单中的最低还款额但低于本期应还款金额时,剩余的延后还款的金额就是循环信用余额。

6. 预借现金:就是为客户提供小额的现金借款,满足客户的应急之需,让客户的资金融通更加自在从容。根据中国人民银行的相关规定,每日预借现金金额累计不得超过2 000元人民币或1 000美元。

7. 临时信用额度:当客户因出国旅游、装潢新居、结婚等情况,在一定时间内需要使用较高信用额度时,信用卡中心可为客户提供调高临时信用额度服务,让客户充分享受弹性额度的便利。

8. 滞纳金:指截至到期还款日未还款或还款金额不足最低还款额时,按最低还款额未还部分的一定比例结计的费用。目前,滞纳金按最低还款额未还部分的5%计算。计算公式为:滞纳金＝(最低还款额－截至到期还款日已还款额)×5%

四、信用卡挂失

1. 口头挂失。口头挂失为非正式挂失,口头挂失后必须进行书面挂失。银行规定口头挂失有一定的时效性,同城口头挂失的时效一般为5天,异地口头挂失的时效一般为15天。对口头挂失失效后资金账户的损失,银行不负责任。

2. 书面挂失。书面挂失是一种正式挂失方式,挂失后账户内的资金损失由发卡银行承担。书面挂失必须在开户银行办理,持卡人需要到开户银行或开户银行指定地点办理;如果持卡人本人不能前往办理挂失,可以委托他人代为办理,但需要提供持卡人、

代理人的有效证件，有些银行还要委托书。在受理挂失申请前账户内的资金已被他人支取的，银行不负赔偿责任。

3. 书面挂失的办理。

（1）客户将身份证、挂失申请表等交给柜员，要求办理银行卡书面挂失业务。申请人必须持本人有效身份证件，并提供姓名、卡号及住址等有关情况。

（2）银行审核客户身份和挂失申请表。银行工作人员既要审核客户的身份证件，还要审核客户的挂失申请表的内容是否正确、要素是否齐全。客户还要在挂失申请表的指定位置签字。

（3）银行根据持卡人提供的资料，确认账户内的资金未被支取和未被冻结止付后，方可受理申请。挂失金额较大的，要复印其身份证件备查。书面挂失有效期为一个月。

五、信用卡补卡

1. 持卡人挂失 7 天后持有效证件和挂失申请表客户留存联来银行办理补领新卡或支取存款等手续；必须由原持卡人办理，他人不得代办。代办挂失的，应由原持卡人与代办人一同来银行办理。

2. 持卡人办理挂失后，在挂失后 7 天之内找到了原卡，可以要求撤销挂失。撤销挂失需由持卡人本人或原代办人持有效身份证件及挂失申请表的客户留存联，到原挂失的开户网点办理。

3. 补办信用卡需要支付一定的工本费，具体费用由银行规定。

4. 信用卡客户在挂失申请表上注明是否要求补发新卡。如果要求补发新卡，银行在规定时间内进行预制卡，由客户凭借挂失申请表客户预留存联、有效身份证件、收费凭证到挂失网点领取新卡。

六、信用卡密码挂失

1. 在客户忘记密码或客户密码被银行系统自动锁定的情况下，客户需要办理密码挂失业务。

2. 密码挂失业务需要持卡人本人持有效证件、银行卡等原始凭证到原发卡银行或发卡银行的指定网点办理。

3. 办理密码挂失业务需要持卡人填写一式三联的挂失申请表。

4. 银行规定，密码挂失需要支付一定的手续费，具体手续费由银行规定。

5. 密码挂失不允许他人代为办理。

七、信用卡销户

1. 持卡人在结清全部交易款项和有关费用、交回银行卡后，方可办理银行卡销户。

2. 持卡人需要携带身份证明和银行卡到卡中心或开户行营业网点办理，并填写销户申请表。

3. 信用卡办理了电话银行、网上银行的，需要先将电话银行、网上银行注销才能办理卡片的销户业务。

4. 办理销户申请后，信用卡不能再进行消费或预借现金等交易，但可以办理还款。

5. 如发卡银行在持卡人提出销户申请 30 天后,确认不存在债权债务关系,持卡人即可持发卡机构的交易记录及身份证件到发卡机构办理销户。

6. 注销生效后,客户应及时提取保证金及备用金,办理清账手续。

7. 信用卡只能由主卡持有人办理销户业务。若主卡销户,其项下所有附属卡将一并销户。但是,附属卡销户并不影响主卡的使用。

【知识链接】

建设银行信用卡销户条件

信用卡过期满 45 天,持卡人不更换新卡的。

信用卡挂失满 45 天,没有附属卡又不更换新卡的。

信誉不佳,被列入止付名单、发卡银行已收回全部信用卡满 45 天的。

持卡人因故死亡,发卡机构已经收回其全部信用卡满 45 天的。

持卡人要求销户或担保人撤销担保,并已经交回全部信用卡满 45 天的。

持卡人违反其他规定,发卡行认为应取消其资格的。

八、信用卡特约商户

1. 成为特约商户需办理的手续。

(1)商户向发卡行提出申请,提供本单位营业执照。

(2)发卡行对申请单位进行审核。

(3)审查合格后发卡行与申请单位签订特约商户协议书,明确双方责任及义务。

(4)签约后发卡行组织培训商户有关人员,并提供受理信用卡所需工具、结算单据及宣传资料。

2. 持卡人在特约商户使用信用卡应注意的事宜。

(1)当收银员将压过卡(POS 机划卡)的签购单交给持卡人签字时,持卡人须仔细核对签购单压印资料是否相符,金额是否准确,确认无误后在签购单"持卡人签名栏"签上姓名。

(2)持卡人在签购单上的签名字体应与信用卡背面预留签名相符。

(3)当收银员将签购单回单、信用卡及身份证件退还持卡人时,持卡人须认真检查信用卡、身份证是否本人所属,并妥善保管签购单以备查账。

3. 持卡人在特约商户办理退货的手续。

持卡人在特约商户办理退货时,应提供购货时的签购单和身份证件。如签购单为压卡机压印,退货时收银员应压印同样的签购单,金额为红字。持卡人核对无误后在签购单上签字,待商户将退货款划到信用卡部后信用卡部将退货款存入持卡人账户。如签购单为 POS 机划卡,办理退货时可直接通过 POS 机退货。

【活动练习】

1. 沈阳的刘小姐在上海出差途中将她的工商银行信用卡不慎遗失,她十分担心信用卡被盗用。可目前刘小姐在上海的工作尚未完成,无法立即返回沈阳挂失。请运用所学知识为刘小姐提出解决建议。

2. 刚刚大学毕业的小王在某大型国企工作，月工资 5 000 元，没有存款。目前由于工作需要小王想买一台用于做平面设计的高配置笔记本电脑，市场价格 9 000 元。请运用本项目所学知识为小王提出简单、合理的解决方案。

【分析思考】

1. 简述信用卡的发卡流程。

2. 如何成为信用卡的特约商户？

3. 概述国内常见信用卡还款方式。

教学项目七

理财类银行产品

LICAI LEI YINHANG
CHANPIN

【学习目标】

◇ 掌握债券产品、基金产品和其他银行理财产品的定义、种类。

◇ 了解债券产品、基金产品和其他银行理财产品的相关规定。

◇ 熟悉债券产品、基金产品和其他银行理财产品的特征和功能。

【技能目标】

◇ 能够通过初步沟通，了解客户需求。

◇ 能够有针对性地向客户介绍各类理财类银行产品的特征与功能。

◇ 能够根据客户的资金状况与需求开展理财类产品营销活动。

学习任务一
个人理财产品

【学生的任务】

◇ 要求学生熟悉个人理财产品的种类与特征。

◇ 要求学生掌握债券产品、基金产品的办理手续与操作流程。

◇ 要求学生能够为客户提供个人理财产品的介绍、咨询服务。

【教师的任务】

◇ 指导学生通过银行、网络查找有关代理个人理财产品的相关资料。

◇ 讲解代理个人理财产品的种类、特征等主要知识点。

◇ 对学生作业完成情况进行点评。

教学活动1　债券产品的处理

【活动目标】

了解债券产品的种类与特征，熟悉债券产品的功能，掌握产品办理的手续与流程。

【知识准备】

一、产品介绍

（一）债券产品的定义和种类

1. 定义。由于商业银行推出的债券产品主要是国债产品，因此下面提到的债券以国债为主。

国债是由国家发行的债券，是中央政府为筹集财政资金而发行的一种政府债券，是中央政府向投资者出具的、承诺在一定时期支付利息和到期偿还本金的债权债务凭证。由于国债的发行主体是国家，所以它具有最高的信用度，被公认为是最安全的投资工具。

2. 种类。商业银行的国债产品按其形式划分有凭证式国债和记账式国债两种类型。

凭证式国债是商业银行代理财政部发行的一种债务凭证。国债以国家信用作担保，信用等级高，可以看做是零风险投资。记账式国债是由财政部发行的、在实名托管账户中记账反映债权的债券。客户需要在银行开立债券托管账户，记载所购买的债券，即将客户的国债托管在客户在银行开立的实名托管账户中。个人持有效身份证件可以在商业银行柜台开立国债托管账户并进行国债买卖。

记账式国债根据每年国债发行计划定期发行，具体发行的品种、发行规模和发债时间，中国人民银行和财政部会在有关媒体公布。本产品适用于希望通过记账式国债买卖获取一定收益的电子银行注册客户。

国债产品按利率是否固定分为固定利率国债和浮动利率国债。固定利率国债规定有固定的利息率。浮动利率国债则规定由基准利率和固定的附加点数构成。我国国债的基准利率通常是同时期的银行存款利率。

国债产品按期限长短分为1年以下的短期国债，1年以上的中长期国债，还有30年期的超长期国债。

（二）债券产品的特征

1. 收益高而且稳定。相对于银行存款而言，各国债品种均具有高收益性。这种高收益性主要体现在两方面：一是利率高。国债的收益率都要高于当时的同期银行存款利率。二是在享受与活期存款同样的随时支取（卖出）的方便性的同时，其收益率却比活期存款利率高很多，还可以享受债券升值带来的高于票面利率的额外收益。

2. 流动性强。投资者可以在商业银行柜台随时购买到国债，也可以在需要资金的时候，通过商业银行柜台卖出国债，从而提高了投资者债券资产的流动性。

3. 具有多种选择。国债种类较丰富，付息方式灵活，既可以是到期一次还本付息，也可以是按年付息，可以为投资者提供较多的选择。

（三）债券产品的要素

债券产品的基本要素有四个：票面价值、债券价格、偿还期限、票面利率。

1. 票面价值。债券的票面价值简称面值，是指债券发行时设定的票面金额。

2. 债券价格。债券的价格包括发行价格和交易价格。债券的发行价格可能不等同于债券面值。当债券发行价格高于面值时，称为溢价发行；当债券发行价格低于面值时，称为折价发行；当债券发行价格等于面值时，称为平价发行。

3. 偿还期限。债券的偿还期限是个时间段，起点是债券的发行日期，终点是债券票面上标明的偿还日期。偿还日期也称为到期日。在到期日，债券的发行人偿还所有本息，债券代表的债权债务关系终止。

4. 票面利率。票面利率是指每年支付的利息与债券面值的比例。投资者获得的利息就等于债券面值乘以票面利率。

（四）国债产品的功能

1. 收益高而稳定。国债能提供高于存款利率的利息支付，并免交利息税，所以可以获得高额的收益。而且国债的信用风险小于银行存款，所以，国债的利息收入比较稳定。

2. 可作质押品。银行明确规定，凭证式国债是银行质押贷款的质押品之一。投资者可以持凭证式国债到商业银行申请办理质押贷款，满足应急需求。

3. 流动性强。客户在出现现金需求时，可以随时卖出国债兑换现金。凭证式国债可以根据投资者的要求随时兑付现金，但计算利息的利率通常要下拉一个档次。

4. 银行可以获得代理销售和兑付的手续费。根据国家规定，银行代理发行和兑付国债取得的手续费收入，由各银行总行向财政部收取。

5. 银行还可以通过债券业务规模的扩大而提高在客户群中的影响力。

（五）通过柜台交易的记账式国债与凭证式国债的区别

1. 买卖时间：记账式国债可随时买卖，而凭证式国债只有在规定的发行期内方可买到。

2. 流动性：记账式国债随时可以卖出，随时可以买入（多次反复），流动性强；凭证式国债只能到商业银行提前兑取（一次性），很难再买入。

3. 保管方式：凭证式国债的凭证由投资者自行保管，易遗失。记账式国债记载在债券账户中，交易方便。

4. 付息方式：记账式国债每年付息一次，如果滚动投资，实际收益率比票面利率高；凭证式国债到期按照票面利率还本付息。

5. 收益水平：凭证式国债收益率固定，即票面利率；记账式国债长期持有则收益固定，若进行买卖则可随利率变动而变动，预期判断准确者可获得额外收益。

6. 风险程度：凭证式国债利率不变，遇市场利率变动时可能导致相对收益下降；记账式国债价格随市场变化而变化，收益率相应变化，可提前卖出来降低风险。

（六）债券产品对商业银行经营的意义

1. 商业银行新的利润增长点。债券产品实际是代理业务之一，现在发展为银行的重要理财业务，该业务的手续费收入增加了银行的利润。

2. 扩大了银行的服务范围。债券产品是银行的重要业务品种之一，该产品的推出为商业银行开辟了新的市场空间。

3. 有利于促进商业银行加快经营转型。随着我国资本市场的快速发展和民众投资、理财意识的增强，企业直接融资渠道拓宽，金融脱媒已成趋势。债券产品的发展，有利于促进国内商业银行在经营结构上由传统的存贷业务结构向资本节约型的综合金融服务转变，努力增加非利息收入占比，实现客户的多样化和收益来源的多样化。

二、国债产品的相关规定

1. 凭证式国债的相关规定：

（1）金额必须是百元的整数倍数，起点为 100 元人民币，最高不超过 50 万元人民币。

（2）凭证式国债按年度、分期次发行，存期一般为二年、三年、五年，可以在商业银行的营业网点购买，由银行签发国债收款凭证。该凭证为记名凭证，可挂失，可在同一城市内通兑，到期或提前兑付凭该凭证支取本息。

（3）凭证式国债国家免征利息税。

（4）凭证式国债不得部分提前兑付，提前兑付的国债按兑付本金数的 1‰ 或 2‰ 收取手续费。

（5）凭证式国债适用于需要通过个人网上银行办理储蓄国债（凭证式）的个人客户。

（6）办理凭证式国债的挂失时需缴纳有关费用。如工商银行凭证式国债挂失 10 元/笔，账户余额超过 5 万元的 30 元/笔，密码挂失 10 元/笔。

2. 记账式国债的相关规定：

（1）可在商业银行柜台进行交易的债券须由财政部指定、经中国人民银行批准的记账式国债。

（2）除金融机构外，凡持有有效身份证件的个人以及企业或事业社团法人，均可在商业银行柜台开立国债托管账户并进行国债买卖。

（3）根据规定，国债投资获得的利息收入不缴纳所得税。

（4）投资者当天买入的债券可以当天卖出。

（5）记账式国债的价格有净价和全价两种。净价是指扣除按债券票面利率计算的应计利息后的债券价格。全价等于净价加上应计利息。根据规定，柜台债券交易实行净价交易。

（6）利息计算公式：应计利息 = 票面利率/365 × 已计息天数 × 债券面值（100）

三、国债产品办理

（一）客户办理凭证式国债产品的手续（以工商银行业务手续为例）

1. 网上银行操作流程。客户可通过网上银行办理购买、兑付、查询余额、口头挂失等业务。

（1）购买（见图7-1）。

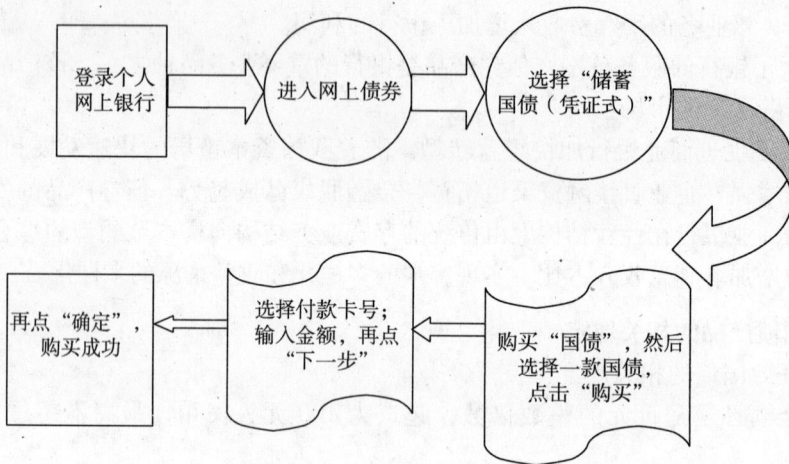

图7-1 国债购买操作流程

（2）兑付（见图7-2）。

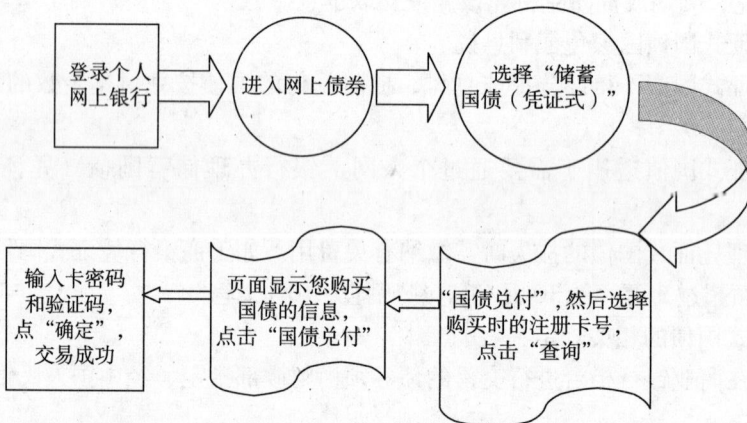

图7-2 国债兑付操作流程

（3）查询余额（见图7-3）。

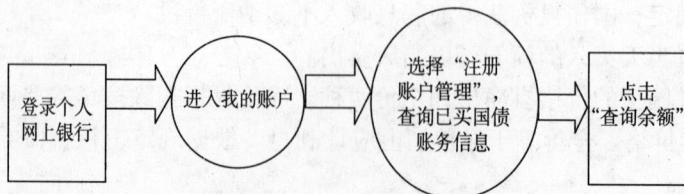

图7-3 余额查询操作流程

2. 营业网点办理手续。

（1）购买。客户持本人有效身份证件即可在商业银行任一网点办理购买手续。如委托他人代理，还须同时出示代理人的有效身份证件。

（2）支取与转账。客户凭国债凭证和预留密码，即可到网点柜台办理支取或转账。

3. 电话银行：可办理查询、口头挂失等业务。

（二）客户办理记账式国债产品的处理手续（以工商银行的流程为例）

1. 网上银行处理手续。若客户是某行个人网上银行注册客户，即可直接在该行网站进行债券托管账户开销户管理、维护、债券认购、买卖的交易（见图7-4）。

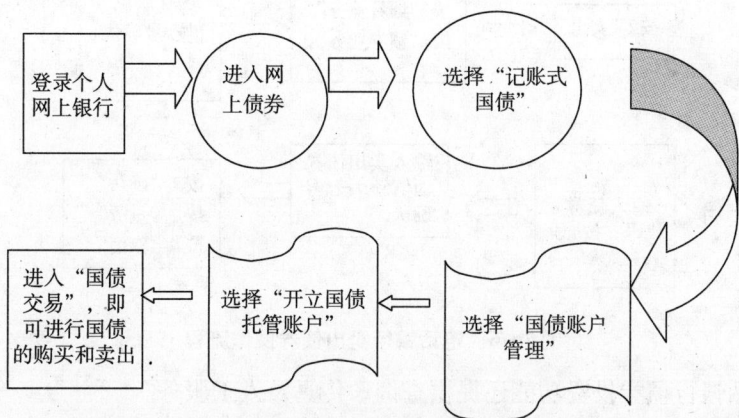

图7-4　记账式国债网上银行处理手续

2. 电话银行处理手续。客户在银行开立债券托管账户，并使用银行借记卡或理财金卡办理个人电话银行注册手续，同时开通债券业务。

（1）使用电话银行买入债券的操作流程（见图7-5）。

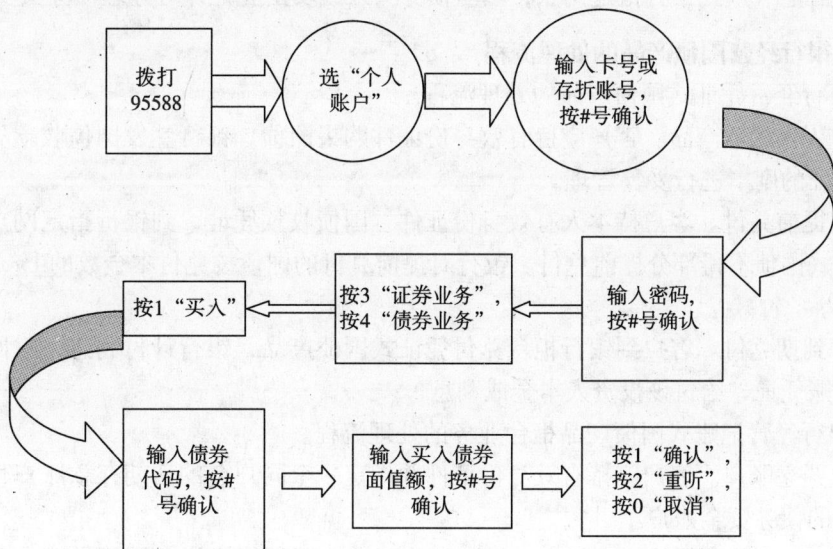

图7-5　电话银行买入国债操作流程

（2）使用电话银行卖出债券的操作流程（见图 7 – 6）。

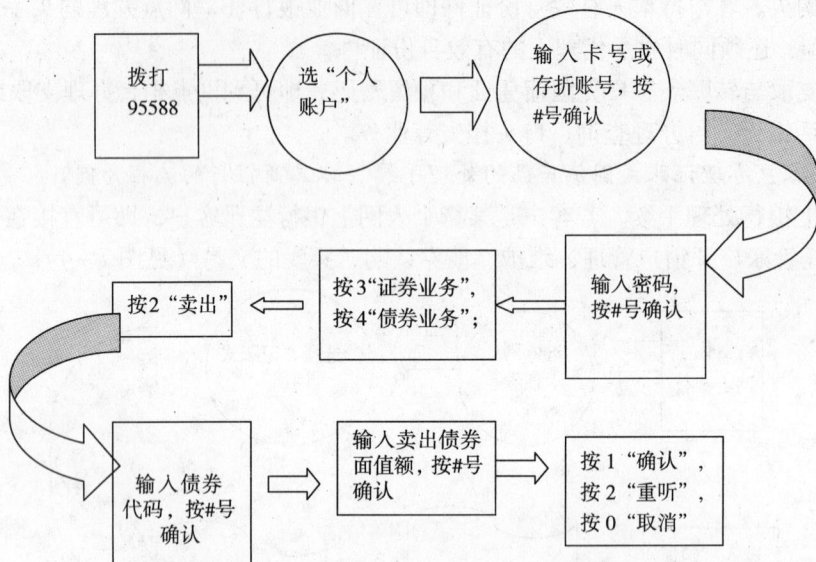

图7-6 电话银行卖出债券操作流程

（3）电话银行债券投资功能还提供查询、传真及人工服务。

3. 营业网点处理手续。

（1）开户。客户在营业网点办理开户手续时，需用指定的银行卡作为客户唯一的债券交易资金结算账户，用于办理与债券交易业务相关的资金收付。

（2）买卖交易。客户持本人有效身份证件和办理债券交易的银行卡（如理财金账户卡或银行借记卡）到银行指定网点，填写债券买入或卖出凭证即可办理债券买卖。

四、银行经营国债产品的处理流程

1. 银行经营凭证式国债产品的处理流程。

（1）买入国债产品。客户应持有效身份证件购买国债，银行签发国债收款凭证，并对收款凭证的副本进行妥善管理。

（2）提前兑付。客户持本人有效身份证件、国债收款凭证，到银行指定网点要求兑付；凭证式国债不得部分提前兑付。银行对提前兑付的国债按兑付本金数的1‰或2‰收取手续费。

（3）到期兑付。客户到银行柜台兑付凭证式国债产品，银行计付利息，收回凭证式国债的记账凭证，给付该投资人本金或利息。

2. 银行经营记账式国债产品柜台业务的处理流程。

（1）开立账户。客户应持有效身份证件并指定一个同户名的活期存款账户作为柜台债券交易的债券资金账户。

为客户办理债券托管账户开户：投资者按要求填写托管协议书及债券账户业务申请表，银行为投资者开立债券托管账户，并向投资者发放"债券托管账户卡"。

（2）买入国债产品。客户持本人有效身份证件、"债券托管账户卡"到银行指定网点，填写债券买入凭证；银行收取客户办理债券需交纳的费用，如债券托管费；银行按照认购价格记入该客户的债券账产，并从客户的活期存款账户划付资金，然后将已经记账的"债券托管账户卡"交付客户。

（3）卖出国债产品。客户持本人有效身份证件、"债券托管账户卡"到银行指定网点，填写债券卖出凭证；银行按照卖出价格和数量记入该客户的债券资金账户，并将已经记账的"债券托管账户卡"交付投资者。

（4）兑付国债产品。客户到银行柜台兑付凭证式国债产品，银行应当认真审查是否到期，然后计算利息，并将国债本息计入客户债券资金账户，同时减少该客户"债券托管账户卡"的余额。

五、凭证式国债的风险分析

（1）通货膨胀风险。通货膨胀风险是指由于通货膨胀而使货币购买力下降的风险。通货膨胀期间，投资者实际利率应该是票面利率扣除通货膨胀率。通货膨胀表现为物价指数上涨，实际利率必然下降，投资者的实际利息收益下跌。例如债券利率为10%，通货膨胀率为8%，则实际的收益率只有2%。当物价上涨指数高于利率时，投资者的本金受到侵蚀。

（2）利率风险。即市场利率上升而国债的利率固定，期限长所丧失的机会成本。利率是影响债券价格的重要因素之一。当利率提高时，债券的价格就降低，此时便存在风险。债券剩余期限越长，利率风险越大。

（3）再投资风险。购买短期债券而没有购买长期债券，会有再投资风险。例如，长期债券利率为8%，短期债券利率为5%，为减少利率风险而购买短期债券。但在短期债券到期收回现金时，如果利率降低到6%，就不容易找到高于6%的投资机会，还不如当时投资于长期债券，仍可以获得8%的收益。归根结底，再投资风险还是一个利率风险问题。

【知识链接】

债券产品的发展与创新

新中国成立后，我国的国债发行分为两个时期：20世纪50年代为一个时期，80年代以后为一个时期。我国政府自1981年恢复发行国债，迄今已经有二十多年历史。

我国国债的发展与创新表现在国债品种、交易方式等方面。

从国债品种来看，历史上我国发行的国债可分为无记名式国债、凭证式国债和记账式国债三种。

无记名式国债是一种实物债券（所谓实物债券是指具有标准格式实物券面的债券），以实物券的形式记录债权，面值不等，不记名，不挂失，可上市流通。无记名式国债持有的安全性不如凭证式和记账式国库券，但购买手续简便。同时，由于可上市转让，流通性较强。发行期内，投资者可直接在销售国债机构的柜台购买。鉴于无记名式国债的携带、保管不便，安全性方面也受到一定限制，交易、托管、结算等手续比较烦琐，目前我国已不再发行此种债券。

凭证式国债是一种国家储蓄债，不印刷实物券，以填制"凭证式国债收款凭证"的形式记录债权，可记名、挂失，不能上市流通，从购买之日起计息。在持有期内，持券人如遇特殊情况需要提取现金，可以到购买网点提前兑取。提前兑取时，除偿还本金外，利息按实际持有天数及相应的利率档次计算，经办机构收取一定的手续费。我国从1994 年开始发行凭证式国债。凭证式国债具有类似储蓄，又优于储蓄的特点，通常被称为"储蓄式国债"，是以储蓄为目的的个人投资者理想的投资方式。与储蓄相比，凭证式国债的主要特点是安全、方便、收益适中。

记账式国债又称无纸化国债，以电脑记账的形式记录债权，通过证券交易所的交易系统或者银行间债券市场发行和交易，可记名、挂失。由于记账式国债的发行和交易均无纸化，所以具有成本低、效率高、安全性好、流通性强的特点。

我国国债的交易方式发展为即期交易、远期交易、回购交易等。

国债现券交易是一种即期易货交易方式，交易双方一旦成交，即进行券款交割过户，是最基本的国债交易形式。国债回购交易是指国债交易商或投资者在卖出某种国债的同时，以国债回购协议的形式约定于未来某一时间以协议确定的价格再将等量的该种国债买回的交易。其实质是国债的卖出者以国债为抵押向买入者借入资金，买回国债时所支付的价款与卖出国债时所获得的价款之间的差额即为借入资金的利息。国债期货交易是以标准化的国债期货交易合约为标的，买卖双方约定在未来特定的交易日以约定的价格和数量进行券款交收的交易方式，是一种国债的衍生交易形式。

【活动练习】

举例说明债券产品的办理手续。

教学活动2　基金产品

【活动目标】

了解基金产品的种类与特征，熟悉基金产品的功能，掌握产品办理的手续与流程。

【知识准备】

一、产品介绍

（一）基金产品的定义和种类

1. 定义。基金有广义和狭义之分。从广义上说，基金是机构投资者的统称，包括证券投资基金、信托投资基金、单位信托基金、公积金、保险基金、养老基金、各种基金会的基金。狭义的基金仅指证券投资基金。证券投资基金是一种利益共享、风险共担的集合投资方式，即通过发行基金股份或受益凭证等有价证券聚集众多的不确定投资者的出资，交由专业投资机构经营运作，以规避投资风险并谋取投资收益的证券投资工具。

2. 种类。商业银行向客户提供的基金产品主要是证券投资基金。

根据不同标准，可以将证券投资基金划分为不同的种类：

（1）根据基金单位是否可增加或赎回，可分为开放式基金和封闭式基金。开放式基金不上市交易，一般通过银行申购和赎回，基金规模不固定；封闭式基金有固定的存续期，期间基金规模固定，一般在证券交易场所上市交易，投资者通过二级市场买卖基金单位。

（2）根据组织形态的不同，可分为公司型基金和契约型基金。基金通过发行基金股份成立投资基金公司的形式设立，通常称为公司型基金；由基金管理人、基金托管人和投资者三方通过基金契约设立，通常称为契约型基金。目前我国的证券投资基金均为契约型基金。

（3）根据投资风险与收益的不同，可分为成长型/收入型和平衡型基金。

（4）根据投资对象的不同，可分为股票基金、债券基金、货币市场基金、期货基金等。

（二）基金产品的特征

1. 集合理财。基金将众多投资者的资金集中起来，委托基金管理人进行共同投资，表现出一种集合理财的特点。通过汇集众多投资者的资金，积少成多，有利于发挥资金的规模优势，降低投资成本。基金由基金管理人进行投资管理和运作。

2. 专家管理。基金管理人一般拥有大量的专业投资研究人员和强大的信息网络，能够更好地对证券市场进行全方位的动态跟踪与分析。将资金交给基金管理人管理，使中小投资者也能享受到专业化的投资管理服务。

3. 组合投资。为降低投资风险，我国《证券投资基金法》规定，基金必须以组合投资的方式进行基金的投资运作，从而使"组合投资、分散风险"成为基金的一大特色。"组合投资、分散风险"的科学性已为现代投资学所证明。中小投资者由于资金量小，一般无法通过购买不同的股票分散投资风险。基金通常会购买几十种甚至上百种股票，投资者购买基金就相当于用很少的资金购买了一篮子股票，某些股票下跌造成的损失可以用其他股票上涨的盈利来弥补，因此可以充分享受到组合投资、分散风险的好处。

4. 利益共享、风险共担。基金投资者是基金的所有者，基金投资者共担风险，共享收益。基金投资收益在扣除由基金承担的费用后的盈余全部归基金投资者所有，并依据各投资者所持有的基金份额比例进行分配。为基金提供服务的基金托管人、基金管理人只能按规定收取一定的托管费、管理费，并不参与基金收益的分配。

5. 纯粹以投资为目的。基金筹集资金的目的是投资以获取投资收益，投资对象是证券。国外的投资基金也有以实业如房地产业等作为投资对象的。

6. 流动性强。基金的流动性很强，基金持有人可以随时到银行以净资产值附加一定的费用申购或兑付。在证券交易所上市的基金还可以随时在市场上买入或卖出。

（三）基金产品的要素

1. 基金管理公司。基金管理公司值得信赖的程度，拥有多少种基金产品供投资者选择，是否具备运作经验和良好的管理能力。

2. 基金的投资目标、投资对象、风险水平。比如说，投资目标是追求长期增值，或最大化当期利润，或稳定的收益。投资对象是股票、债券或货币市场工具，或期货、期权等。基金产品的风险水平的高低。一般来说，高风险投资的回报潜力也较大。

3. 基金经理。基金经理的投资理念、投资风格等与基金的业绩表现息息相关，基金经理的投资经历、过往业绩水平和投资思想直接影响基金的业绩。

4. 费用水平。不同的基金的费用水平不同。基金的费用水平应当在基金的经营成本和对投资者的吸引能力之间取得平衡，适当的费用水平可以降低投资者的投资成本。

5. 基金单位的净值。每一单位基金的净资产值是构成基金价值的根本因素。

（四）基金产品的功能

1. 丰富了投资者的投资品种。过去，投资者的投资品种局限于存款、购买国债、股票等少数几种投资品种上，基金产品的推出丰富了投资者的投资品种。

2. 满足了投资者差别化的投资需求。不管是机构还是公众个人，相互间的财富规模与结构不尽相同，对于收益、流动性与风险的偏好也有差异，因而投资需求也就有非常大的差别。基金品种种类多样，各品种的收益、流动性与风险大小的配置各不相同，满足了不同投资者的需要。

3. 投资方式灵活。投资者可以随时到银行申购或赎回基金，申购或赎回的规模可大可小，相对灵活。

4. 风险小，收益稳定。由于基金本身就是集合众人的资金来投资于多种行业的绩优股，因此基金投资者便可将极少的投资资金分散在不同的股票投资上，达到分散风险、稳定收益的目的。

（五）银行经营基金产品的意义

商业银行经营基金产品业务，可充分发挥商业银行客户资源、网点、资金运作、基金托管、结算等优势，对商业银行的业务经营和市场开拓产生积极影响。

1. 丰富了商业银行服务手段。商业银行通过经营不同风格的基金来满足客户的不同需求，从而提升了商业银行的理财能力，丰富了理财品种。

2. 拓宽了银行中间业务领域。商业银行通过代理各种基金业务和各种基金创新业务，收取多种管理业务收入，进一步拓宽了银行中间业务领域，增加了中间业务收入来源，改善了银行盈利模式。

3. 引入了理性投资理念。银行经营基金管理业务，必然会将银行在经营管理业务中形成的稳健经营理念运用到基金运作中去，通过其业务影响力将更多的理性投资理念渗透到整个市场，推动市场朝理性、稳定的方向发展。

4. 为存款利率市场化进行了有益的探索。银行通过不同风格的基金或由此而衍生的产品，形成长、中、短期投资收益率，可作为银行制定不同期限存款利率的基准，从而使存款或存款类产品利率的制定与市场收益水平连动，实现利率市场化的目的。

二、基金产品的相关规定

1. 商业银行申请基金代销业务资格，应当具备下列条件：

（1）资本充足率符合国务院银行业监督管理机构的有关规定。

（2）有专门负责基金代销业务的部门。

（3）财务状况良好，运作规范稳定，最近三年内没有因违法违规行为受到行政处罚或者刑事处罚。

（4）具有健全的法人治理结构、完善的内部控制和风险管理制度，并得到有效执行。

（5）有与基金代销业务相适应的营业场所、安全防范设施和其他设施。

（6）有安全、高效的办理基金发售、申购和赎回业务的技术设施，基金代销业务的技术系统已与基金管理人、基金托管人、基金登记机构相应的技术系统进行了联机、联网测试，测试结果符合国家规定的标准。

（7）制定了完善的业务流程、销售人员执业操守、应急处理措施等基金代销业务管理制度。

（8）公司及其主要分支机构负责基金代销业务的部门取得基金从业资格的人员不低于该部门员工人数的二分之一；部门的管理人员已取得基金从业资格，熟悉基金代销业务，并具备从事两年以上基金业务或者五年以上证券、金融业务的工作经历。

（9）中国证监会规定的其他条件。

2. 基金募集不成功的责任。基金募集期限届满，基金募集不成功的（开放式基金募集的基金份额总额未超过核准的最低募集份额总额），基金管理人应当承担下列责任：以其固有财产承担因募集行为而产生的债务和费用；在基金募集期限届满后三十日内返还投资人已缴纳的款项，并加计银行同期存款利息。

3. 商业银行应当按照基金管理人的委托按时支付赎回款项，但是下列情形除外：

（1）因不可抗力导致基金管理人不能支付赎回款项。

（2）证券交易场所依法决定临时停市，导致基金管理人无法计算当日基金资产净值。

（3）基金合同约定的其他特殊情形。

发生上述情形之一的，代办商业银行和基金管理人应当在当日报国务院证券监督管理机构备案。上述（1）规定的情形消失后，代办商业银行应当按照基金管理人的委托及时支付赎回款项。

三、个人投资基金产品的手续

（一）基金的认购和申购（以工商银行的流程为例）

基金认购是指购买正处在发行期内的基金，认购的基金在发行期不能卖出。初始认购金额为个人最低认购金额的整数倍，但不能高于最高认购金额。基金申购是指购买发行期已结束的基金，申购的基金可以随时卖出。

1. 网上开立账户和认购或申购流程如图7-7所示。

2. 电话认购或申购流程如图7-8所示。

3. 营业网点认购或申购流程。客户应当携带本人有效身份证件和基金账户卡到银行机构：

①填写基金认（申）购申请表。

```
┌──────────┐      ┌──────────┐      ┌──────────┐      ┌──────────┐
│ 登录工   │ ──▶  │ 点击"用户│ ──▶  │ 点击"个人│ ──▶  │ 输入卡   │
│ 行网站   │      │ 登录"    │      │ 网上银行"│      │ 号,进入  │
│          │      │          │      │          │      │ 个人网银 │
└──────────┘      └──────────┘      └──────────┘      └──────────┘
```

```
┌──────────┐      ┌──────────┐      ┌──────────┐
│ 选择"基金│ ◀──  │ 选择"网上│ ◀──  │ 点击导航 │
│ 管理"    │      │ 基金"    │      │ 条上的   │
│          │      │          │      │ "网上证券"│
└──────────┘      └──────────┘      └──────────┘
```

```
┌──────────┐      ┌──────────┐      ┌──────────┐
│ 在菜单栏中│ ──▶  │ 选择相应的│ ──▶  │ 选择基金账户、填写│
│ 选择"基金│      │ 基金,点击│      │ 购买金额,点击确定│
│ 产品查询"│      │ "我要    │      │ 即可     │
│          │      │ 购买"    │      │          │
└──────────┘      └──────────┘      └──────────┘
```

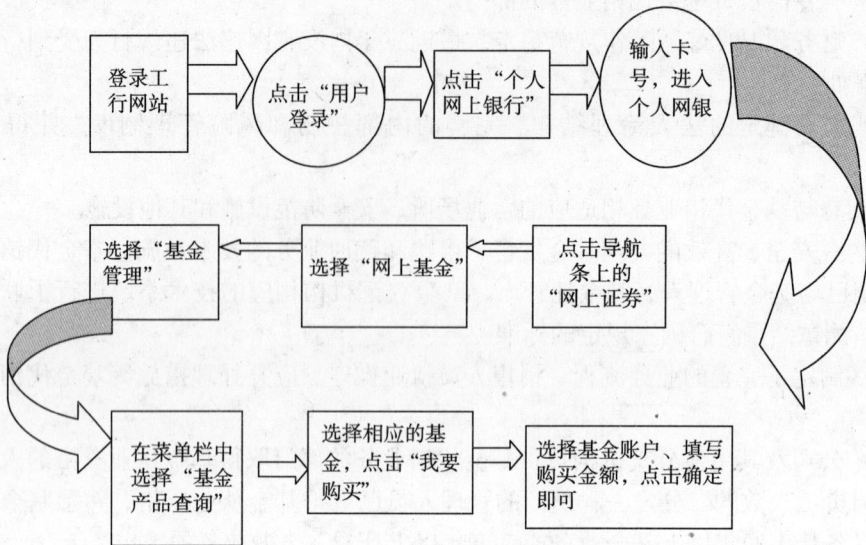

图 7-7 网上认购或申购基金流程

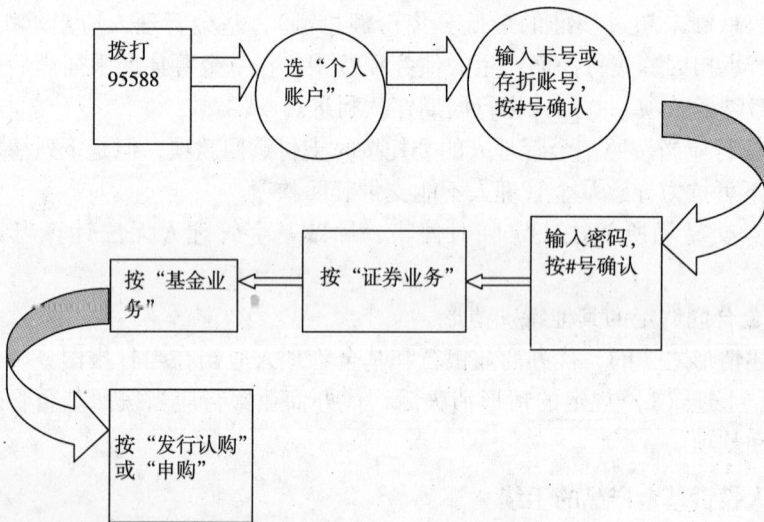

```
┌──────────┐      ┌──────────┐      ┌──────────┐
│ 拨打     │ ──▶  │ 选"个人  │ ──▶  │ 输入卡号或│
│ 95588    │      │ 账户"    │      │ 存折账号,│
│          │      │          │      │ 按#号确认 │
└──────────┘      └──────────┘      └──────────┘
```

```
┌──────────┐      ┌──────────┐      ┌──────────┐
│ 按"基金业│ ◀──  │ 按"证券业│ ◀──  │ 输入密码,│
│ 务"      │      │ 务"      │      │ 按#号确认 │
└──────────┘      └──────────┘      └──────────┘
```

```
┌──────────┐
│ 按"发行认购│
│ "或"申购" │
└──────────┘
```

图 7-8 电话认购或申购基金流程

②柜台受理认（申）购申请。

③投资者查询结果并确认基金份额。

（二）基金赎回

赎回是指在基金存续期间,将手中持有的基金份额按一定价格卖给基金管理人并收回现金的行为。赎回后的剩余基金份额不能低于基金公司规定的最小剩余份额,未被基金公司确认的基金不能作赎回业务。

1. 网上赎回流程如图 7-9 所示。

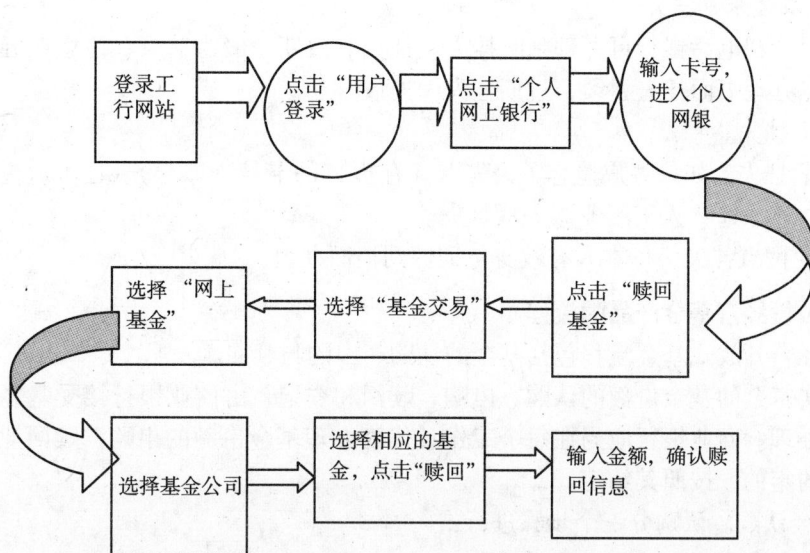

图 7-9　网上赎回基金流程

2. 电话赎回流程如图 7-10 所示。

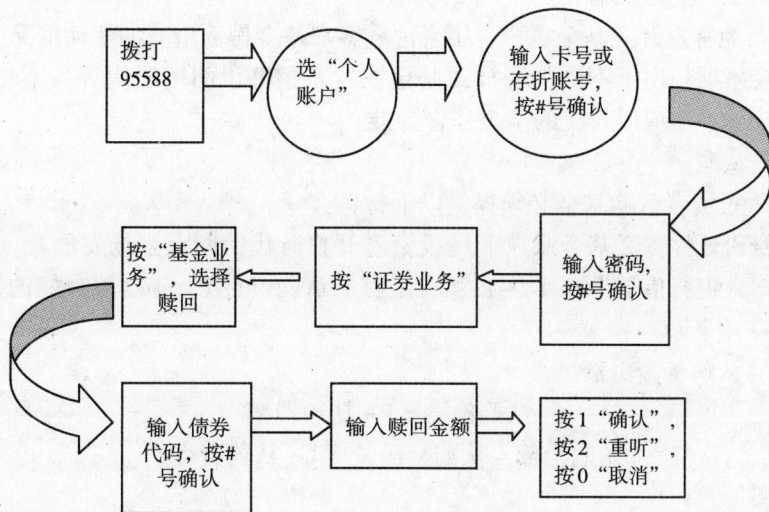

图 7-10　电话赎回基金流程

3. 营业网点赎回。客户携带本人有效身份证件和理财金账户卡（或牡丹灵通卡）到银行机构办理。

（三）基金交易明细查询

由于基金公司的交易数据不能实时传送，基金申购、赎回等交易明细，需在 T+2 日以后方可查询（T 为交易当天）。对于认购交易的基金，需待该基金发行期满以后，才能查询。查询主要通过三种渠道：（1）网上查询。（2）电话查询。（3）柜台查询。

（四）基金账户挂失

网上银行和电话银行可办理临时挂失。挂失有效期一般为 5 天，请您在五日内到工行营业网点办理书面挂失手续，过期挂失即失效。

1. 网上挂失。

2. 电话挂失。如果客户遗忘了丢失卡（存折）的卡号（账号），也可通过拨打银行客户服务电话，选"人工服务"完成挂失。

3. 营业网点挂失。持本人有效身份证件到柜面办理。

四、银行经营基金产品的流程

银行经营开放式基金流程包括基金的认购、申购与赎回。

开放式基金的基金份额的认购、申购、赎回和登记，由商业银行接受基金管理人的委托代为办理。商业银行应当在每个工作日代为办理基金份额的申购、赎回业务；基金合同另有约定的，按照其约定。

1. 基金认购。认购分三个步骤进行：

第一步：办理开户。

（1）个人投资者申请开立基金账户一般须提供以下材料：

①本人身份证件。②代销网点当地城市的本人银行活期存款账户或对应的银行卡。③已填写好的账户开户申请表。

（2）银行为客户开立基金账户，用来记载客户基金份额增减的变动情况。

开户注意事项：由于不同的开放式基金在发布招募说明书时内容各不相同，因此，具体的开户注意事项应以对应的基金公告为准。

第二步：认购。

（1）个人投资者认购基金必须提供以下材料：

①本人身份证件。②基金账户卡（投资者开户时代销网点当场发放）。③代销网点当地城市的本人银行借记卡（卡内必须有足够的认购资金）。④已填写好的银行代销基金认购申请表（个人）。

（2）计算认购基金份额。

$$认购价格 = 1 + 认购费率$$
$$认购份额 = 认购金额 \div （1 + 认购费率）$$

（3）记账。

将客户购买的认购份额记入基金账户卡，并收取现金或从客户的存款账户划出认购金额。

第三步：确认。

投资者可以在基金成立之后向银行咨询认购结果，并且打印成交确认单；此外，基金管理人将在基金成立之后按预留地址将客户信息确认书和交易确认书通过银行邮寄给投资者。

2. 基金申购。

（1）客户提出申购申请。客户填写银行代销基金申购申请表（个人），并连同基金账户卡和银行卡或现金交付银行。

（2）计算可申购份额。

$$申购价格 = 1 + 申购费率$$

$$申购份额 = 申购金额 ÷ （1 + 申购费率）$$

（3）记账。将客户购买的申购份额记入基金账户卡，并收取现金或从客户的存款账户付出申购金额。

3. 基金赎回。

（1）客户提出赎回申请。客户填写银行代销基金赎回申请表（个人），并连同基金账户卡交付银行。

（2）计算可赎回金额。

$$赎回价格 = 1 + 赎回费率$$

$$赎回金额 = 赎回份额 × （1 - 赎回费率）$$

（3）记账。将客户的赎回份额记入基金账户卡，并向客户支付现金或按照客户的要求将赎回金额转入客户的存款账户。

五、基金产品的风险分析

1. 申购及赎回未知价风险。开放式基金的申购及赎回未知价风险是指投资者在当日进行申购、赎回基金单位时，所参考的单位资产净值是上一个基金开放日的数据，而对于基金单位资产净值在自上一交易日至开放日当日所发生的变化，投资者无法预知，因此投资者在申购、赎回时无法知道会以什么价格成交，这种风险就是开放式基金的申购、赎回价格未知的风险。

2. 利率风险。利率风险是指市场利率的波动会导致证券的市场价格和收益率的变动。利率直接影响着债券、票据等证券的价格和收益率，影响着企业的融资成本和利润，从而影响股票的价格。基金以证券为投资对象，其收益水平会受到利率变化的影响。

3. 投资风险。开放式基金的投资风险是指投资于证券带来的风险，如股票投资风险和债券投资风险。其中，股票投资风险主要取决于上市公司的经营风险、证券市场风险和经济周期波动风险等，债券投资风险主要指利率变动影响债券投资收益的风险和债券投资的信用风险。

4. 管理风险。基金管理团队管理水平低、投资组合失误造成的风险。

5. 政策风险。政策风险是指因国家宏观政策（如货币政策、财政政策、行业政策、地区发展政策等）发生变化，导致市场价格波动而产生风险。

6. 购买力风险。购买力风险是指基金的利润将主要以现金形式分配，且赎回时以现金形式获得，而现金可能因为通货膨胀的影响而导致购买力下降，从而使基金的实际收益下降。

7. 不可抗力风险。不可抗力风险是指战争、自然灾害等不可抗力发生时给基金投资者带来的风险。

六、基金产品的发展和创新

（一）银行经营基金产品的发展

银行经营的基金产品类型受制于基金产品的创新步伐。随着基金产品创新上的突破性进展，保本型、伞形结构和指数基金的先后问世，大大丰富了基金市场的品种，扩大了银行对基金品牌选择的空间。经营的基金产品从单纯的股票型，发展到股票型、债券型、指数型、合资类以及伞形结构基金等多种类型，期望能通过产品品种的丰富，拉住老客户，吸引新客户。

尤其是商业银行引进了面对个人的"理财金账户"计划，将基金产品营销和个人理财产品的经营挂上了钩。

（二）银行基金产品的创新

银行基金产品的创新主要表现在创新产品基金定投和基智定投产品的推出。具体如下：

1. 基金定投协议。基金定投产品是指在一定的投资期间内，投资者以固定时间、固定金额申购银行代销的某只基金产品的业务，是类似于银行零存整取的一种基金理财业务。客户开通基金定投后，银行根据客户申请的扣款金额、投资年限，自动每月扣款。银行一般从客户开通基金定投业务的第二个月起，根据申请的金额、年限，自动每月第一天开始扣款，若账户余额不足，将在第二天继续扣款。基金定投产品适用于有基金投资需求且有一定风险承受能力的客户。

基金定投计划的功能主要表现为：

（1）利用平均成本法摊薄投资成本，降低投资风险。对于单笔投资，定期定额属于中长期的投资方式，每月固定扣款，不管市场涨跌，不用费心选择进场时机，运用长期平均法降低成本。它类似银行的零存整取，不论市场行情如何波动，定期买入定额基金。基金净值上扬时，买到较少的单位数；反之，在基金净值下跌时，买到较多的单位数。长期下来，成本及风险自然摊低。

（2）投资时点灵活。很少有人选择到最佳的投资点入市或出市。通过"定投计划"投资证券市场，投资者不必在乎进场时点，不必在意市场价格，无须为证券市场短期波动改变长期投资决策。客户可以自由决定每月不同的划款日，划款弹性大。

（3）分散风险，积少成多。由于基金本身就是集合众人的资金投资于多种行业的绩优股，因此基金投资者便可将极少的投资资金分散在不同的股票投资上，达到分散风险的目的。客户以定投方式投资基金，不但可以分散风险，且每次投资所需的资金很少。每个月最少只需要100元到数百元，积少成多，在未来收入增加时，还可以增加定期定额的投资金额，非常适合上班族或每个月有固定收入者。

（4）收益高。"定投计划"采取复利计息，即本金所产生的利息加入本金继续衍生收益。随着时间的推移，复利效果越明显，而且复利效应高于各种储蓄存款和国债。理财目标则以筹措中长期的子女教育金、退休金较为适合。该产品的收益还完全免税。

2. 基智定投。基智定投是对现有每月首个工作日、固定金额的普通基金定投产品的升级。客户可以每月固定日期、固定金额进行定投，简称"定时定额"，即基金定投。

客户可以每月固定日期并根据证券市场指数的走势不固定金额进行定投，实现对基金投资时点和金额的灵活控制，即基智定投。

基智定投的目标客户主要是：

（1）坚信未来中国经济持续增长，愿意分享经济增长的客户。

（2）希望通过每月"小积累"获得将来"大财富"，实现子女教育准备金、购房款、养老退休金储备计划的客户。

（3）寻求克服股市短期大波动，降低投资基金风险的客户。

（4）追求成本收益分析，寻找更有效基金投资方法的客户。

（5）寻找抵御通胀、财富稳健增长投资良方的客户。

基智定投的功能表现为：

对客户而言，基智定投除了具备普通基金定投每月投资、复利增值，长期投资、平抑波动、抵御通胀的特点外，还具备以下功能：

（1）进一步降低定投申购成本。基智定投跟踪指数均线，并在市场指数低于指数均线水平时，加大扣款金额；在高于指数均线水平时，减少扣款金额，摊平长期申购成本，降低投资风险。

（2）更加灵活的投资方式。基智定投自动按照客户指定的日期、指数、均线按照一定比例的金额进行每月定投申购，既提升基金定投申购的功能，又提高投资的效率。

【活动练习】

举例说明基金产品的办理手续。

学习任务二
银行理财产品

【学生的任务】

◇　要求学生了解银行理财产品所包含的种类和要素。

◇　要求学生掌握银行理财产品的办理手续和操作流程。

◇　要求学生能够根据不同银行理财产品案例，分析产品的功能与特征，将客户需求与产品对接。

【教师的任务】

◇　指导学生通过银行调查、网络查询收集有关银行理财产品的相关资料。

◇　讲解银行理财产品的功能、特征等主要知识点。

◇　对学生作业完成情况进行点评。

教学活动　银行理财产品的处理

【活动目标】

熟悉银行理财产品的基本知识，掌握银行理财产品的办理手续和操作流程。

【知识准备】

一、产品介绍

（一）银行理财产品的定义和种类

1. 定义。银行理财产品是由商业银行自行设计并发行，将募集到的人民币或外币资金根据产品合同约定投入相关金融市场及购买相关金融产品，获取投资收益后，根据合同约定分配给投资者的一类理财产品。

2. 种类。银行理财产品按照银行筹集到的资金的币种是人民币或外币，或投资在国内证券市场或国外的金融市场分为人民币理财产品和外汇理财产品。

银行理财产品按照投资对象可分为债券型、信托型、挂钩型及 QDII 型。

债券型理财产品：投资于货币市场中，投资的产品一般为央行票据与企业短期融资券。因为央行票据与企业短期融资券个人无法直接投资，这类人民币理财产品实际上为客户提供了分享货币市场投资收益的机会。如中国工商银行"灵通快线"个人超短期人民币理财产品主要投资于国债、央行票据、金融债、企业债等债券及优质企业信托融资项目、货币市场基金、回购、新股申购、银行承兑汇票、本外币货币资金市场安全性较高的其他投资管理工具等。

信托型理财产品：投资于有商业银行或其他信用等级较高的金融机构担保或回购的信托产品，也有投资于商业银行优良信贷资产受益权信托的产品。如中国工商银行的"稳得利"信托投资型人民币理财产品主要投资于信托融资项目。

挂钩型理财产品：产品最终收益率与相关市场或产品的表现挂钩，如与汇率挂钩、与利率挂钩、与国际黄金价格挂钩、与国际原油价格挂钩、与道琼斯指数及与港股挂钩等。

QDII 型理财产品（也归属于外汇理财产品的其中一种）：客户将手中的人民币资金委托给合格商业银行，由合格商业银行将人民币资金兑换成美元，直接在境外投资，到期后将美元收益及本金结汇成人民币后分配给客户的理财产品（所谓 QDII，即合格的境内投资机构代客境外理财，是指取得代客境外理财业务资格的商业银行）。如工商银行的"珠联币合"理财产品是工商银行推出的境内外市场结合投资型理财产品，客户用人民币购买此类产品即可参与境内外市场投资，获取更高收益。

银行人民币理财产品还可以按照投资期限的长短分为超短期（期限为数天）、短期（期限为一年以内，包括一年）和长期人民币理财产品（期限为一年以上）。

银行人民币理财产品还可以按照收益的稳定性和投资风险的大小分为稳定型和风险型人民币理财产品。

（二）银行理财产品的特征

1. 收益率多重计算方法。收益率按照计息期的长短分为年收益率和累积收益率；收益率按照是否已经纳税分为税前收益率和实际收益率。

2. 投资方向广泛。银行理财产品募集到的资金将投放于哪个市场，具体投资于什么金融产品，这些决定了该产品本身风险的大小、收益率是否能够实现。

3. 流动性低。大部分产品的流动性较低，客户一般不可提前终止合同。少部分产品可终止或可质押，但手续费或质押贷款利息较高。

4. 挂钩预期。挂钩型理财产品，产品的收益率与所挂钩市场或产品的表现密切相关，挂钩方向与区间是否与目前市场预期相符，决定其目标收益率是否能够实现。

（三）银行理财产品的基本要素

1. 产品名称：首先明确是人民币理财产品还是外汇理财产品，性质是追求收益型还是稳健型，是哪一年的第几期理财产品。

2. 认购金额：规定客户的理财产品认购金额的起点。一般理财产品的个人客户认购起点份额为 5 万元人民币，以 1 万元的整数倍增加；企业（机构）客户认购起点 100 万元人民币，以 10 万元的整数倍增加。

3. 理财期限：如规定 3 个月、6 个月、1 年等，即从起息日到到期日的时间。还要明确具体的起息日和到期日是那一天，并给出实际的理财天数。

4. 是否允许提前终止。如规定理财产品到期前银行有权利但无义务提前终止理财，投资者无权提前终止理财。

5. 收益支付方式：理财期内是否分配收益，或产品到期随本金一并支付。

（四）银行理财产品的功能

1. 收益高。银行理财产品预期收益通常高于同档次定期存款利率，回报相当丰厚。

2. 安全性强。银行理财产品一般投资于国际票据或债券，违约率很小，或是优质企业的股票，价格相对稳定，且由专家理财，即由具备丰富的金融市场投资经验的专业化的银行理财产品投资管理团队设计投资方向，保证了投资的收益。

3. 投资金额灵活。购买起点金额可高可低，上不封顶，既为资金实力有限的普通客户提供了良好的投资渠道，又能满足高端客户大规模投资的需求。

4. 可用于质押贷款和开立存款证明。客户购买银行理财产品后，相应的外币资金仍可像定期存款一样用于质押贷款和开立存款证明，确保客户的资金流动性。

5. 选择多。四款产品，币种、期限、产品结构的不同组合，可以满足客户的不同需求。客户也可以选择将资金合理地按比例分配，保持一定流动性，同时让收益最大化。

（五）银行经营理财产品的意义

1. 理财产品是商业银行管理创新的重要业务内容。传统的银行管理只注重资产和负债的管理。而理财产品的推出，是商业银行将客户关系管理、资金管理与投资组合管理等结合在一起，向客户提供综合化、个性化服务产品。

2. 理财产品是商业银行向全能银行转变的第一步。我国的商业银行一直以经营单纯的存贷款业务、结算支付业务和其他少量的中间业务为特点，与国际金融领域中的全能银行相去甚远，也影响了我国商业银行在国际市场的竞争力。全能银行则不仅经营银行存贷款和支付结算等中间业务，而且还经营证券、保险、金融衍生业务以及其他新兴金融业务，有的还能持有非金融企业的股权。广义的全能银行等于商业银行加投资银行加保险公司再加非金融企业股东。而理财产品将银行、证券、保险、金融衍生产品等连接在一起，模糊了传统银行与其他金融业的界限，是商业银行向全能银行转变的第一步。

3. 理财产品是应对外资银行挑战的重要业务手段。随着银行业的全面开放，外资银行带着全方位的理财业务进入国内金融市场，我国银行业正面临着巨大的挑战和竞争，推出理财产品是每一个商业银行生存和发展的必然选择。

4. 理财产品是商业银行满足富裕居民理财需求，争夺市场份额的手段。中国已经进入一个前所未有的理财时代，富裕居民以及高端富有人群扩大的同时，理财需求与理念得以提升，带来了巨大的推动力，成就了中国高速增长的银行理财市场，也拓展了银行的市场份额。麦肯锡公司在对 2020 年银行业预测时指出，"今后 20 年最具吸引力的将是理财"。

二、银行理财产品的相关规定

1. 与银行理财产品风险管理相关的规定：

（1）商业银行应当具备与管控个人理财业务风险相适应的技术支持系统和后台保障能力，以及其他必要的资源保证。

（2）商业银行应当制定并落实内部监督和独立审核措施，合规、有序地开展个人理财业务，切实保护客户的合法权益。

（3）商业银行应建立个人理财业务的分析、审核与报告制度，并就个人理财业务的主要风险管理方式、风险测算方法与标准，以及其他涉及风险管理的重大问题，积极主动地与监管部门沟通。

（4）商业银行接受客户委托进行投资操作和资产管理等业务活动，应与客户签订合同，确保获得客户的充分授权。商业银行应妥善保管相关合同和各类授权文件，并至少每年重新确认一次。

（5）商业银行应当将银行资产与客户资产分开管理，明确相关部门及其工作人员在管理、调整客户资产方面的授权。对于可以由第三方托管的客户资产，应交由第三方托管。

（6）商业银行应当保存完备的个人理财业务服务记录，并保证恰当地使用这些记录。除法律法规另有规定，或经客户书面同意外，商业银行不得向第三方提供客户的相关资料和服务与交易记录。

2. 与银行理财产品设计和经营相关的规定：

（1）理财产品（计划）的名称应恰当反映产品属性，避免使用带有诱惑性、误导性和承诺性的称谓。商业银行在为理财产品（计划）命名时，应避免使用蕴涵潜在风险或易引发争议的模糊性语言。

（2）理财产品（计划）的设计应强调合理性。商业银行应按照审慎经营原则，设计符合整体经营策略的理财产品（计划）。应做好充分的市场调研工作，细分客户群，针对不同目标客户群体的特点，设计相应的理财产品（计划）。

（3）理财产品（计划）的风险揭示应充分、清晰和准确。商业银行向客户提供的所有可能影响客户投资决策的材料以及对客户投资情况的评估和分析等，都应按照《商业银行个人理财业务管理暂行办法》（以下简称《办法》）规定，包含相应的风险揭示内容，并以通俗的语言和适当的举例对各种风险进行解释。

（4）高度重视理财营销过程中的合规性管理。商业银行应禁止理财业务人员将理财产品（计划）当做一般储蓄产品，进行大众化推销；禁止理财业务人员误导客户购买与其风险认知和承受能力不相符合的理财产品（计划）；严肃处理利用有意隐瞒或歪曲理财产品（计划）重要风险信息等欺骗手段销售理财产品（计划）的业务人员。

（5）严格进行客户评估，妥善保管理财业务相关记录。商业银行在开展理财业务时，应按照"了解你的客户"原则对客户的财务状况、风险认知和承受能力等进行充分了解和评估，并按照《办法》要求，将有关评估意见告知客户，双方签字确认。

（6）加强对理财业务市场风险的管理。商业银行应在对理财产品（计划）的市场变化做出科学合理的预测的基础上，进行相应的资金成本和收益测算，并据此明确产品（计划）的期限及产品（计划）期限内有关市场风险的监测和管控措施，严格按照"成本可算、风险可控"的原则设计开发产品。

（7）采取有效方式及时告知客户重要信息。商业银行在与客户签订合同时，应明确约定与客户联络和信息传递的方式，明确相关信息的披露方式，以及在信息传递过程中各方的责任，避免使客户因未及时获知信息而错过资金使用和再投资的机会。

（8）妥善处理客户投诉，减少投诉事件的发生。商业银行应设置并向客户告知理财业务的投诉电话，指定专门的人员或部门及时处理客户投诉。同时，商业银行应建立客户投诉的登记、统计制度，对客户投诉情况进行研究分析。

（9）严格理财业务人员的管理。商业银行应按照《商业银行个人理财业务风险管理指引》的要求，建立健全个人理财业务人员资格考核、继续培训、跟踪评价等管理制度。

（10）努力提升综合竞争力，避免理财业务的不公平竞争。商业银行应大力提高产品创新和服务创新能力，以富有特色的产品（计划）、个性化的服务和差别化营销，提升客户的满意度和忠诚度，杜绝利用搭配销售和捆绑销售进行高息揽存等不公平竞争。

3. 外汇理财产品的相关规定：

（1）商业银行开办代客境外理财，应向中国银监会申请批准。

（2）开办代客境外理财业务的商业银行应当是外汇指定银行，并符合下列要求：

①建立健全了有效的市场风险管理体系。

②内部控制制度比较完善。

③具有境外投资管理的能力和经验。

④理财业务活动在申请前一年内没有受到中国银监会的处罚。

⑤中国银监会要求的其他审慎条件。

（3）外汇理财产品实行实名制，具体办法比照国务院关于个人存款账户实名制的有关规定办理，即客户购买外汇理财产品需要在产品发行期内，持本人有效身份证件与外币现钞或银行存折，至银行指定受理网点办理。

（4）客户提前支取外汇理财产品一般需向银行缴纳约定比例的违约金。

（5）对于投资个人外汇理财产品产生的收益，客户需自行纳税。

三、银行理财产品办理（以工商银行为例）

1. 开户。在办理银行理财产品交易前，首先在银行开立理财交易账户。在开立理财交易账户时，同时指定一个同户名的银行卡（或理财金账户卡）作为理财资金账户，办理与理财业务有关的资金收付。可以在柜台或网上银行办理。

网上银行开户流程如图7－11所示。

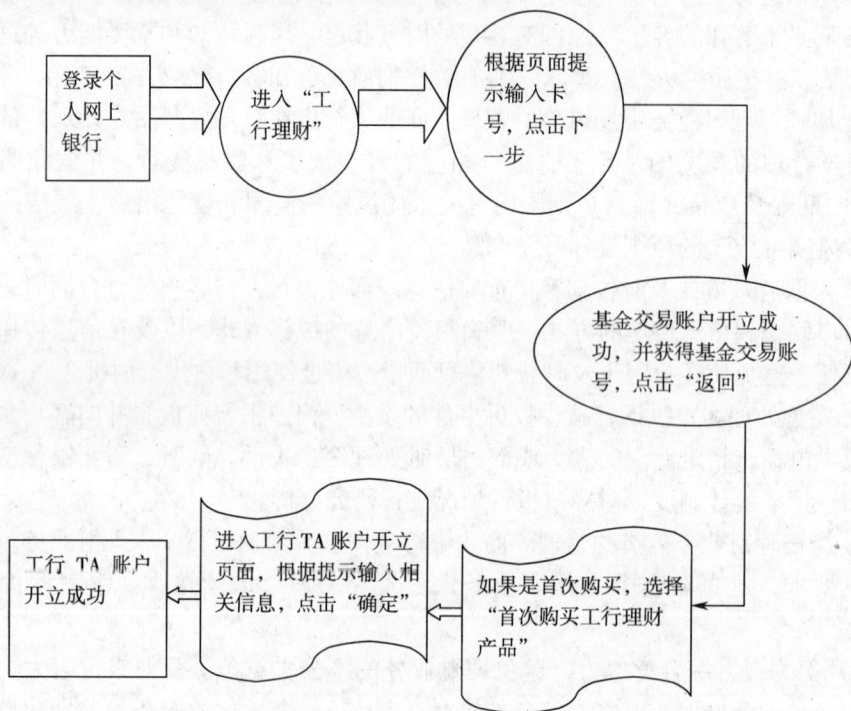

图7－11　网上银行开户流程

2. 认购。在产品发行期内，投资者可持本人有效身份证件、银行卡（或理财金账户）到工行营业网点申请认购。理财产品只限本人办理，不得代办。

网上银行认购流程如图7－12所示。

3. 到期。理财产品到期后的本金和收益将直接转至投资者的理财交易卡（理财金账户、银行卡）。

网上银行操作流程如图7－13所示。

四、银行理财产品的处理流程

1. 投资者购买银行理财产品。银行收到投资者购买资金，与投资者签订银行理财产

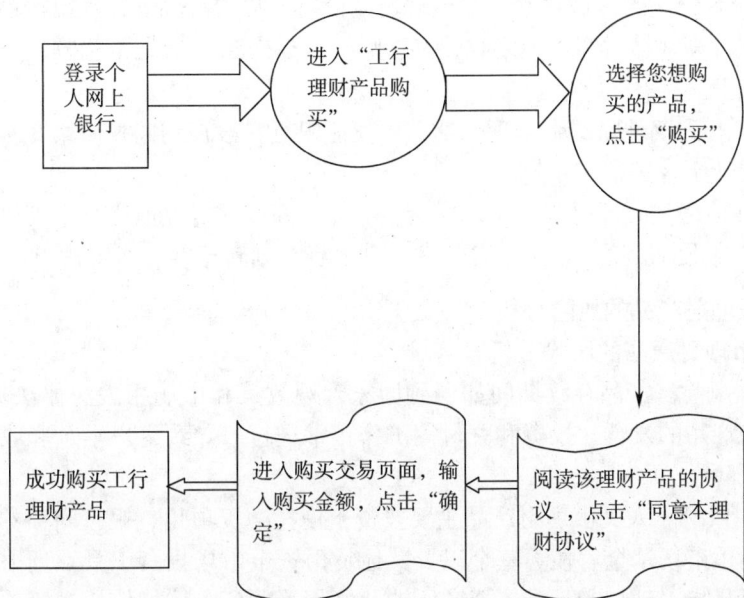

图7-12 网上银行理财产品认购流程

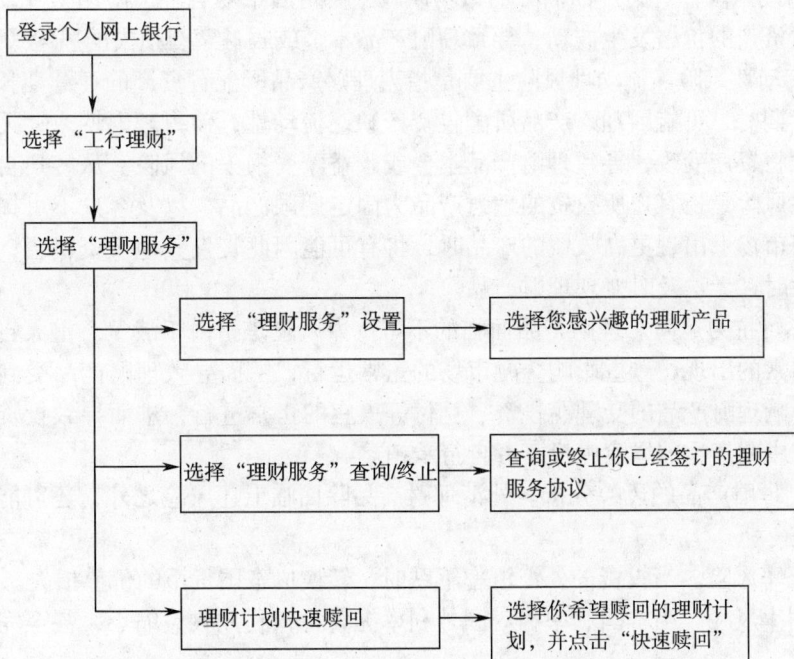

图7-13 网上银行理财产品收益操作流程

品投资协议，约定最高年化收益率。

2. 银行理财产品的管理团队进行资金运作。在银行理财产品的有效期限内，由银行理财产品的管理团队按照协议约定对象进行投资。

3. 支付持有到期的理财收益。在理财资金投资正常的情况下，理财产品到期按照最高年化收益率计算并给付客户最终收益。理财资产运作超过最高年化收益率的部分作为银行投资管理费用。

4. 支付持有到期理财资金。理财期满，商业银行一般在到期日后第 3 个工作日将客户理财资金划转至客户指定账户。

5. 支付提前终止时理财收益及理财资金。如果商业银行提前终止本期理财产品，银行一般在提前终止日后第 3 个工作日将客户理财资金划转至客户指定账户。

五、银行理财产品的风险分析

1. 人民币理财产品的风险分析。

（1）政策风险。产品存续期间如遇到国家宏观政策和市场相关法律法规发生变化，可能影响到该产品的发行、投资和兑付等工作正常进行，导致客户本金和收益减少甚至损失的政策风险。

（2）信用风险。人民币理财产品主要投资于信托融资项目、银行间债券市场发行的各类债券、货币市场基金、债券基金以及其他货币资金市场投资工具。理财产品面临的信用风险主要是指因理财产品配置资产所涉及的相关债务主体如信托融资项目用款人和债券发行人，到期未能履行还款义务，使理财产品本金或收益蒙受损失的风险。

（3）市场风险。理财产品面临的市场风险主要指因市场各种风险因素变动，使得理财产品配置资产的价格发生波动，导致理财产品本金或收益蒙受损失的风险。

（4）流动性风险。流动性风险主要是指当理财产品所配置资产的存续期长于理财产品自身存续期时，可能因理财产品所配置资产缺乏流动性，使得理财期末，无法以合理的价格及时将资产变现，导致理财产品本金或收益蒙受损失的风险。从客户自身的角度看，流动性风险是指客户所投资的理财产品为固定期限产品，以及客户不可提前终止理财产品，当市场上出现更高收益的产品时，将有可能因此丧失其他投资机会；或当客户急需流动性时，无法及时变现理财产品。

（5）不可抗力风险。理财产品面临的不可抗力风险是指由于战争、重大自然灾害等不可抗力因素的出现，严重影响金融市场的正常运行，从而导致理财产品受到干扰和破坏，甚至影响理财产品的受理、投资、兑付等事宜的正常进行，进而导致投资者蒙受损失的风险。由此产生的风险由投资者自行承担。

2. 外汇理财产品的风险分析。外汇理财产品除面临上述风险之外，还可能遭遇如下风险：

（1）汇率风险。当投资的外汇汇率下跌时，转换成本国货币的价值损失。

（2）利率风险。当本国利率相对国外利率提高时，利差收益缩小，甚至完全丧失或亏损。

（3）国家风险。投资国的政治、经济和社会出现危机导致的风险。

六、银行理财产品的发展和创新

（一）银行理财产品的发展

在我国，个人理财业务开始较晚。直至 20 世纪 90 年代中期，商业银行才率先开展了这项营业。1997 年，中信实业银行广州分行成为首家成立私人银行部的国内银行，并推出了国内首个个人理财产品。客户只要在银行存入最低 10 万元的存款，就能够得到该行提供的个人财产保值增值方面的咨询服务。随即，各类金融机构纷纷跟进，个人理财业务慢慢获得重视，并逐渐发展起来。

从银行的角度来说，早期银行理财产品的发展是被动的、应付市场需求的。当时，一些银行率先推出一些理财产品，对客户形成一定的吸引力。银行当时推出理财产品的动机主要是投资者对于财富性收入的需求：除了在银行存款、股票、房地产投资以外，有一些投资者寻找其他类型的能使收益和风险相称的产品。银行推出的服务性的理财产品，其收益高于存款利率，成为投资者新的增加财富的方式。理财产品还成为银行吸引投资者资金的重要方式。所以，这种理财产品早期是被动的、应付市场的理财产品。

当投资者开始有明确的高风险要求高回报的意识后，对理财产品开始有所选择，银行真正进入了主动理财的阶段，就是银行设计的理财产品，能够比较好地满足投资者的需求，一定的风险预期可以得到相应的回报。这时候推出理财产品的目的不再是简单的吸收存款，或者是留住存款，而是真正为客户提供新的服务。这是银行理财产品发展的过程。

据统计，2005 年我国人民币理财产品才 121 只，外币理财产品 566 只；2006 年已有人民币理财产品 1 345 只，外币理财产品 744 只；2007 年产品的发行数量和规模都呈现出爆发性的增长，各大银行理财产品的发行数量和发行规模剧增；2008 年，全国商业银行发行理财产品 8 474 款；2009 年，全国商业银行发行理财产品 125 904 款。丰富的理财产品满足了各层次客户的理财需求，见证了我国资本市场和理财市场的全面繁荣，充分体现了我国居民经济活动的活跃。

目前，我国商业银行的理财业务从产品角度来看，已经由单一产品制造、设计和销售，变成一个综合的，多产品、多市场、多领域的一种组合，这种组合的产品已经发展成为一种个性化的、量体裁衣式的理财方案。

从当前我国商业银行理财业务的整体来看，呈现出三个方面的特点：第一，人民币产品的投资价值显著高于外币产品。第二，股票、混合类产品的投资价值高于其他类别产品。第三，中资银行的人民币股票、混合类产品种类全面超过了外资银行，但是中资银行是以数量取胜，而外资银行更注重产品设计和适销对路。因此，中资银行产品的收益和风险指标明显落后于外资银行。

（二）银行理财产品的创新

银行理财产品的创新主要包括产品创新和服务提供渠道的创新。网上个人理财就是银行理财产品服务提供的渠道创新。

个人理财网络的发展趋势是以物理网络为依托、以电子银行服务为扩展的一个随时随地可进行个人理财服务的全国以至全球化的立体网络。结合自助服务、电话银行服务，网络服务将进一步整合服务系统平台，拓展服务的深度和广度。通过联网联合，扩展服务范围，增加服务种类，并通过优化服务界面、提高服务设施运行的稳定性，进一步提高个人理财的服务质量。

我国商业银行根据客户的生活理财、投资理财、资产保值增值、购房、子女教育、养老、创业和医疗等理财需求，为不同目标客户群量身定做了各种创新型理财产品。银行理财产品的创新品种很多，下面主要介绍三种：

1. 理财规划产品。理财规划是指商业银行的理财团队根据客户现有资产状况、未来收支状况以及风险偏好，按照科学的方法重新摆布资产、运用财富，帮助客户更好地管理财富、实现理财和生活目标。银行建立了由客户经理、理财专家、理财顾问等构成的理财专家团队，为客户提供专业的理财规划服务。

理财规划产品的功能表现为：

（1）目标全方位。理财规划产品的理财目标较全面，包括未来生活目标、投资收益目标以及其他目标。

（2）丰富的理财产品。银行为客户提供丰富的投资理财产品，包括国债、基金、证券、保险、外汇买卖、黄金买卖等。在理财规划的基础上，专业的客户经理推荐具体的理财产品，全面满足客户的投资理财需求。

（3）操作过程的可调整性。由于客户未来收支的不确定性，需要对投资过程进行不断的回顾，并进行相应的调整。

理财规划的业务流程：

（1）明晰财务状况。首先应当掌握客户的财务数据，这是理财的基本前提，因此要弄清客户当前的资产存量和预计未来的收入及支出。

（2）确定理财目标。客户应当首先将自己理想的生活目标和理财目标进行量化，包括目标的具体金额和实现时间。

（3）清楚风险偏好。客户风险偏好的假设要建立在考虑现实的、客观的情况的前提下。例如，有的客户因为自己偏好于风险较大的投资工具，把钱全部放在股市里，而没有考虑到他有父母、子女，没有考虑到家庭责任，显然他的风险偏好超过了他能够承受的范围。

（4）战略性配置资产。根据前述资料决定如何分布个人或家庭资产，调整现金流以便达到目标或修改不切实际的理财目标，比如，用多少钱进行储蓄，用多少钱购买基金，用多少钱购买保险等。在做好了这个资产分配的工作后，然后才是投资操作层面，进行具体的投资品种和投资时机的选择。

（5）跟踪理财绩效。市场是变化的，每个人的财务状况和未来的收支水平也在不断地变化，应该作一个投资绩效的回顾，不断调整理财规划，这样才能更好地实现财务安全、资产增值和财务自由的境界。

2. 个人外汇期权产品。个人外汇期权产品是指客户根据自己对外汇汇率未来变动方向的判断，向银行支付一定金额的期权费后买入相应面值、期限和执行价格的期权（看涨期权或看跌期权）。期权到期时如果汇率变动对客户有利，则客户通过执行期权可获得较高收益；如果汇率变动对客户不利，则客户可选择不执行期权。所以购买个人外汇期权产品的最大风险是期权费，理论收益却无限。

个人外汇期权产品的功能主要是规避外汇风险、获取汇率变动好处、获取外汇投资收益。

3. 黄金理财产品。黄金理财产品是以黄金为投资对象的理财产品。黄金理财产品根据交易方式、交割方式等方面的不同，可以分为三类：

（1）账户黄金系列产品（也称纸黄金），即通过电子记账的方式记录投资者的买卖行为和持有的份额，投资者通过低买高卖来获取金价波动的差价收益，一般情况下不能提取实物。其优点是交易成本低、操作方便，比较适合有条件关注黄金市场金价走势尤其是有外汇买卖经验的投资者。提供此类交易的机构主要是商业银行和黄金交易所。本产品适用于持有人民币或美元同时对黄金投资有兴趣的个人客户。

（2）实物黄金产品。该类产品包括各种金条、金币、金章和金饰品等，其特点是适合保值避险、收藏和馈赠，适合于中长线的稳健型投资者。由于实物黄金相对于账户金增加了加工费、运保费、税费等，其投资的便利性和盈利性不如账户金。本产品适用于持有人民币，同时对黄金实物本身和保值增值有兴趣的个人客户。

实物黄金产品有投资型和纪念型两大类。如用于投资，则要重点考虑产品的价格、是否具备回购途径等因素；如选择纪念型产品进行收藏或馈赠，则要重点考虑产品的纪念价值、是否限量发售以及制作工艺等因素。另外，无论是投资型还是纪念型，选择高信誉公司的产品对于产品品质、售后服务以及将来的流通都将有较高的保证。

（3）代理实物黄金买卖。银行凭借其与上海黄金交易所共同构建的黄金交易系统，根据个人客户委托，代理进行实物黄金交易、资金清算及实物交割活动。该业务是以人民币资金投资的理财产品，投资者既可进行黄金交易，又可选择提取实物黄金。投资种类包括现货交易、递延交易。现货交易包括 Au99.99，Au100g 和 Au99.95 三个合约品种。交易方式采用客户自主报价，实盘交易，撮合成交以及实物交割的交易方式。该产品适用于有黄金投资需求，具备一定风险承受能力，同时又有获取实物金需求的个人客户。

【活动练习】

举例说明银行理财产品的特征和办理手续。

其他中间业务产品

QITA ZHONGJIAN YEWU CHANPIN

【学习目标】

◇ 了解其他中间业务产品的种类及特点。

◇ 熟悉各类型代理类中间业务产品、担保类中间产品、承诺类中间产品的用途和有关规定。

◇ 掌握各类型业务的办理条件及办理流程。

【技能目标】

◇ 能够通过简单沟通，了解客户需求。

◇ 能够熟练地为客户介绍各类产品的功能、特征。

◇ 能够通过对各种产品特性的对比分析，有针对性地为客户提供不同的产品服务。

中间业务是指商业银行在资产业务和负债业务的基础上，利用技术、信息、机构网络、资金和信誉等方面的优势，不运用或较少运用银行的资财，以中间人和代理人的身份替客户办理收付、咨询、代理、担保、租赁及其他委托事项，提供各类金融服务并收取一定费用的经营活动。在资产业务和负债业务两项传统业务中，银行是参与信用活动的一方。而中间业务则不同，银行不再直接作为信用活动的一方，扮演的只是中介或代理的角色，通常实行有偿服务。

中间业务又称表外业务。目前商业银行的中间业务主要有本、外币结算，银行卡，信用证，备用信用证，票据担保，贷款承诺，衍生金融工具，代理业务，咨询顾问业务等。在国外，商业银行的中间业务发展得相当成熟，美国、日本、英国的商业银行中间业务收入占全部收益比重均在40%左右。而我国目前商业银行表外业务的规模一般只占其资产总额的15%左右。

中国人民银行在《关于落实〈商业银行中间业务暂行规定〉有关问题的通知》（2002）中，将国内商业银行中间业务分为九类：

一、支付结算类中间业务，指由商业银行为客户办理因债权债务关系引起的与货币支付、资金划拨有关的收费业务，如支票结算、进口押汇、承兑汇票等。

二、银行卡业务，是由经授权的金融机构向社会发行的具有消费信用、转账结算、存取现金等全部或部分功能的信用支付工具。

三、代理类中间业务，指商业银行接受客户委托、代为办理客户指定的经济事务、提供金融服务并收取一定费用的业务，包括代理政策性银行业务、代收代付款业务、代理证券业务、代理保险业务、代理银行卡收单业务等。

四、担保类中间业务，指商业银行为客户债务清偿能力提供担保，承担客户违约风险的业务，包括银行承兑汇票、备用信用证、各类保函等。

五、承诺类中间业务，指商业银行在未来某一日期按照事前约定的条件向客户提供约定信用的业务，包括贷款承诺、透支额度等可撤销承诺和备用信用额度、回购协议、票据发行便利等不可撤销承诺两种。

六、交易类中间业务，指商业银行为满足客户保值或自身风险管理的需要，利用各种金融工具进行的资金交易活动，包括期货、期权等各类金融衍生业务。

七、基金托管业务，指有托管资格的商业银行接受基金管理公司委托，安全保管所托管的基金的全部资产，为所托管的基金办理基金资金清算款项划拨、会计核算、基金估值、监督管理人投资运作。

八、咨询顾问类业务，是商业银行依靠自身在信息和人才等方面的优势，收集和整理有关信息，结合银行和客户资金运动的特点，形成系统的方案提供给客户，以满足其经营管理需要的服务活动，主要包括财务顾问和现金管理业务等。

九、其他类中间业务，包括保管箱业务以及其他不能归入以上八类的业务。

学习任务一
代理类中间业务产品

【学生的任务】

◇ 要求学生认识代理类中间业务产品及其分类。

◇ 熟悉各类型代理类产品的特点、用途及相关规定。

◇ 掌握各项业务的办理流程，能够根据不同的需求为客户提供有针对性的银行产品服务。

【教师的任务】

◇ 指导学生通过银行调查、网络搜索等方式收集有关代理类中间业务产品的相关资料。

◇ 讲解代理类中间业务产品的功能、特征等主要知识点。

◇ 对学生作业完成情况进行点评。

代理类中间业务指商业银行接受客户委托、代为办理客户指定的经济事务、提供金融服务并收取一定费用的业务，包括代理政策性银行业务、代理中国人民银行业务、代理商业银行业务、代收代付业务、代理证券业务、代理保险业务、代理其他银行银行卡收单业务等。

（一）代理政策性银行业务，指商业银行接受政策性银行委托，代为办理政策性银行因服务功能和网点设置等方面的限制而无法办理的业务，包括代理贷款项目管理等。

（二）代理中国人民银行业务，指根据政策、法规应由中央银行承担，但由于机构设置、专业优势等方面的原因，由中央银行指定或委托商业银行承担的业务，主要包括财政性存款代理业务、国库代理业务、发行库代理业务、金银代理业务。

（三）代理商业银行业务，指商业银行之间相互代理的业务，例如为委托行办理支票托收等业务。

（四）代收代付业务，指商业银行利用自身的结算便利，接受客户的委托代为办理指定款项的收付事宜的业务，例如代理各项公用事业收费、代理行政事业性收费和财政性收费、代发工资、代扣住房按揭消费贷款还款等。

（五）代理证券业务，指银行接受委托办理的代理发行、兑付、买卖各类有价证券的业务，还包括接受委托代办债券还本付息、代发股票红利、代理证券资金清算等业务。此处有价证券主要包括国债、公司债券、金融债券、股票等。

（六）代理保险业务，指商业银行接受保险公司委托代其办理保险业务的业务。商业银行代理保险业务，可以受托代个人或法人投保各险种的保险事宜，也可以作为保险公司的代表，与保险公司签订代理协议，代保险公司承接有关的保险业务。代理保险业务一般包括代售保单业务和代付保险金业务。

（七）其他代理业务，包括代理财政委托业务、代理其他银行银行卡收单业务等。

教学活动 1　代收代付产品的处理

📖 **【活动目标】**

了解代收代付产品的种类和特点，掌握产品的收益、价格及基本规定，熟悉产品的办理流程。

✍ **【知识准备】**

一、产品介绍

1. 定义。代收代付产品是商业银行利用自身的结算便利，接受客户的委托代为办理指定款项的收付事宜的业务，例如代理各项公用事业收费、代理行政事业性收费和财政性收费、代发工资、代扣住房按揭消费贷款还款等。

2. 种类。代收代付产品主要可以分为以下几大类别：

税务类：国税、地税、关税、纳税保证金等。

代理行政事业性收费和罚款：票款分离、罚缴分离。

社会保障类：医疗保险金、失业保险金、养老保险金、工伤保险金等。

代发工资：代发工资、代发奖金等。

物业管理类：水费、电费、燃气费、物业管理费、有线电视费等。

通讯类：电话初装费、市话费、长话费、移动电话费等。

其他：代企业清收欠款、代付货款、房地产公积金费、房改基金、学生学杂费、择校费、学校赞助费、评估费、咨询费、代办验资费、单位集资款、律师事务费、伙食费、医药费、"爱心工程"捐款等。

3. 特点。该项业务可以利用商业银行先进的结算手段、广泛的营业网点，以及与单位、个人的紧密联系，为社会提供丰富的服务项目。

4. 客户收益。

（1）可以缩短收付款时间，提高客户收付业务效率和资金使用效率。

（2）提高业务安全性，降低差错率。

二、产品服务方式

1. 主动缴费：客户主动向银行提出业务需求种类及业务编号，银行柜员为其办理相关缴费手续，客户可以根据情况自主选择现金缴费或转账缴费方式。

2. 委托扣款：银行接受收费单位与用户的委托，定期在协议规定的收费日，从用户结算账户中按收费单位所列清单扣划款项给收费单位。

3. 服务渠道：客户可以在各家商业银行的营业网点柜台进行业务办理，还可以通过自助设备、网上银行、电话银行、手机银行等渠道办理。

三、代收代付业务基本规定

1. 定时、定量、有规律的应收应付款项，包括：赊销商品购货人按月交付的货款；企业主管部门按月从下属企业统筹收取和支付的各种款项；公用事业单位按月从单位收取的水、电、煤气等费用，以及其他有定时收入和付出的应收应付款项。委托办理收、付款业务，双方必须签订协议，互相遵守。

2. 收付款业务，由公司委托金融信托机构各基层单位代办。

3. 代收代付款业务，以服务为主，适当收取代办手续费。收取标准由委托单位与金融信托机构商定。

4. 所需组织宣传费用，应由委托单位承担。

5. 代收款项随收入进度，按旬汇总划转委托单位账户。委托单位同时委托代付业务的，则以收入抵付其支出，结余部分再定期划转。只委托代付项目款的，则由委托单位先将款项转入公司账户，以备按期办理代付。

对于约定分期付款和代理收款相结合的办法，除对赊销单位应收的货款，凭其与付款单位签订的协议书办理贴现外，还代理向付款单位按约定的期限分次收款。

6. 企事业单位在委托金融信托机构代理收付款项业务时，均须提交收、付款项的合法依据及有关的单据。经金融信托机构审查同意后，委托单位与金融信托机构签订代理收付款项协议书，明确代理收付款项的内容、范围、对象、时间、金额及方式。代理付款时，委托人还必须事先将代付款交存金融信托机构以备支付。金融信托机构代理收付款项时，只负责按协议办理具体的收付款业务，不负责收付双方的任何经济纠纷。代理手续费由委托单位与金融信托机构按代理收付金额大小或业务笔数多少协商计收。

四、产品办理流程

1. 签订代理收付协议。代收代付业务开办前，银行应根据授权管理有关规定与委托人签订代收代付协议书，协议书需经签订行法律与合规部门或法律顾问审核认可。代收代付协议书应包括以下内容：

（1）协议各方名称。

（2）业务名称、业务合作范围及实施方式。

（3）协议各方应承担的权利和义务。

（4）手续费的收取标准和支付方式、时间。

（5）数据传输方式、资金清算和对账方式。

（6）违约责任和争议解决方案。

（7）协议签订日期，协议期限和生效方式。

（8）双方需要约定的其他事项。

（9）各方有权签字人签字并加盖公章。

2. 代收代付业务如采用代扣方式办理的，必须取得被代扣人的书面授权，同意根据委托人提供的数据，从其指定的结算账户中扣划相应的款项，缴纳给委托人。

3. 具体操作。

（1）开办行向银行计算机中心提供单位资料，申请代理单位编号；计算机中心录入该单位资料后，根据客户与银行签订的代收代付协议建立客户账号对照关系。

（2）被代理单位将费用数据传输给银行，由银行代为扣划款项或由客户通过银行柜台、自助终端、电话银行等渠道办理交易。

（3）银行按被代理单位要求格式打印凭证。

（4）银行定期形成费用缴纳情况数据反馈给客户。

五、产品价格

根据不同业务的费率标准，按照代理收付的金额或笔数，银行向客户收取产品业务办理手续费。

六、产品案例

（一）代收学费业务

代收学费业务通过代收学费服务系统进行，可向院校提供代扣、代收、汇兑、现场缴款、网上自助缴费等多种服务方式。

银行卡统一代扣：学校按照学生录取信息资料，委托银行为本校学生开立账户。学生在指定日期前将款项存入银行卡账户内，由银行后台批量处理扣款业务。

银行代收：收费代理行柜员根据学生所属院校代码和通知书编号或学号，联机查询该学生的姓名和金额，核对无误后收妥款项，使用缴费交易录入相关收费信息，打印缴费凭条及缴费凭证，缴费凭证加盖柜员名章和业务清讫章后交学生。

（二）代发工资业务

代发工资，是金融部门为机关企事业单位员工代发劳动报酬的一项金融中间业务。金融部门通过先进的电脑联网系统进行批量入账，将有关款项自动转入储户预先约定的储蓄账户上。银行不仅代理企事业单位发放工资，还可代理社会保险局发放社会福利保险金。

1. 产品特色。

（1）银行代发，省时省力。

（2）批量入账，安全快捷。

2. 产品价格。银行根据代发工资总额的一定比例或单笔定额向委托单位收取手续费。具体收费额度、收费方式由双方协商确定。

3. 适用对象。为企事业单位和其他组织的在职人员、离退休人员的工资。

4. 产品办理。有代发工资需求的单位提出申请并与金融部门协商后，填写代发工资委托书给金融部门，金融部门根据申请单位要求向其员工发放工资。具体手续如下：

（1）签订代发工资协议。发薪单位提供单位员工工资清单和相应的电子文件等材料，与银行签订协议，协议内容包括双方的职责、操作程序、代理费用等。

（2）办理个人开户手续。银行根据发薪单位提供的有关资料，按银行相关规定办理批量卡（折）开户手续，为其员工办理个人存款账户开户手续。

（3）存入代发资金。发薪单位应提前将代发资金存入银行经办机构。

（4）收取手续费。银行经办机构按协议约定收取手续费。

（5）办理工资划转手续。银行在资金到账后办理工资转划手续，不垫付资金。

5. 风险提示。

（1）发薪单位应确保所提供的各项材料真实有效。

（2）办理批量开卡（折）后，所有客户应及时更改卡（折）密码，妥善保管卡（折），严防密码泄露。

【活动练习】

举例说明代收代付产品的业务特点和办理流程。

【分析思考】

代收代付产品的服务方式有哪些？

教学活动2　　**代理保险业务的处理**

📖　【活动目标】

了解代理保险业务的内容和特点，掌握代理保险产品的业务流程。

✎ 【知识准备】

一、产品介绍

（一）定义

代理保险业务是指银行接受保险公司的委托，代为办理的保险业务，包括代理销售保险产品、代收保险费、代付保险金等。

（二）特点

1. 办理方便：客户可到各银行网点办理。

2. 专业服务：客户可接受高素质理财人员的咨询和介绍，得到包括保险在内的综合理财规划服务。

3. 安全便捷：同时通过银行系统办理自动扣缴保费、代发保险金等服务，安全、可靠、便捷。

（三）适用对象

需要投保的客户。

（四）价格

银行不向投保人收取代理手续费。投保人应付的保费或应收的理赔金或退保金，根据具体产品由保险公司确定。

二、代理保险业务的办理

（一）购买保险产品

1. 客户持本人有效身份证件，填写保单并亲笔签名，根据所购保险产品，缴纳相应的保险费，并与银行签订自动转账扣划协议。

2. 客户需要减保或退保时，按保单要求，携带有关身份证件、正式保单等材料填写申请表，办理申请手续。银行将申请表送交保险公司，根据保险公司发出的付款指令，将相应的保费从保险公司账户划入投保人账户。

3. 在发生保险理赔或支付保险金时，如保险公司已与银行签订自动转账协议，可根据保险公司提供的付款清单，银行自动将款项划入指定的受益人账户；如未签订自动扣划协议，则按保险公司指示，将款项从保险公司账户支付给受益人。

（二）缴纳保险费

1. 客户持现金或银行卡办理缴费业务，取得缴费凭证；或与银行签订委托扣款协议书并在指定账户中存入相关资金，以备扣划之用。

2. 银行根据保单内容向投保人收取相应的保险费，并向客户开具保费收据。

3. 对采用银行扣划形式定期缴纳的保费，投保人要同银行签订自动转账扣划协议。在收到保险公司定期发来的扣款指示后，银行主动从客户指定账户上扣划。保费收据由保险公司直接寄送给投保人。

（三）领取保险金

1. 客户本人持有效身份证件和保险公司出具的代付保险金领款凭证到办理代理业务银行在本地任何一家银行营业网点领取理赔金和退保金。

2. 在发生保险理赔或支付保险金时，如保险公司与银行有自动转账协议，银行根据保险公司提供的付款清单，主动将款项从保险公司账户划入指定的受益人账户；如未签订自动扣划协议，则按保险公司指示，将款项从保险公司账户支付给受益人。

三、注意事项及风险提示

1. 客户应妥善保管办理业务时的缴费凭证及有关委托协议，一旦遗失应立即到银行网点办理挂失手续。

2. 办理代收保险费的客户应在代扣账户中留有足够的余额以备划款。

【活动练习】

举例说明代理保险业务的流程。

【分析思考】

与普通保险相比，商业银行代理保险业务产品的优势有哪些？

学习任务二
担保类中间业务产品

【学生的任务】

◇ 要求学生认识担保类中间业务产品及其分类。

◇ 熟悉各类型担保类产品的特点、用途及相关规定。

◇ 掌握各项业务的办理流程，能够根据不同的需求为客户提供有针对性的银行产品服务。

【教师的任务】

◇ 指导学生通过银行调查、网络搜索等方式收集有关担保类中间业务产品的相关资料。

◇ 讲解担保类中间业务产品的功能、特征等主要知识点。

◇ 对学生作业完成情况进行点评。

担保类中间业务指商业银行为客户债务清偿能力提供担保，承担客户违约风险的业务，主要包括备用信用证、各类保函等。

教学活动 1　银行保函的处理

【活动目标】

了解银行保函的内容和特点，掌握银行保函产品的业务办理。

✎ 【知识准备】

一、产品介绍

1. 定义。保函，又称保证书，是指银行应申请人的请求，向受益人开立的一种书面信用担保凭证，保证在申请人未能按双方协议履行其责任或义务时，由担保人代其履行一定金额、一定时限范围内的某种支付或经济赔偿责任。银行保函是由银行开立的承担付款责任的一种担保凭证，银行根据保函的规定承担绝对付款责任。银行保函大多属于"见索即付"（无条件保函），是不可撤销的文件。

2. 银行保函的基本内容。银行保函的内容根据交易的不同而有所不同，但通常包括以下内容：

（1）基本栏目。包括：保函的编号，开立日期，各当事人的名称、地址，有关交易或项目的名称，有关合同或标书的编号和订约或签发日期等。

（2）责任条款，即开立保函的银行或其他金融机构在保函中承诺的责任条款，这是构成银行保函的主体。

（3）保证金额。保证金额是开立保函的银行或其他金融机构所承担责任的最高金额，可以是一个具体的金额，也可以是合同有关金额的某个百分率。如果担保人可以按委托人履行合同的程度减免责任，则必须作出具体说明。

（4）有效期。有效期即最迟的索赔日期，或称到期日（Expiry Date），它既可以是一个具体的日期，也可以是在某一行为或某一事件发生后的一个时期到期。例如，在交货后三个月或六个月、工程结束后 30 天等。

（5）索赔方式，即索赔条件。是指受益人在任何情况下可向开立保函的银行提出索赔。对此，国际上有两种不同的处理方法：一种是无条件的或称"见索赔偿"保函（First Demand Guarantee），另一种是有条件的保函（Accessary Guarantee）。

3. 种类。根据保函在基础合同中所起的不同作用和担保人承担的不同的担保职责，保函可以具体分为以下几种：

（1）借款保函，指银行应借款人要求向贷款行作出的一种旨在保证借款人按照借款合约的规定按期向贷款方归还所借款项本息的付款保证承诺。

（2）融资租赁保函，指承租人根据租赁协议的规定，请求银行向出租人所出具的一种旨在保证承租人按期向出租人支付租金的付款保证承诺。

（3）补偿贸易保函，指在补偿贸易合同项下，银行应设备或技术的引进方申请，向设备或技术的提供方所作出的一种旨在保证引进方在引进后的一定时期内，以其所生产的产成品或以产成品外销所得款项，来抵偿所引进设备和技术的价款及利息的保证承诺。

（4）投标保函，指银行应投标人申请向招标人作出的保证承诺，保证在投标人报价的有效期内投标人将遵守其诺言，不撤标、不改标，不更改原报价条件，并且在其一旦中标后，将按照招标文件的规定在一定时间内与招标人签订合同。

（5）履约保函，指银行应供货方或劳务承包方的请求而向买方或业主方作出的一种履约保证承诺。倘若履约责任人日后未能按合约的规定按期、按质、按量地完成所承建的工程，以及未能履行合约项下的其他业务，银行将向业主方支付一笔不超过担保金额的款项。该款项通常相当于合约总金额的5%～10%。

（6）预付款保函，又称还款保函或定金保函，指银行应供货方或劳务承包方申请向买方或业主方保证，如申请人未能履约或未能全部按合同规定使用预付款时，则银行负责返还保函规定金额的预付款。

（7）付款保函，指银行应买方或业主申请，向卖方或承包方所出具的一种旨在保证货款支付或承包工程进度款支付的付款保证承诺。

（8）预留金保函，又称留滞金担保，指应承包方（申请人）的请求，向工程业主（受益人）保证，在承包方（申请人）提前支取合同价款中尾欠部分款项而不能按期归还时，由银行负责返还担保函规定金额的预留金款项。该款项通常为合同价款的5%～10%。

（9）维修保函是指应承包方（申请人）的请求，向工程业主（受益人）保证，在工程质量不符合合同规定，承包方（申请人）又不能维修时，由银行按担保函规定金额赔付工程业主。该款项通常为合同价款的5%～10%。

（10）海关风险保证金保函，指企业在开展加工贸易业务中需要向海关缴纳风险保证金时，向银行申请出具以海关为受益人的保函业务。

其他的保函品种还有来料或来件加工保函、质量保函、预留金保函、延期付款保函、票据或费用保付保函、提货担保、保释金保函及海关免税保函等。

4. 银行保函业务的特点。

（1）银行信用作为保证，易于为客户接受。

（2）保函是依据商务合同开出的，但又不依附于商务合同，是具有独立法律效力的法律文件。当受益人在保函项下合理索赔时，担保行就必须承担付款责任，而不论申请人是否同意付款，也不管合同履行的实际事实，即保函是独立的承诺并且基本上是单证化的交易业务。

5. 银行保函的当事人。银行保函业务中涉及的主要当事人有三个：委托人（Principal）、受益人（Beneficiary）和担保人（Guarantor），此外，往往还有反担保人、通知行及保兑行等。这些当事人之间形成了一环扣一环的合同关系，它们之间的法律关系如下：

（1）委托人与受益人之间基于彼此签订的合同而产生的债权债务关系或其他权利义务关系。此合同是它们之间权利和义务的依据，相对于保函协议书和保函而言是主合同，它是其他两个合同产生和存在的前提。如果此合同的内容不全面，会给银行的担保义务带来风险。因而银行在接受担保申请时，应要求委托人提供其与受益人之间签订的合同。

（2）委托人与银行之间的法律关系是基于双方签订的保函委托书而产生的委托担保关系。保函委托书中应对担保债务的内容、数额、担保种类、保证金的交存、手续费的收取、银行开立保函的条件、时间、担保期间、双方违约责任、合同的变更、解除等内容予以详细约定，以明确委托人与银行的权利义务。保函委托书是银行向委托人收取手续费及履行保证责任后向其追偿的凭证。因此，银行在接到委托人的担保申请后，要对

中国银行
BANK OF CHINA
Beijing 2008
北京2008年奥运会银行合作伙伴
OFFICIAL BANKING PARTNER OF THE BEIJING 2008 OLYMPIC GAMES

不可撤销保证函第 LGC3000603936 号

出具日期：2006 年 12 月 31 日

致：河南洛义煤炭有限公司（以下简称"出卖人"）

　　鉴于出卖人与上海中源煤炭交易电子商务有限公司（以下简称"买受人"）于 2006 年 12 月 20 日签订了第 SHZY2006122002 号煤炭买卖合同（以下简称"合同"），我们，中国银行上海市分行，注册地址：上海市中山东一路 23 号，应买受人的要求，兹开立以出卖人为受益人，金额为 RMB1,300,000.00（人民币壹佰叁拾万元整）的第 LGC3000603936 号不可撤销保证函。

　　我行保证买受人将按照合同约定向出卖人及时付清相应款项。

　　我行保证在收到出卖人的书面索赔通知书及本保函原件，声明出卖人已成功申报铁路运输计划且买受人检验煤炭合格后已经装车并看到运输大票，但买受人未按合同约定付款后，在担保金额内向出卖人支付累计总额不超过 RMB1,300,000.00（人民币壹佰叁拾万元整）的款项。

　　出卖人的书面索赔通知必须经买受人加盖公章予以确认，注明我行的保函编号并在本保函有效期内送达我行，否则视为无效。

　　出于验证之需要，请出卖人将上述书面索赔通知连同本保函原件通过出卖人的银行提交给我行，并要求出卖人银行验证索赔文件上出卖人签章的真实性和有效性。

　　本保函自开立之日起生效，至买受人向出卖人支付上述担保款项之日自动失效，但无论如何本保函最晚至 2007 年 2 月 15 日（以下简称"到期日"）失效。一旦发生本保函下的索赔请求或本保函的到期日已过（以两日期中较早到来者为准），本保函原件必须送还我行。在到期日后，无论正本是否退回，本保函即告失效。

　　本保函仅限于由中国银行上海市分行偿付。

　　未经我行的书面同意或认可，本保函不得转让。

　　本保函规定了我行的全部承诺，该承诺不得通过援引本保函所提及文件或任何其　相关文件进行任何方面的修正、修改或扩大，而且任何此类文件不应被视为本保函的一部他。

中国银行上海市分行

A0029U1   wo988

有权签字人

Yours faithfully,
For BANK OF CHINA,

委托人的资信、债务及担保的内容和经营风险进行认真的评估审查，以最大限度地降低自身风险。

（3）担保银行和受益人之间的法律关系是基于保函而产生的保证关系。保函是一种单务合同，受益人可以以此享有要求银行偿付债务的权利。在大多数情况下，保函一经开立，银行就要直接承担保证责任。

二、保函业务产品办理

1. 保函的申请。向银行申请办理人民币保函的客户应当是依法成立的企事业法人，并符合下列条件：在受理行开立人民币结算账户；有真实的商品交易合同、工程建设合同或协议、标书等；资信状况良好，具备履行合同、偿还债务的能力；能够提供符合要求的保证金和反担保。具体要求如下：

（1）申请人需填写开立保函申请书并签章。

（2）提交保函的背景资料，包括合同、有关部门的批准文件等。

（3）提供相关的保函格式并加盖公章。

（4）提供企业近期财务报表和其他有关证明文件。

（5）落实银行接受的担保，包括缴纳保证金、质押、抵押、第三者信用担保或以物业抵押或其他方式作担保，授信开立等。

2. 保函的审核及开出。保函申请人提交申请材料后，由银行审核申请人资信情况、履约能力、项目可行性、保函条款及担保、质押或抵押情况，经银行有关部门审查、审批后，申请人与受理行签订开立保函协议，对外开出保函。

3. 保函收费。保函开出后，受理行根据总行有关费率规定向客户收取担保费及手续费。以工商银行收费标准为例，按规定根据保函风险按季度收取保函金额 0.5‰～3‰ 的担保费，每笔保函另收取保函金额万分之一的手续费，最低 100 元。

4. 保函开出后的检查管理。担保行开具人民币保函后，应即时登录信贷管理台账，加强跟踪检查，防止出现可能影响保函申请人履行合同或偿还账务的事项。如若发现问题，应及时采取有效措施防范和化解风险。

三、风险提示

国际担保业务中银行使用的绝大多数为见索即付保函。见索即付保函一经开立，银行将成为第一付款人，承担很大的风险。因此，为降低风险，银行在开立见索即付保函时应注意以下问题：

1. 保函应将赔付条件具体化，应有具体担保金额、受益人、委托人、保函有效期限等。

2. 银行应要求委托人提供相应的反担保或提供一定数量的保证金，银行在保证金的额度内出具保函。

3. 银行向境外受益人出具保函，属对外担保，还必须注意诸如报经外汇管理局批准等对外担保的法律规定。

4. 银行开立保函，还应该对基础合同的真实性进行认真审核，以防诈骗。

【知识链接】

客户申请办理常见保函所需的材料

（一）履约保函、预付款保函、投标保函、维修保函、预留金保函需填写和提交的材料

1. 填写开立国内保函申请书。

2. 担保项目可行性研究报告或项目招标书和政府主管部门批准件及其他有关批文。

3. 担保项下基础合同或意向书。

4. 担保合同意向书。

5. 反担保承诺函及相关物业抵押材料。

6. 担保函格式。

7. 申请人基本资信情况，经注册会计师审计并加盖其所在会计师事务所公章或签名的申请人的年度或半年的财务报表（资产负债表、损益表及验资报告）。

8. 受益人的基本资信资料。

（二）税款保付反担保函需填写和提交的材料

1. 开立保函申请书。

2. 开立保函协议书。

3. 加工贸易合同副本。

4. 经工商行政管理机关核准登记的特准经营证。

5. 提供国家外汇管理局备案表。

6. 外经贸部核准批件。

7. 出口许可证。

（三）海关风险保证金保函需填写和提交的材料

1. 开立海关风险保证金保函申请书。

2. 营业执照、身份证及复印件，法人代表证明书或法人授权委托书及复印件。

3. 上年度财务报告（含资产负债表、损益表和现金流量表）原件，有条件的还应经财政部门或会计师事务所核准。

4. 有权部门批准的企（事）业章程或合资、合作的合同或协议，验资证明。

5. 实行公司制的企业法人需提供公司章程；公司章程对法定代表人办理信贷业务有限制的，需提供董事会同意的决议或授权书。

6. 中国人民银行颁发的贷款证（卡）。

7. 技术监督部门颁发的组织机构代码。

8. 新客户还需提供印鉴卡、法定代表人签字式样。

保证和保函的区别

保证是民法上的责任，是区别于物保的人的担保，是第三人和债权人约定，当债务人不履行或者不能履行其债务时，该第三人按照约定或法律规定履行债务或者承担责任的担保方式。保证分为一般保证和连带保证。保函是国际经济法上的责任。国际海上货

物运输在《汉堡规则》中规定，托运人为了换取清洁提单可向承运人出具保函，保函只在托运人与承运人之间有效。我国海商法没有关于保函的规定，实践中参照以上规定。

【活动练习】

请为某银行客户通利汽车公司开立一份履约保函，说明业务的具体办理步骤及所需材料。

教学活动2　备用信用证的处理

【活动目标】

理解备用信用证及其性质与特点，掌握备用信用证的基本规定，能够熟练为客户办理备用信用证业务。

【知识准备】

一、产品介绍

1. 定义。备用信用证简称 SBLC（Standby Letters of Credit），又称担保信用证，是开证行应借款人要求，以放款人作为信用证的收益人而开具的一种特殊信用证，以保证在借款人破产或不能及时履行义务的情况下，由开证行向收益人及时支付本利。

2. 性质。

（1）不可撤销性。除非在备用证中另有规定，或经对方当事人同意，开证人不得修改或撤销其在该备用证下之义务。

（2）独立性。备用证下开证人义务的履行并不取决于：①开证人从申请人那里获得偿付的权利和能力。②受益人从申请人那里获得付款的权利。③备用证中对任何偿付协议或基础交易的援引。④开证人对任何偿付协议或基础交易的履约或违约的了解与否。

（3）跟单性。开证人的义务要取决于单据的提示，以及对所要求单据的表面审查。

（4）强制性。备用证在开立后即具有约束力，无论申请人是否授权开立，开证人是否收取了费用，或受益人是否收到或因信赖备用证或修改而采取了行动，它对开证行都是有强制性的。

备用信用证属于银行信用，开证行保证在开证申请人不履行其义务时，即由开证行付款。如果开证申请人履行了约定的义务，该信用证则不必使用。因此，备用信用证对于受益人来说，是备用于开证申请人发生违约时取得补偿的一种方式，其具有担保的性质。同时，备用信用证又具有信用证的法律特征，它独立于作为其开立基础的其所担保的交易合同，开证行处理的是与信用证有关的文件，而与交易合同无关。因此，备用信用证既具有信用证的一般特点，又具有担保的性质。

3. 备用信用证的种类。备用信用证的种类很多，根据在基础交易中备用信用证的不同作用主要可分为以下八类：

（1）履约保证备用信用证（Performance Standby）——支持一项除支付金钱以外的

义务的履行，包括对由于申请人在基础交易中违约所致损失的赔偿。

（2）预付款保证备用信用证（Advance Payment Standby）——用于担保申请人对受益人的预付款所应承担的义务和责任。这种备用信用证通常用于国际工程承包项目中业主向承包人支付的合同总价10%～25%的工程预付款，以及进出口贸易中进口商向出口商支付的预付款。

（3）反担保备用信用证（Counter Standny）——又称对开备用信用证，它支持反担保备用信用证受益人所开立的另外的备用信用证或其他承诺。

（4）融资保证备用信用证（Financial Standby）——支持付款义务，包括对借款的偿还义务的任何证明性文件。目前外商投资企业用以抵押人民币贷款的备用信用证就属于融资保证备用信用证。

（5）投标备用信用证（Tender Bond Standby）——它用于担保申请人中标后执行合同的义务和责任。若投标人未能履行合同，开证人必须按备用信用证的规定向收益人履行赔款义务。投标备用信用证的金额一般为投保报价的1%～5%（具体比例视招标文件规定而定）。

（6）直接付款备用信用证（Direct Payment Standby）——用于担保到期付款，尤指到期没有任何违约时支付本金和利息。其已经突破了备用信用证备而不用的传统担保性质，主要用于担保企业发行债券或订立债务契约时的到期支付本息义务。

（7）保险备用信用证（Insurance Standby）——支持申请人的保险或再保险义务。

（8）商业备用信用证（Commercial Standby）——它是指如不能以其他方式付款，为申请人对货物或服务的付款义务进行保证。

4. 备用信用证的特点。

（1）担保责任的确定性。银行保函有从属性保函和独立性保函之分。从属性保函以基础交易合同（主合同）的存在与执行状况为生效依据，是主合同的从合同，其依附性决定了担保人不能独立地承担保证责任，而只能依据主合同条款及其主合同的执行情况来确定担保责任的范围与程度；如果主合同的债务人以各种理由对抗债权人，担保人同样可以依据该抗辩理由对抗债权人。所以对债权人而言，从属性保函担保人的付款责任是不确定的。独立性保函开出后即完全不依附于基础交易合同而独立存在，其法律效力并不受制于基础交易合同的变更、灭失以及债务人的行为，只要债权人的索赔符合保函规定的索赔条件，不论该债务人是否同意，担保人必须履行第一付款责任。所以，不同法律属性保函担保人的付款责任确定与否，对当事人的实质性影响截然不同。实践中，围绕保函法律性质及其担保人付款责任的争议事例屡见不鲜。而备用信用证以鲜明的独立性确定了其与基础交易合约之间完全独立的法律关系，其付款依据是开证人不可撤销的义务以及备用信用证项下单据的合格性，开证人的付款责任始终是肯定和明确的，这一点极有助于减少误解和争议，提高担保服务的质量与效率。

（2）应用的灵活性。备用信用证与商业信用证的最大区别在于，后者一经开立，只要受益人提交的单据（汇票）表面合格，开证行必须履行第一性付款责任。而备用信用证的受益人多是在对债务人履约具有基本信任的基础上，将备用信用证作为风险规避的补充手段。若基础交易合约得以顺利履行，备用信用证通常"备而未用"，所以备用信用证的开证人尽管在形式上承担了独立的、不可撤销的、强制性的责任义务，但其并不一定必然地对外赔偿，事实上担负着"第二性"的付款责任。"备用（Standby）性"使备用信用证的开证人遭遇受益人无理或恶意索赔的几率相对较低；相应地，开证人对申请人的信用额度、开证抵押或反担保要求较之保函或商业信用证略显宽松，开证成本较低。备用信用证的"备用性"既使开证人承担的独立担保责任具有了一定弹性，又通过灵活的运作满足了国际经济交易对银行信用补充性支持的需求。实务中，"备而未用"者在备用信用证业务中占据多数。

二、基本规定

1. 银行提供的备用信用证相关服务。

咨询：向客户提供相关咨询。

开立：按客户申请开立备用信用证。

修改：根据需要对已开立的备用信用证作出修改。

审核及来证通知：接受国外开来备用证（或其修改）并审查核实后通知受益人。

2. 备用信用证的币种和期限。目前开立的备用信用证主要使用美元、英镑、欧元、日元等各种可自由兑换的货币，期限根据需要而定。

3. 价格。开立备用信用证主要有手续费、修改费等，通知备用信用证主要有通知费等。

4. 服务渠道及网络。国内各大银行有该业务权限的各个分支机构都可以为客户办理备用信用证业务，代理行网络业务基本遍布世界各地，可向全球开出备用信用证。

三、产品办理

1. 备用信用证的申请。

（1）申请条件。凡中国境内按中国法律注册的企业，有合法的外汇资金来源，且在银行开有账户，则可向开户银行申请开立备用信用证。

（2）申请所需材料。申请人要求开立备用信用证时，必须向银行提交正式的申请书、反担保文书，商务合同、项目文件及国家有关管理机关批件等副本。

2. 审查与审批。银行对申请人的开证申请必须严格审查以下内容：

（1）申请人的基本情况。包括申请人的名称、永久地址、法人代表、注册资本、近年经营情况，所需担保的贸易或项目的经济财务分析情况等。

（2）受益人的资信情况。包括受益人的名称、注册地点、永久地址、法人代表、开户银行、经营及财务状况的证明文件等。

（3）商务合约、项目文件及有关批件。

（4）申请开立的备用信用证的条款。包括受益人、金额、有效期、保兑、偿付条件、偿付行、偿付地点、增额、展期、注销等主要条款。

（5）反担保措施。为保证在申请人违约时可能发生的对外偿付，银行必须取得对申请人开立备用信用证的反担保。反担保措施包括保证金（人民币、现汇）；抵押品（动产、不动产），对外汇资产抵押品要有经公证的外汇资产抵押协议，不动产抵押品需有保险公司的足额保险；反担保人出具的反担保书（人民币或外汇资产、外汇额度）；由其他银行为申请人出具的保函或备用信用证。

保证金必须根据申请人的资信、外汇偿付能力以及对其信用评级等情况足额收取，至少不低于开证金额的60%；动产、不动产必须超额抵押，并考虑到法律效力、汇率和利率风险；反担保人的反担保书或其他银行为申请人出具的保函或备用信用证必须与银行开立的备用信用证等额。反担保单位应为有外汇偿还能力的金融机构、企业、外贸公司等经济实体。要审查反担保单位的法人地位、资产负债表、损益表、外汇偿付能力等资信情况，国内非金融机构出具的外汇或外汇额度反担保应有国家外汇管理机关的确认。

（6）申请人出具的当受益人索偿时不得反悔的书面保证。

（7）银行认为必要的其他情况。

当各特别授权分行开立备用信用证的范围、金额、效期超过权限时，须事先将请示报告连同商务合约等有关附件上报总行国际业务部审批。

3. 备用信用证的开立与修改。银行在收妥申请人的保证金、抵押品协议或反担保书（保函或备用信用证）和经申请人签字确认的银行的备用信用证初稿后，正式对外开出备用信用证。

申请人如要求修改备用信用证，必须征得受益人和银行的同意后，才能提出修改申请书。备用信用证的增额修改与展期修改的审查、审批手续与开立时相同。修改后的金额与期限超过特别授权分行权限的，必须上报总行国际业务部审批。

4. 事后监督。银行对外开立备用信用证后，对申请人经营、财务活动中可能影响银行担保权益的事项，必须严格监督、检查，发现问题，及时采取补救措施，避免或降低可能的资金损失风险。

5. 偿付与注销。

（1）偿付。在备用信用证有效期内，申请人不履行备用信用证规定的义务时，受益人须开具汇票或通过开证行的代理行的加押电传，连同备用信用证规定的其他单据，随附申请人不能履约的书面声明向开证行索偿。

受益人的索偿要求和提示的单据均符合备用信用证规定的条件，银行应在规定的工作日内对外偿付，并及时向申请人索取有关款项，或根据与申请人和反担保单位的事先约定，自其账户中扣款；如申请人、反担保单位均不履行义务时，银行应依法索偿。银行在审查受益人的索偿要求和提示的单据时，如发现单证不符，应在规定的时间内作出拒付。

（2）注销。如果申请人在备用信用证有效期内，已经履行商务合约规定的义务，可以要求开证行注销备用信用证。在征得受益人及有关当事人同意并由受益人交还正本信用证后，可予注销备用信用证。在有效期内未发生偿付的备用信用证，开证行应根据备用信用证规定，要求受益人退回正本备用信用证，并予注销。

四、风险提示

银行与客户在使用信用证的同时，一定要注意对其风险加以防范。备用信用证同其他结算方式一样，同样存在风险，有操作风险、诈骗风险、难以预料的国家风险等。这里主要介绍一下开证申请人可能面临的风险及其防范：

1. 调查受益人的资信，防止其在备用信用证的有效期内借故提示单据要求开证行付款，这样申请人的利益便将无法获得保障。因此，对资信不佳的客户开证时，要在条款中作严格限制。

2. 尽量选用延期付款的备用信用证，如果受益人在交易中使用诈骗行为获得货款时，申请人能够有足够的时间请求禁制令。

3. 应注意备用信用证中的单据条款的严谨性，严格规定受益人出具证明的格式与内容，防止因条款描述的疏忽而造成的损失。

【知识链接】

保函与备用信用证的比较

保函和备用信用证作为国际结算和担保的重要形式，在国际金融、国际租赁和国际贸易及经济合作中应用十分广泛。由于二者之间日趋接近。甚至有人将二者混同。事实上，二者之间既有基本类同之处。又有许多不同之处。准确把握两者之间的相似与区别，有助于在实际工作中正确运用它们来促进国际经贸的开展，也有利于保护有关当事人的合法权益。

一、保函与备用信用证的类同之处

（一）定义上和法律当事人的基本相同之处

保函和备用信用证，虽然在定义的具体表述上有所不同，但总的来说，它们都是由银行或其他实力雄厚的非银行金融机构应某项交易合同项下的当事人（申请人）的请求或指示，向交易的另一方（受益人）出立的书面文件，承诺对提交的在表面上符合其条款规定的书面索赔声明或其他单据予以付款。保函与备用信用证的法律当事人基本相同，一般包括申请人、担保人或开证行（二者处于相同地位）、受益人。三者之间的法律关系是，申请人与担保人或开证行之间是契约关系，二者之间的权利义务关系是以开立保函申请书或开证行与受益人之间的法律关系则是以保函或备用信用证条款为准。

（二）应用上的相同之处

保函和备用信用证都是国际结算和担保的重要形式，在国际经贸往来中可发挥相同的作用，达到相同的目的。

在国际经贸交往中，交易当事人往往要求提供各种担保，以确保债项的履行，如招标交易中的投标担保、履约担保，设备贸易的预付款还款担保、质量或维修担保，国际技术贸易中的付款担保等，这些担保都可通过保函或备用信用证的形式实现。从备用信用证的产生看，它正是作为保函的替代方式而产生的，因此，它所达到的目的自然与保函有一致之处。实践的发展也正是如此。

（三）性质上的相同之处

国际经贸实践中的保函大多是见索即付保函，它吸收了信用证的特点，越来越向信用证靠近，使见索即付保函与备用信用证在性质上日趋相同。表现在：第一，担保人银行或开证行的担保或付款责任都是第一性的，虽然保函或备用信用证从用途上是发挥担保的作用，即当申请人不履行债项时，受益人可凭保函或备用信用证取得补偿，当申请人履行了其债项，受益人就不必要使用（备用信用证就是因此得名的）。第二，它们虽然是依据申请人与受益人订立的基础合同开立的，但一旦开立，则独立于基础合同。第三，它们是纯粹的单据交易，担保人或开证行对受益人的索赔要求是基于保函或备用信用证中的条款和规定的单据，即只凭单付款。因此，有人将保函称为"担保信用证"。

二、保函与备用信用证的不同之处

（一）保函有从属性保函和独立性保函之分，备用信用证无此区分

保函作为人的担保的一种，它与它所凭以开立的基础合同之间的关系是从属性抑或是独立的关系呢？据此，保函在性质上有从属性保函和独立性保函之分。传统的保函是从属性的，保函是基础合同的一个附属性契约，其法律效力随基础合同的存在、变化、灭失，担保人的责任是属于第二性的付款责任。只有当保函的申请人违约，并且不承担违约责任时，保证人才承担保函项下的赔偿责任。而申请人是否违约，是要根据基础合同的规定以及实际履行情况来作出判断的。但这种判断显然不是件简单的事，经常要经过仲裁或诉讼才能解决其中的是非曲直。所以，当从属性保函项下发生索赔时，担保人要根据基础合同的条款以及实际履行情况来确定是否予以支付。各国国内交易使用的保函基本上是从属性质的保函。

独立性保函则不同，它虽是依据基础合同开立，但一经开立，便具有独立的效力，是自足文件。担保人对受益人的索赔要求是否支付，只依据保函本身的条款。

独立性保函一般都要明确担保人的责任是不可撤销的、无条件的和见索即付的。保函一经开出，未经受益人同意，不能修改或解除其所承担的保函项下的义务；保函项下的赔付只取决于保函本身，而不取决于保函以外的交易事项，银行收到受益人的索赔要求后应立即予以赔付规定的金额。见索即付保函就是独立性保函的典型代表。

独立性保函是第二次世界大战后为适应当代国际贸易发展的需要，由银行和商业实践的发展而逐步确立起来的，并成为国际担保的主流和趋势。原因主要在于：第一，从属性保函的发生索赔时，担保银行须调查基础合同履行的真实情况，这是其人员和专业技术能力所不能及的，且会因此被卷入到合同纠纷甚至诉讼中去。银行为自身利益考虑，绝不愿意卷入到复杂的合同纠纷中，使银行的利益和信誉受到损坏，而趋向于使用独立性保函。而且银行在处理保函业务时，正越来越多地引进信用证业务的处理原则，甚至有的将保函称为担保信用证。第二，独立性保函可使受益人的权益更有保障和更易于实现，可以避免保函申请人提出各种原因如不可抗力、合同履行不可能等来对抗其索赔的请求，避免对违约人起诉所花费大量的金钱、精力及诉讼旷日持久等缺陷，可确保其权益不致因合同纠纷而受到损害。

备用信用证作为信用证的一种形式，并无从属性与独立性之分，它具有信用证的

"独立性、自足性、纯粹单据交易"的特点。受益人以该信用证为准，开证行只根据信用证条款与条件来决定是否偿付，而与基础合约并无关。

（二）保函和备用信用证适用的法律规范和国际惯例不同

由于各国对保函的法律规范各不相同，到目前为止，尚未有一个可为各国银行界和贸易界广泛认可的保函国际惯例。独立性保函虽然在国际经贸实践中有广泛的应用，但大多数国家对其性质在法律上并未有明确规定，这在一定程度上阻碍了保函的发展。

【知识链接】

备用信用证与一般信用证的比较

备用信用证与一般的跟单信用证一样，银行都承担第一性付款责任。但两者还是有一定区别的。具体表现在：跟单信用证通常只作为货物买卖的国际支付；而备用信用证不仅适用于货物买卖的支付，还适用于投标担保、还款担保等各类经济担保。备用信用证的付款行凭受益人出具的证明，开证人已经违约的证明书，承担付款责任；而跟单信用证付款行凭受益人提交符合信用证要求的货运单据付款。备用信用证具备"备而不用"的性质，适用于开证人不履约；而跟单信用证适用于履约，受益人履行了信用证规定的条件，开证行即付款。

【活动练习】

请为客户广发贸易公司开立一份备用信用证，要求说明具体业务步骤和所需材料。

学习任务三
承诺类中间业务产品

【学生的任务】

◇ 要求学生认识承诺类中间业务产品及其分类。

◇ 熟悉各类型承诺类中间业务产品的特点、用途及相关规定。

◇ 掌握各项业务的办理流程，能够根据不同的需求为客户提供有针对性的银行产品服务。

【教师的任务】

◇ 指导学生通过银行调查、网络搜索等方式收集有关承诺类中间业务产品的相关资料。

◇ 讲解承诺类中间业务产品的功能、特征等主要知识点。

◇ 对学生作业完成情况进行点评。

承诺类中间业务是指商业银行在未来某一日期按照事前约定的条件向客户提供约定信用的业务，主要指贷款承诺、法人客户综合授信、公开统一授信等。

教学活动　贷款承诺产品的处理

【活动目标】

了解贷款承诺产品的内容和基本规定，掌握贷款承诺产品的办理流程。

【知识准备】

一、产品介绍

1. 定义。贷款承诺是银行与客户达成的一种更具有法律约束力的正式协议。银行在有效承诺期内，按照双方约定的条件、金额和利率等，随时准备应客户需要提供贷款，并向借款客户收取承诺费的一种授信业务。

2. 分类。贷款承诺分为贷款承诺函和贷款意向书两种形式：

贷款承诺函，是当申请人报批项目可行性研究报告时，开具的向国家有关部门表明银行同意贷款支持项目建设的文件，具有一定的法律效力。贷款承诺函为不可撤销承诺函（见图8-1）。

贷款意向书：是指当申请人报批项目建议书时，开具的向国家有关部门表明银行有支持意向的文件。该意向书不约定贷款额和责任条款，不具有法律效力。贷款意向书为可撤销的（见图8-2）。

中国建设银行贷款承诺函

年 第 号
（主送单位）： 　　你单位提送的　　项目贷款申请，经我行评估，同意承诺该项目（人民币，外汇）固定资产贷款　　万元（美元）。 　　本承诺书自签发之日起2年内有效。俟本承诺书下的固定资产贷款项目在承诺期内列入国家（地方）的固定资产投资计划，并符合我行相关的贷款条件后，我行下达正式贷款计划。 　　　　　　　　　　　　　　　　　　中国建设银行　　行（签章） 　　　　　　　　　　　　　　　　　　　　年　　月　　日

图8-1　贷款承诺函

中国建设银行贷款意向书

年 第 号
（主送单位）： 　　经研究，我行意向性承诺　　项目（人民币，外汇）固定资产贷款　　万元（美元）。 　　该项目经国家有权部门批准建设后，我行将依据《商业银行法》、《贷款通则》的有关规定及我行有关贷款、评估办法，对项目进行调查评估，并视评估结果及项目建设条件落实情况，最终决定承诺贷款与否。 　　　　　　　　　　　　　　　　　　中国建设银行　　行（签章） 　　　　　　　　　　　　　　　　　　　　年　　月　　日

图8-2　贷款意向书

3. 功能。解决客户项目资金需求，为客户项目提供有力保障。

二、产品基本规定

1. 适用范围：仅限于固定资产项目贷款以及为固定资产项目所配套的流动资金贷款承诺业务。

2. 申请条件：

（1）在本行开立结算账户，持有中国人民银行颁发的并经年审的贷款卡。

（2）项目符合国家的产业政策、信贷政策和银行的贷款投向，国家有权部门正式批准立项。

（3）项目具有国家规定比例的资本金。

（4）申请人具有良好的经营业绩和信誉，有按期偿还贷款本息的能力和意愿。

（5）能够提供合法有效的担保。

3. 期限：有效期为从开出之日起到正式签订借款合同止。一般为 6 个月，最长不超过 1 年。

4. 价格：不论客户最终是否借款，贷款承诺一经开出，银行要向客户收取承诺费，一般收取承诺额度的 0.25% ~0.75%。

5. 服务渠道：凡符合条件的客户可以向商业银行的各市场营销部或支行网点提出申请，各商业银行按项目贷款的程序执行。

三、产品办理

1. 有贷款承诺需求的客户向银行提出申请。借款人向银行提出贷款承诺的申请必须提交正式书面的申请书，同时还要提交借款人详细的财务资料和生产经营状况资料，作为银行是否作出贷款承诺的根据。具体而言，提出申请时客户需向银行提供下列材料：

（1）项目建议书和项目可行性研究报告。

（2）项目前期准备工作完成情况的报告。

（3）资本金和其他建设资金、生产和经营所需流动资金的筹措方案及资金来源落实的证明文件，并附出资方承诺出资的文书。

（4）企业法人营业执照、法人代码证、法定代表人资格证书等。

（5）前三年会计年度财务报表、申请借款前一个月的资产负债表、损益表和现金流量表。

（6）担保方式及相应承诺书。

2. 银行审查和审批。如果银行认为有进行承诺的可行性，就和借款人协商贷款承诺条件，主要包括承诺的类型、承诺的金额、承诺的期限、佣金率、偿还安排和保障条款等。

3. 银行和借款人签订贷款承诺协议书。银行和借款人对上述的承诺条件协商一致后，就必须签订正式的贷款承诺协议书，以明确双方的义务，保障双方的权利。

4. 借款人贷款资金的提用。借款人在承诺额度之内提用资金之前，必须在合同规定的时间内通知银行，以便银行能够及时地组织资金；银行必须在合同规定的时间内将资金划入借款人的存款账户，供借款人使用。

5. 归还借款本息和支付佣金。借款人必须按期缴纳佣金和支付贷款本息，并按合同规定按时偿还贷款本金。

四、风险提示

作为一项信用工具，贷款承诺一般需要承受两方面的金融风险：

一是信用风险，这种风险与潜在借款人的还款能力和意愿直接相关。贷款承诺的信用风险几乎全部来自潜在借款者。

二是市场风险，这种风险广泛地与市场条件的不利变化相关，包括利率和汇率等及价格变动风险。但是，对于贷款承诺，只有当其中一方拥有正市场价值（Positive Market Value）时，才可能出现违约行为，因为这种价值代表了预期将要发生的损失或现金流出义务。从经济性质上看，一项贷款承诺具有期权特征。

例如，对于一项美式固定利率贷款承诺，在不考虑承诺费的情况下，当商业银行等金融机构（期权发行者）作出以固定利率在未来期间提供贷款的承诺时，如果执行期内市场利率大于设定利率，承诺持有者（潜在借款者）将执行此贷款承诺，并获得相当于市场利率与设定利率之差与最大贷款额乘积的收益；如果市场利率小于设定利率，承诺持有者将放弃执行，并采用当期市场利率获取贷款，从而避免相当于市场利率与设定利率之差与最大贷款额乘积的损失。

对于商业银行等金融机构，承诺持有者的收益相当于其因持有贷款承诺而带来的机会成本。因此，随着市场利率与设定利率偏离程度的加大，承诺方实际上承担了所有的市场风险（外币贷款时还包括汇率风险）。风险可能是无限的，而收益仅限于收到的按照一定比例或固定数额支付的贷款承诺费。购买贷款的远期备用承诺在原理上与固定利率贷款承诺相同，差别主要在于标的转化为合同价格。

【知识链接】

贷款承诺与贷款意向的区别

1. 承诺程度不同。贷款意向书的含义是可以为贷款协议进行进一步的准备和商谈，贷款承诺则是已经就贷款条件和合同主要条款达成一致。

2. 阶段不同。大型建设项目在项目建议书批准阶段一般需要银行出具贷款意向书，而在可行性报告批准阶段则需要银行出具贷款承诺书。

3. 法律责任不同。贷款承诺具有法律约束力，银行须按正常贷款的审查程序对贷款作出评估，签订正式的贷款承诺协议；而贷款意向书则不具备法律约束力。

4. 内容不同。贷款承诺内容包括承诺额度、承诺的有效期限、贷款的有权批准机关、贷款条件及收费事项等，而贷款意向不表示贷款的额度以及期限。

5. 费用不同。贷款承诺一般要收取承诺费，而贷款意向不收取费用。

【活动练习】

利用课余时间关注并收集各大银行推出的新型中间业务产品。

【分析思考】

简述贷款承诺产品及其基本规定。

网络银行产品

WANGLUO YINHANG CHANPIN

【学习目标】

◇ 了解网络银行提供的服务类型。

◇ 熟悉网络银行个人客户和企业客户的注册程序。

◇ 掌握网络银行主要的个人客户业务和企业客户业务的操作。

【技能目标】

◇ 能够说明网络银行产品的特点和优势。

◇ 能够指导不同类型的网上银行客户进行相应的网络银行注册开户。

◇ 能够分辨不同的业务类型，并且能够对主要的网上银行业务进行熟练地操作。

学习任务一
认识网络银行的服务品种

【学生的任务】

◇ 要求学生认识网络银行产品。

◇ 要求学生熟悉网络银行的服务品种。

◇ 要求学生掌握网络银行产品的业务操作，能够根据不同的需求为客户提供有针对性的产品服务。

【教师的任务】

◇ 指导学生通过银行调查、网络搜索等方式收集有关网络银行产品的相关资料。

◇ 讲解网络银行产品的功能、特征等主要知识点。

◇ 对学生作业完成情况进行点评。

教学活动1 了解网络银行产品

【活动目标】

了解网络银行产品的特点，比较分析网络银行产品与传统银行产品各自的优势。

【知识准备】

网上银行又称网络银行、在线银行，是指银行利用 Internet 技术，通过 Internet 向客户提供开户、查询、对账、行内转账、跨行转账、信贷、网上证券、投资理财等传统服务项目，使客户可以足不出户就能够安全便捷地管理活期和定期存款、支票、信用卡及个人投资等。可以说，网上银行是在 Internet 上的虚拟银行柜台。

网上银行又被称为"3A 银行"，因为它不受时间、空间限制，能够在任何时间（Anytime）、任何地点（Anywhere）以任何方式（Anyhow）为客户提供金融服务。

一、网络银行的特点

1. 全面实现无纸化交易。以前使用的票据和单据大部分被电子支票、电子汇票和电子收据代替；原有的纸币被电子货币，即电子现金、电子钱包、电子信用卡代替；原有纸质文件的邮寄变为通过数据通信网络进行传送。

2. 服务方便、快捷、高效、可靠。通过网络银行，用户可以享受到方便、快捷、高效和可靠的全方位服务。任何时候都可以使用网络银行的服务，不受时间、地域的限制，即实现 3A 服务（Anywhere，Anyhow，Anytime）。

3. 经营成本低廉。由于网络银行采用了虚拟现实信息处理技术，网络银行可以在保证原有业务量不降低的前提下，减少营业点的数量。

4. 简单易用。网上 E-mail 通信方式灵活方便，便于客户与银行之间以及银行内部的沟通。

二、网络银行的业务优势

1. 大大降低银行经营成本，有效提高银行盈利能力。开办网上银行业务，主要利用公共网络资源，不需设置物理的分支机构或营业网点，减少了人员费用，提高了银行后台系统的效率。

2. 无时空限制，有利于扩大客户群体。网上银行业务打破了传统银行业务的地域、时间限制，具有 3A 特点，即能在任何时候（Anytime）、任何地方（Anywhere）以任何方式（Anyhow）为客户提供金融服务，这既有利于吸引和保留优质客户，又能主动扩大客户群，开辟新的利润来源。

3. 有利于服务创新，向客户提供多种类、个性化服务。通过银行营业网点销售保险、证券和基金等金融产品，往往受到很大限制，主要是由于一般的营业网点难以为客户提供详细的、低成本的信息咨询服务。利用互联网和银行支付系统，容易满足客户咨询、购买和交易多种金融产品的需求。客户除办理银行业务外，还可以很方便地进行网上买卖股票债券等，网上银行能够为客户提供更加合适的个性化金融服务。

【活动练习】

要求学生通过浏览各大商业银行网站了解网络银行，总结网络银行的特点和功能。

教学活动2 认识网络银行的服务品种

【活动目标】

对网络银行的服务类型有所认知，能够根据不同类型的网上银行客户，进行网络银行的注册开户。

【知识准备】

网络银行的实质是为各类通过因特网进行商务活动的客户提供电子结算手段。网络银行的特点是客户只要拥有账号和密码便能在世界各地与因特网联网，进入网上银行办理各种交易。随着市场对网络银行服务需求的扩大，网络银行提供的服务也在不断地创新和丰富。

一、网络银行的服务种类

随着因特网技术的不断发展创新，网上银行提供的服务种类、服务深度都在不断地丰富、提高和完善。从总体上讲，网络银行提供的服务一般包括两类：一类是传统的商业银行业务品种在网络上的实现。这类业务基本上在网络银行建设的初期占据了主导地位，传统商业银行把网络银行作为自身业务品种的一个新兴的营销渠道。另一类是完全针对因特网的多媒体互动的特性来设计提供的创新业务品种。这类业务以客户为中心、以科技为基础，真正体现了按照市场的需求量身定做的个性化服务特色。这类业务的开发，充分利用因特网和IT技术的优势，打破了传统商业银行的各种条条框框，成为真正意义上的网络银行业务。

从业务品种细分的角度来讲，网络银行业务一般可以分为以下几个类别：

（一）提供信息

网上银行通过因特网发布的公共信息，一般包括银行的历史背景、经营范围、机构设置、网点分布、业务品种、利率和外汇牌价、金融法规、经营状况以及国内外金融新闻等。通过公共信息的发布，网上银行向客户提供了有价值的金融信息，同时起到了广告宣传的作用。通过公共信息的发布，客户可以很方便地认识银行、了解银行的业务品种以及业务运行规则，为客户进一步办理各项业务提供了方便。

（二）决策咨询

网络银行一般以 E－mail、BBS 为主要手段，向客户提供业务疑难咨询以及投诉服务，并以此为基础建立网上银行的市场动态分析反馈系统。通过收集、整理、归纳、分析客户的各式各样的问题和意见，及时地了解客户关注的焦点以及市场的需求走向，为决策层的判断提供依据，便于银行及时调整或设计出新的经营方式和业务品种，更加体贴周到地为客户服务，并进一步扩大市场份额，获取更大收益。

（三）账务查询

网络银行可以充分利用因特网门对门服务的特点，向企事业单位和个人客户提供其账户状态、账户余额、账户一段期间内的交易明细清单等事项的查询功能。同时，为企业集团提供所属单位的跨地区多账户的账务查询功能。这类服务的特点主要是客户通过查询来获得在银行账户的信息以及与银行业务有直接关系的金融信息，而不涉及客户的资金交易或账务变动。

（四）申请和挂失

此类业务主要包括存款账户、信用卡的开户，电子现金、空白支票申领，企业财务报表、国际收支申报的报送，各种贷款，信用证开证的申请，预约服务的申请，账户挂失、预约服务撤销，等等。客户通过网络银行清楚地了解有关业务的章程条款，并在线直接填写、提交各种银行表格。这就简化了手续，方便了客户。

（五）网上支付

网上支付主要向客户提供因特网上的资金实时结算功能，是保证电子商务正常开展的关键性的基础功能，也是网络银行的一个标志性功能。没有网上支付的银行站点，充其量只能算做一个金融信息网站。网上支付按交易双方客户的性质分为 B to B 和 B to C 两种交易模式。目前，由于从法律环境和技术安全性方面的考虑，在 B to C 功能的提供上各家银行比较一致，B to B 交易功能的提供尚处在不断摸索和完善之中。

（六）金融创新

基于因特网多媒体信息传递的全面性、迅速性和互动性，网络银行可以根据因特网特点，对不同客户提供更多便捷的智能化、个性化的服务，提供传统商业银行在当前业务模式下难以实现的功能。比如企业集团客户可以通过网上银行查询各子公司的账户余额和交易信息，并在签订多边协议的基础上实现集团内部的资金调度与划拨，从而提高了集团整体的资金使用效益。这为客户改善内部经营管理和财务管理提供有力的支持。

（七）信息增值

网络银行在提供金融信息咨询的基础上，以资金托管、账户托管为手段，为客户的资金使用安排提供周到的专业化的理财建议和顾问方案。采取信用证等业务的操作方式，为客户间的商务交易提供信用支付的中介服务，从而在信用体制不尽完善合理的情况下，积极促进商务贸易的正常开展。建立健全企业和个人的信用等级评定制度，实现社会资源的共享，提供信息增值服务。根据存贷款的期限向客户提前发送转存、还贷或归还信用卡透支金额等提示信息。

综上所述，网络银行利用因特网技术，把银行的服务触角通过科技手段延伸到了社会经济生活的方方面面，延伸到了每个客户的面前。客户无论是在单位或是在家中，都可以便捷地使用网上银行的各项新颖、周到的服务。随着因特网和电子商务的普及与发展，网络银行可提供的服务势必越来越广泛，越来越完善。

【知识链接】

网上银行对传统银行的影响

网络技术的发展对传统银行业的经营模式和理念形成巨大冲击，网上银行对传统银行的影响主要体现在以下七个方面：

1. 网上银行改变了传统银行的经营理念。网上银行的出现改变了人们对银行经营方式的理解以及对国际金融中心的认识，一系列传统的银行经营理念将随之发生重大转变。借助网络，一个银行即使没有高楼大厦也能提供跨区域的品牌服务，因而突破了时空局限，改变了银行与客户的联系方式，从而削弱了传统银行分支机构网点的重要性，取而代之的将是支持银行业务开展的信息设备。

2. 网上银行改变了传统银行的营销方式和经营策略。网上银行能够充分利用网络与客户进行沟通，使传统银行的营销以产品为导向转变为以客户为导向，通过提供更迅捷和高技的服务，以速度赢得客户，变被动为主动。网上银行将业务重点转为向客户提供个性化服务，通过积极与客户联系，获取客户的信息，了解不同客户的不同特点，提供更为个性化的服务。同时，也能更好地处理与客户的关系，将服务转向"人际化"，如咨询和个人理财业务，向客户提供更加具体全面的服务。

3. 网上银行改变了传统银行经营目标的实现方式。银行经营目标实现方式的改变主要体现在安全性、流动性上。从库存现金向电子现金的转变使安全概念也发生转变。因为电子货币的使用使银行资金的安全已经不再是传统的保险箱或者保安人员所能保障的，对银行资金最大的威胁是"黑客"的偷盗，很可能在不知不觉间资金已经丢失。因此，银行必须转变安全理念，从新的角度特别是保护信息资源的角度确保资金安全。电子货币独特的存取方式也带来流动性需求的改变。电子货币流动性强的特点改变了传统的货币层次的划分，更不可避免地导致银行的流动性需求发生改变。

4. 网上银行服务的开展促使银行更加重视信息的作用。在信息社会里，银行信用评估的标准正在发生改变，表现为银行获取信息的速度和对信息的优化配置将代表信用。在如今的电子商务时代，银行获取信息的能力将在很大程度上体现其信用，而电子商务也要求传统银行在信息配置方面起主导作用。信息配置较之传统经济学中的资源配置，将发挥同样甚至更大的作用，对经济学的发展也是一个推动，这也将是银行信用的一个重要方面。

5. 网上银行加快了金融产品的创新。网上金融产品易诞生也易消亡的特点对银行的金融产品创新提出了更高的要求。在网络时代，新的金融衍生工具创造将翻倍加速，但也可能被淘汰、消失得更快。这一方面为银行突破传统的阶段性发展模式而利用技术创新进行跳跃式发展提供了可能，另一方面则对银行自身的创新能力提出更高的要求。如果银行自身没有具备创新的实力，就有可能长期处于"跟随者"的不利地位，时刻有被淘汰的危险。

6. 网上银行正改变传统银行的竞争格局。基于 Internet 平台的网上银行提供的全球化服务，使金融业全面自由和金融市场全球开放，银行业的竞争已不再是传统的同业竞争、国内竞争、服务质量和价格竞争，而是金融业与非金融业、国内与国外、网上银行与传统银行等的多元化竞争。

二、网络银行为个人客户提供的服务品种

网上个人银行为注册客户提供的服务有：

1. 账务信息查询。客户可对自己的账务信息，如卡/存折余额、历史明细、今日明细和网上购物明细进行查询，并可下载历史明细。

2. 卡账户转账。客户可以实现自己的人民币卡账户之间的资金互转以及向同城（本地）他人的信用卡、贷记卡或理财账户划转资金。

3. 银证转账客户可以实现自己的银行储蓄存款账户或信用卡账户与第三方托管账户相互划转资金，并可查询第三方托管资金账户的交易明细和实时余额。

4. 基金业务。客户（基金投资者）可以在线进行基金申购、认购、赎回等交易及查询有关基金信息。

5. 外汇买卖。客户可在因特网上根据银行提供的汇率信息进行即时和委托买卖外汇交易、撤单及查询有关外汇交易信息等活动。

6. 国债业务。个人国债投资客户可在网上进行记账式国债的即时交易，并可享受查询成交明细、债券价格及债市信息等服务。

7. 集中式银期转账。可以实现投资者银行结算账户与期货公司保证金账户的实时划转，期货公司可根据其银行期货保证金账户的变动情况实时调整期货投资者在期货公司的资金账户余额，为期货交易提供资金结算便利。

8. 代理实物黄金。投资者可以由网上银行发起交易指令进行黄金买卖并提取真实存在的黄金。

9. 企业年金个人查询。客户可以通过网上银行查询企业年金个人账户的基本信息、缴费信息、投资组合、收益信息、历史净值、支付历史等情况，同时还可以修改个人基本信息。

10. 信用支付。客户在信用支付过程中，客户的购物款项会存放在专用保证金账户中，在客户发出收货确认通知后，卖方才可收到相关款项。银行在交易过程中承担资金监管的责任，从而有效保护客户的权益。

11. 异地汇款。客户可在线向国内外其他地方的特定银行的开户单位和个人支付款项。

12. 委托代扣。客户可通过网上银行签订委托银行代理扣缴费用的协议，实现购买商品、服务等费用的自助扣缴。客户也可以在网上随时查询和撤销相关扣款协议。

13. e通卡。客户可在线申请，自主选择背景图案，用于网上 B to C 交易。不可透支，可设定最高限额，提高网上交易的安全性。

14. 个人自助注册。持有银行信用卡、贷记卡、理财卡的客户可在网上自助注册成为银行网上银行客户，立即享有除对外转账、个人汇款外的其他所有服务。

15. WAP 手机银行。客户可以通过移动电话在线获得网上银行的各项服务。

16. 个人抵押贷款。个人客户可在线提交抵押贷款申请并实时获得贷款。

17. 个人理财。客户可在线获得预约服务、查询理财协议，同时还能利用理财计算器进行理财计算。

18. 客户服务。客户可以在线修改登录密码、进行首页定制、修改信用卡信息以及修改网上银行客户信息。

19. 账户挂失。客户的信用卡、灵通卡、贷记卡或"理财金账户"卡遗失或被偷窃时可在线对其进行本地挂失（非全日挂失）的操作。

三、网络银行为企业客户提供的服务品种

1. 信息查询：为企业提供各种信息的查询。

账务信息查询：包括查询账户余额明细以及账户交易明细等信息。

子公司账务查询：集团公司能根据协议查看子公司的账务信息，方便财务监控。

企业信用查询：查询企业的信用情况，查询借款借据的当前和历史状态。

金融信息查询：提供实时证券行情、利率、汇率、国际金融信息等丰富多样的金融信息。

银行信息通知：银行通过网络系统将信息通知客户，如定期存款到期通知、贷款到期通知、开办新业务通知、利率变动通知及相关账务信息等。

网上企业年金查询：企业客户可以网上查询企业年金账户中的计划信息、缴费信息、投资信息等。

2. 集团理财：实现集团公司对子公司账户的统筹管理。

3. 企业财务室：为企业客户提供网上代发工资、代报销和内部资金划转业务。

代发工资：客户通过网上银行实现对同城/异地（含同行/他行账户）员工的工资发放业务，并实现银行工作日内本行系统同城/异地账户的实时到账。

代报销：在网上办理企业员工报销业务。

为企业办理本单位各账户之间的资金划拨以及定活期存款互转。

4. 网上结算：企业可通过电子付款指令从其账户中把资金转出，实现与其他单位（在国内任何一家银行开户均可）之间的同城或异地资金结算。

5. 收费站：企业可对已与银行签订网上收费站缴款协议书的第三方企业缴费客户或者个人缴费客户在线主动收费。

6. 电子回单：企业可在网上查询并按笔打印当日明细和历史明细的电子回单，加盖银行章的回单可到开户银行领取。

7. 网上购物：B to B 网上购物并产生订单后，可向卖方实时支付货款，从而迅速完成整个活动。

8. 信用支付服务平台：银行为客户在 C to C、B to B 交易过程中承担资金监管的责任，但不参与交易流程控制，只是根据规定的有关交易规则进行资金划转、清算，从而更加有效地保护客户权益。

9. 网上银行委托贷款业务：为企业或个人网上银行客户提供的通过企业网上银行自助进行委托贷款放款申请、还款申请和委托贷款查询等服务的业务。

10. 网上银行信用证业务：为企业网上银行客户提供的通过企业网上银行自助进行进口信用证开证与修改申请、进口信用证查询、出口信用证查询等服务的业务。

11. 票据业务：集团企业总（母）公司可获得办理票据业务需提交的有关资料、业务办理程序等介绍和咨询信息。

12. 公务用卡：可以实现政府机构或企事业单位在从事公务活动及在内部财务管理方面采用银行卡结算。

13. 贵宾室：贵宾室业务可以为特定优质客户提供客户账务提醒、预约服务和网上结算服务。

14. 国债业务：为客户提供债券账户查询、网上交易（即时交易）、成交明细查询、债券价格及债市信息等。

15. 基金业务：通过网上银行系统实现基金的认购、申购以及基本信息查询等功能。

16. 集中式银期转账：可以实现期货投资者银行结算账户与期货公司保证金账户的实时划转。期货公司根据其银行期货保证金账户的变动情况，实时调整期货投资者在期货公司的资金账户余额，为期货交易提供资金结算便利。

四、网络银行注册开户

注册开户是指向网络银行申请成为其正式客户；注册是申请办理网络银行业务的前提，只有申请注册成功的客户才能享受网络银行提供的各项服务。以下介绍个人网上注册和企业网上注册的方法。

（一）个人客户在网络银行注册开户

一般情况下，拥有银行个人信用卡、贷记卡、商务卡和理财卡的客户均可向相应的银行提出个人网上银行注册申请。客户可直接到营业网点填写申请表并办理注册手续，也可以通过银行网站实现网上自助注册。

1. 柜台注册。在柜台办理网上银行个人客户注册手续时，可注册信用卡、贷记卡、商务卡和理财卡等几种账户。注册时应提供如下资料：（1）申请人本人有效身份证件。（2）所需注册的本地信用卡、贷记卡、商务卡或理财卡。（3）开通特定功能（如银证转账业务等）所需要的协议。（4）注册商务卡的需提供单位授权书。（5）其他所需的资料。

银行审核上述资料无误后，与申请人签署网上银行个人客户服务协议，办理注册资料录入、客户预留网上银行密码等注册手续。注册后，在下一个银行工作日即可使用个人网上银行系统。

2. 网上自助注册。个人网上银行自助注册是指通过银行网站实现网上自助注册。客户一旦在网上自助注册成功，一般当日即可使用银行个人网上银行系统。自助注册流程如下：（1）仔细阅读网上自助注册须知。（2）在线签署银行网上自助注册个人客户服务协议。（3）在线提供并输入如下信息：申请人本人有效身份证件号码，所需注册的本人信用卡、贷记卡、商务卡或理财卡卡号，注册卡密码并设置网上银行密码，其他所需的资料信息。

（二）企业客户在网络银行注册开户

在银行企业网上银行注册开户必须是在该行开立有存贷款账户的企业客户，包括企业、行政事业单位、社会团体等。

按企业规模及服务内容，银行将客户划分为集团客户和一般客户两大类。集团客户是指总部及其分支机构在银行对公营业网点开立存款账户，且总部需要通过企业网上银行系统查询分支机构账户或同时需要通过企业网上银行系统从分支机构账户转出资金的企业。一般客户是指没有开设任何分支机构的企业，或总部不需要通过企业网上银行系统查询分支机构账户，也不需要通过企业网上银行系统从分支机构账户转出资金的集团性企业。

1. 柜台注册。申请办理企业网上银行标准版注册时，按下列程序办理：

（1）仔细阅读网上银行业务章程、网上银行企业客户服务协议及有关介绍材料。

（2）准备申请材料。申请材料包括有关部门核发的法人代码证、网上银行企业客户注册申请表、企业或集团常用账户信息表、企业贷款账户信息表和分支机构信息表。填写后，加盖单位公章，提交给开户行。

（3）银行审批。申请企业将全部申请材料交给银行后，由银行对申请材料进行审批。审批后，银行对申请企业予以答复。对于未通过银行审批的，银行将申请材料原件退回。

（4）领取客户证书和密码信封。申请企业收到批复通知后，到开户行领取客户证书和密码信封。领取后的次日即可使用网络银行办理相应的业务。但是，集团客户此时只能操作总部的账户，必须得到分支机构的授权后才能对分支机构的账户进行操作。企业办理网络银行业务前，还应安装由银行提供的客户端安全代理软件。

（5）办理各分支机构账户查询、转账授权书的核实。集团客户需要对分支机构账户进行操作的，需要先组织下属的分支机构签署账户查询转账授权书，同意授权。然后提交银行办理账户查询转账授权书的核实。核实后，集团客户即可通过网络银行对其分支机构的账户进行操作。

2. 网上自助注册。办理网上自助注册的客户应首先在开户网点柜台领取并填写银行企业客户卡证书信息表，加盖在银行预留的印鉴，到银行柜台领取客户卡证书，并设置证书密码。只有持有银行客户卡证书的企业客户方可在网上自助注册企业网上银行，注册流程如下：

（1）登录银行网站，在线签署银行网上银行企业客户服务协议。

（2）在线输入如下信息：①开户地区。②所需注册的客户卡证书卡号。③客户卡证书密码。④企业指定的客户卡证书持卡人的证件种类及证件号码。

通过银行审批的客户当日即可开通使用银行企业网上银行，银行可为客户提供客户卡证书内挂接账户的查询服务功能。客户如遗忘企业网上银行密码，可在线自助办理密码重置手续。

【知识链接】

中国主要商业银行网址

工商银行	http：//www. icbc. com. cn
农业银行	http：//www. 95599. cn
中国银行	http：//www. bank – of – china. com
建设银行	http：//www. ccb. com
交通银行	http：//www. bankcomm. com
兴业银行	http：//www. cib. com. cn
招商银行	http：//www. cmbchina. com
光大银行	http：//www. cebbank. com
民生银行	http：//www. cmbc. com. cn
深圳发展银行	http：//www. sdb. com. cn
华夏银行	http：//www. hua – xiabank. com
上海浦东发展银行	http：//www. spdb. com. cn
中信银行	http：//www. citicib. com. cn
广东发展银行	http：//www. gdb. com. cn
中国邮政储蓄银行	http：//www. psbc. com

【分析思考】

任选一家商业银行为例，总结该行网络银行所能提供的服务种类。

学习任务二
网络银行的网上个人银行业务

【学生的任务】

◇ 要求学生了解网上个人银行业务的具体内容。

◇ 要求学生掌握网络银行网上个人银行业务的基本操作，能够为客户提供有相关的产品服务。

【教师的任务】

◇ 指导学生通过银行调查、网络搜索等方式收集有关网上个人银行业务的相关资料。

◇ 讲解网络银行的网上个人银行业务的内容和操作等主要知识点。

◇ 对学生作业完成情况进行点评。

教学活动　网上个人银行业务的办理

📖 **【活动目标】**

能够分辨不同的网上个人银行业务类型，并且能够对主要的网上个人银行业务熟练地进行操作。

✍ **【知识准备】**

网上个人银行业务是网络银行为个人客户提供的网上银行服务。本模块主要介绍网上个人投资理财业务、网上个人贷款业务、网上个人转账汇款业务、网上个人缴费支付业务和网上个人账户管理。

一、网上个人投资理财业务

网上个人投资理财业务是指网络银行在网上为客户提供购买理财产品以及与其相关的业务，主要包括第三方存管、银证快车、信用卡透支还款等业务。以下将主要介绍第三方存管业务。

第三方存管是商业银行联合证券公司为投资者提供的客户交易结算资金（也称客户保证会）管理服务，包括多渠道的实时客户保证金划转（银证转账），协助监管客户保证金，客户交易结算资金账户（第三方存管账户）余额和变动明细查询服务。

（一）注册

办理网上个人第三方存管业务，首先需要注册，开通此项业务等。

1. 客户首先需要到证券公司指定的存管银行签署相应的客户交易结算资金银行存管协议书。

2. 确认建立存管关系。

（1）柜台办理：客户携带与证券公司营业部签署的客户交易结算资金银行存管协议书及相关文件，到银行营业网点填写第三方存管开通申请书，确认建立存管关系，即可开通业务功能。

（2）自助注册：已经在证券公司开立证券账户的客户可以在线自助注册第三方存管业务。客户只需通过网上银行签署第三方存管三方协议即可完成第三方存管开通手续，建立证券资金账户与银行结算账户的绑定关系。

（二）交易查询

网上个人银行客户可以通过网上银行查询第三方存管账户的当日和历史明细。

1. 第三方存管账户当日明细查询。查询当日明细的操作流程如下：

（1）登录个人网上银行，进入"银证转账→第三方存管→查询当日明细"。

（2）选择要查询的账户，点击"查询"。

（3）显示当日明细结果。

2. 第三方存管账户历史明细查询。历史明细查询的操作需输入查询的起止日期，点击"确定"进入所要查询的历史明细页面。

3. 第三方存管账户余额查询。网上个人银行客户通过网上银行查询其资金账户实时余额的操作流程如下：

（1）登录个人网上银行，进入"银证转账→第三方存管→查询账户余额"。

（2）输入密码，点击"查询"。

（3）系统显示余额查询结果。

（三）银证转账

银证转账是指将第三方存管账户与客户的银行资金账户挂钩，从而实现两个账户之间资金互转的业务。

1. 银行账户转第三方存管账户。

（1）登录个人网上银行，进入"网上证券→网上股票→第三方存管→银行转证券公司"。

（2）选择要交易的证券公司和账号，点击"转账"进入转账交易流程。

（3）输入转账金额并确认无误后，点击"确定"。

（4）转账成功。

2. 第三方存管账户转银行账户。

（1）登录个人网上银行，进入"网上证券→网上股票→第三方存管→证券公司转银行"。

（2）选择要交易的证券公司和账号，点击"转账"。

（3）输入转账金额、第三方存管账户密码和验证码，确认输入无误后，点击"确定"。

（4）转账成功。

二、网上个人贷款业务

网上个人贷款业务是指网上银行为个人客户提供的自助网上办理个人质押贷款业务和各类贷款的查询业务。客户无须再去银行营业网点，通过网上银行可以直接完成贷款申请、获得银行放款和提前还款的全部操作。

（一）贷款申办

1. 网上个人贷款申办条件如下：

（1）在网上办理个人质押贷款，需先开立个人贷款综合账户。账户可以在银行营业网点开立也可在网上银行自助开立。在营业网点开立个人贷款综合账户后，需要将用于办理个人贷款的信用卡或理财卡等银行卡注册到网上银行。

（2）办理网上个人质押贷款，需要事先到银行营业网点办理客户证书。

（3）用于办理贷款的质押品包括借款人下挂在网上银行的定期账户、基金、国债、理财产品、人民币账户黄金、外汇买卖账户等。

2. 网上个人贷款注意事项如下：

（1）可以作为质押品的有：借款人下挂在网上银行的定期账户、基金、国债、理财产品、人民币账户黄金、外汇买卖账户等。如用外币存单质押，将根据当日的汇率折算成人民币计算。

（2）只有在网上申请的个人质押贷款才可在网上申请放款。

（3）网上个人质押贷款期限最多为一年。贷款期限小于等于半年采用半年利率，大于半年小于等于一年采用一年利率。

（4）网上银行自助契约的贷款合同只能在网上银行发放贷款；一份借款合同，可申请多笔借据放款，但总额不能超过借款合同定的总金额。

（5）只有在网上申请的个人质押贷款才能在网上提前还款。

（6）网上个人质押贷款如果逾期，应到银行营业网点办理还款手续。

（7）只有客户贷款合同中所有借款的本息已全部归还，才可以将合同中所质押的账户解除质押。

（8）只有无纸质凭证的国债才可以在网上办理质押贷款业务。

（二）还款业务

网上个人银行贷款可以按期还，也可以提前还。按期归还时，银行经授权在到期还款日自动从客户指定的还款账户中扣收贷款本息。提前还款则由客户自行通过网络银行自助操作。提前还款的操作流程如下：

1. 登录个人网上银行。

2. 进入"网上贷款→质押贷款→归还贷款"。

3. 选择拟归还贷款。

4. 点击提前还款。

5. 选择还款账户。

6. 确定后还款成功。

（三）注销质押

网上银行个人贷款如按到期归还，则银行在扣收贷款本息后解除被质押账户的冻结。如客户提前还款，在完成上述网上自助还款后，还应通过网上银行解除被质押账户的冻结。注销质押操作流程如下：

1. 登录个人网上银行。

2. 进入"网上贷款→质押贷款→解除账户质押"。

3. 查询质押账户，解除质押。

4. 将质押凭证账户状态由"质押冻结"恢复为"正常"。

5. 交易完成。

三、网上个人转账汇款业务

网上个人转账汇款业务是客户将本人账户资金汇往其他个人或单位的业务，是银行为方便客户提供的网上金融服务产品。网上个人汇款在银行指定的时间内，资金可实时汇至收款人账户。如果对方没有在银行开户或对方不是同一系统银行的客户，也可通过填写收款人姓名、地址、收款行名称等信息后办理汇款。收款人本人可以持汇款人指定的收款人证件到指定的银行营业网点办理取款手续。根据收款人所在地以及账户种类，网上个人转账汇款业务可以分为电子速汇、跨行汇款和国际汇款。以下将主要介绍电子速汇。

（一）电子速汇

电子速汇是指客户通过网络委托网上银行向同城或异地的银行的个人或单位客户进行转账汇款。电子速汇业务支持单笔转账汇款和批量转账汇款，可以向单个或多个银行账户转账汇款。

1. 单笔转账汇款时的操作流程如下：

（1）首先登录个人网上银行，进入"我的账户→电子速汇→单笔转账汇款"。

（2）选择或输入付款卡号、收款人名称、币种、账号等信息，点击"提交"。

（3）有证书的客户插入证书并进行数字签名，无证书的客户输入支付密码和验证码。

（4）显示转账汇款结果。

2. 批量转账汇款时的操作流程如下：

（1）登录银行网站，下载批量转账制作软件并制作批量转账文件。

（2）登录个人网上银行，进入"我的账户→电子速汇→批量转账汇款"。

（3）输入批量转账总笔数和总金额，上传批量转账文件，点击"提交"。

（4）插入证书并进行数字签名，显示批量转账汇款结果。

（二）取款

收款人可在网上个人汇款汇出后，持汇款人指定汇入的存折到汇款人指定的当地银行网点取款。如果汇款人没有填写收款账号，收款人本人可以持汇款人指定的收款人证件到指定的银行营业网点办理取款手续。

（三）汇款查询

个人网上银行客户可以查询当时或一段时间内使用网上银行转账汇款的交易记录。操作时，首先登录个人网上银行，然后进入"我的账户→电子速汇→转账汇款查询"，即可查询每笔转账汇款的金额、交易状态等交易信息。

四、网上个人缴费支付业务

网上支付主要用于解决网上交易的付费问题。商业银行的网上支付系统有与商户系统对接的开放接口，商户系统通过这一接口就可以和商业银行网上支付系统连通，完成网上交易的资金结算。

（一）B to C 网上支付业务

B to C 网上支付业务是指企业与个人通过因特网上的电子商务网站进行交易时，银行为其提供网上资金结算服务的一种业务。目前客户在银行个人网上银行办理 B to C 在线支付业务，必须拥有银行的信用卡、贷记卡或理财卡账户并开通网上支付功能方能办理。

1. B to C 网上支付业务流程。客户在银行特约网站选定货物后，根据网站提示或链接去虚拟收银台付款。付款时，点击银行在线支付图标，客户将被带到网上支付页面，订单信息被加密传递到银行网站且不可更改。客户只需根据画面提示输入自己的网上银行登录卡号及支付密码，确认提交即可。系统会提示网上支付是否成功，如果失败则提示失败原因。

2．B to C 网上支付付款操作流程。B to C 网上支付客户付款时的操作流程如下：

（1）客户点击"在线支付"图标后，浏览器将显示网上支付页面。

（2）客户填写相应信息并点击"支付"后，进入下一个页面。

（3）客户按照提示输入支付卡号及密码并点击"提交"，进入确认页面。

（4）客户确认支付，系统给出交易成功提示。

（二）自助缴费

自助缴费是指客户通过网络银行为本人或他人缴纳手机费、电话费、水费、电费等各种费用的服务。使用网上银行在线缴费，客户首先要注册成为相应的个人网上银行客户。

网上银行在线缴费操作流程如下：

1．首先登录个人网上银行，进入"缴费站→在线缴费"。

2．选择缴费类型和企业所在地区，点击"提交"按钮。

3．根据不同的缴费项目要求填写相关信息，点击确认缴费。

五、网上个人账户管理

网上个人账户管理是指对网上银行的各类本、异地银行卡和活期账户及其下挂账户进行余额查询、自动挂失等管理。

（一）余额查询

网上个人银行客户可以通过网上银行查询自己的注册卡和注册账户的余额。余额查询操作流程如下：

1．首先登录个人网上银行，进入"我的账户→注册账户管理→注册账户列表"。

2．选择要查询的账户，点击查询余额。

3．显示账户余额信息。

（二）自动挂失

自动挂失是指客户可以对其网上银行或电话银行注册卡、下挂卡或下挂账户进行临时挂失，以全面保护资金安全。自动挂失操作流程如下：

1．首先登录个人网上银行，进入"客户服务→网上挂失"。

2．从注册卡、下挂卡或下挂账户中选择挂失类型。

3．选择要挂失的注册卡号、证件类型和证件号码或要挂失的账户。

4．确认挂失信息，临时挂失成功。

【活动练习】

要求学生到开户银行为自己的银行卡办理网上银行业务，具体说明这项业务的办理方法及业务功能应用。

学习任务三
网络银行的网上企业银行业务

【学生的任务】

◇ 要求学生了解网上企业银行业务的具体内容。

◇ 要求学生掌握网络银行网上企业银行业务的基本操作，能够为客户提供相关的产品服务。

【教师的任务】

◇ 指导学生通过银行调查、网络搜索等方式收集有关网上企业银行业务的相关资料。

◇ 讲解网络银行的网上企业银行业务的内容和操作等主要知识点。

◇ 对学生作业完成情况进行点评。

教学活动 网上企业银行业务办理

【活动目标】

能够分辨不同的网上企业银行业务类型，并且能够对主要的网上企业银行业务熟练地进行操作。

【知识准备】

网上企业银行业务是网络银行为企业客户提供的网上银行服务，以下主要介绍网上企业信贷业务、网上企业收付款业务、网上企业账户管理等业务。

一、网上企业信贷业务

企业网上银行委托贷款业务是为企业网上银行客户提供的通过企业网上银行自助进行委托贷款放款申请、还款申请和委托贷款查询等服务的业务。

（一）网上银行委托贷款

企业网上银行委托贷款业务为集团公司内部具有独立法人资格的公司之间进行委托贷款建立了合法、便捷的渠道，并对贷款提供内部计息服务。网上委托贷款适合于各类需要在集团内部非同一法人分公司和子公司调剂资金、办理委托贷款的大型集团客户。

1. 注册。客户需要首先注册企业网上银行证书版，在申请开通网上委托贷款业务时，应向开户银行提交相关的申请表及委托代理贷款的相关文件。开户行收到客户的申请资料后为客户办理开通企业网上银行委托贷款业务的相关手续。

2. 网上委托贷款操作流程。

（1）登录企业网上银行，点击"贷款业务"，选择"委托贷款→委托贷款放款"。

（2）首先提交指令，选择"放款资金移存"和委托人，系统显示委托合同列表，选择合同号码。

（3）选择委托人账号和受托人账号，指定借款人贷款账号和结算账号、指定放款日和还款日。

（4）输入贷款金额，填写备注信息，确认放款资金移存信息。

（5）使用证书签名，信息如果无误则提交成功。如果移存金额超过企业基本极限客户证书的操作权限，则该笔指令还必须经过具有授权权限的客户证书的授权。

（6）批复指令，选择"资金移存批复"并选择资金移存指令的提交起止时间。

（7）输入指令金额范围，系统显示待批复指令列表，选择指令序号，确认批复指令信息。

（8）批准、拒绝或返回（返回表示暂时不处理）。

（二）网上还贷

企业网上还贷业务是为企业网上银行客户提供的通过企业网上银行归还人民币信用贷款的业务。

1. 注册。客户应首先注册企业网上银行证书版，并填写相关的信息表提交开户行，开通该项业务。

2. 网上还贷操作流程。

（1）登录企业网上银行，点击"贷款业务"，选择"网上还款→提交指令"。

（2）首先提交指令，然后选择贷款账号，输入借据编号（不输入则查询全部），系统显示符合查询条件的人民币信用贷款借据列表。

（3）点击借据右边的"还款"按钮，选择还款账户名称和账号，确认还款指令。

（4）使用证书签名，信息如果无误则提交成功。如果移存金额超过企业基本权限客户证书的操作权限，则该笔指令还必须经过具有授权权限的客户证书的授权。

（5）批复指令，选择指令提交的起止时间。

（6）输入指令金额范围，系统显示待批复指令列表，选择指令序号，确认批复指令信息。

（7）批准、拒绝或返回（返回表示暂时不处理）。

（8）已批准指令，系统自动进行还贷处理。

二、网上企业收付款业务

网上收付款业务是网络银行为企业客户提供的网上业务服务之一。网络银行为企业客户开办的收付款业务有多种模式，客户可根据内部财务管理的不同要求，委托银行有针对性地进行设计，提供特色服务。

（一）一般客户网上收款业务

企业网上收款业务是网上银行为企业客户提供的、在网上主动收取授权企业或个人的各类应缴费用的业务。

1. 注册。有收费需求的企业申请开通网上收费功能，应与注册行签署银行网上收款服务协议，由注册行为客户办理相应的注册手续。

（1）收费企业客户将指定的收费账号、缴费客户的缴费账户清单（包括账号、户名、开户行等信息）提供给开户行。

（2）开户行向缴费客户的开户行发出网上划款授权书。

（3）缴费客户开户行与缴费客户核实授权并将结果反馈给收费客户开户行。

（4）收费客户开户行通知收费企业注册成功。

注册完成后，收费企业即可定期通过企业网上银行系统主动扣收已授权缴费客户的应缴费用。

2. 收款业务操作流程。

（1）登录企业网上银行，点击"收款业务"，进入"批量扣企业"（或"批量扣个人"）。

（2）提交指令。对于具有基本权限的客户，提交批量指令时应首先利用网络银行为客户提供的工具软件预先制作批量支付文件，选择已制作好的需要上传的批量文件，并输入总金额和总笔数，选择指令处理速度（加急或普通），点击"确定"，上传文件。

（3）如果某笔指令金额超过操作权限，需要经过授权，使用具有授权权限的客户证书登录企业网上银行。

（4）批复指令，选择"收款业务→批量扣企业或个人"，进入"批复指令"，选择需要批复指令的起止日期，点击"确定"，系统显示本段时间需要批复的指令，并按批次号列表。

（5）点击批次号显示每批指令的详细列表，点击每条指令右边的复选框对其中的指令逐一进行批准或拒绝，也可以一次性地全部批准或拒绝；点击指令序号，查看每笔指令的详细情况，可以将待批复指令或者每笔指令的详细情况进行打印。

（二）集团客户网上收款业务

集团客户除具有一般客户收款业务功能之外，还具有以下功能：子公司账户收到款项后，银行后台通过子公司账户与集团公司账户之间的关联关系逐笔自动进行账务处理，将款项转入集团公司账户。集团公司能通过网上企业银行直接查看付款人信息及收款子公司信息。

（三）一般客户网上付款业务

网上付款业务包括网上汇款、信用支付等业务。

1. 网上汇款。网上汇款是银行为企业客户提供的通过网络向收款人付款的一种结算服务。该业务支持跨行汇款。其操作流程如下：

（1）登录企业网上银行，点击"付款业务"，进入"网上汇款"，选择"提交指令"。

（2）选择"逐笔支付"，输入页面提示的各项内容；选择"批量支付"时，可以利用网络银行为客户提供的工具软件预先制作批量支付文件，一次完成多项支付指令的提交。点击"批量提交"，输入制作好的批量文件，输入总金额和总笔数。

（3）点击"确定"，进行数字签名，即可完成操作。

2. 信用支付。信用支付服务平台是银行为网上商城提供的专用支付平台，凡是在银行开立对公账户的特约网上商户都可办理网上信用支付。特约网上商户只需向银行提交开通网上信用支付模式的申请，由银行审核后即可开通，银行根据规定的有关交易规则进行资金划转和清算。

信用支付操作流程如下：

（1）登录企业网上银行，进入"付款业务→电子商务→查询指令"。

（2）输入查询条件中相应的状态、日期和金额信息，选择"信用支付"，点击"确定"，显示信用支付交易列表。

（3）如果客户对信用支付交易存有异议，例如产品质量不符合要求，要求退款时，客户可以选择要仲裁的交易，点击"申请仲裁"按钮，向商户提出退款要求。

（四）集团客户网上付款业务

集团客户网上付款业务除具有一般客户付款业务功能之外，还具有以下功能：对外付款时，银行主机只核对集用公司账户的变码印鉴，银行后台自动进行账务处理，款项通过指定子公司账户对外付出，收款人查询到的付款人为子公司。

三、网上企业账户管理

网上企业账户管理是网络银行为企业客户提供的账户查询、对账等服务。

（一）账户查询

账户明细查询是为企业客户提供的对账和对当日明细、历史明细进行查询的功能。网上银行的企业客户可使用本功能对集团客户本部及辖属分支机构的人民币账户和外币账户的当日交易明细或者历史交易明细进行查询、下载、打印以及发邮件等操作。用户可以通过在银行柜台申请注册成为银行企业网上银行证书版客户，也可以通过银行网站自助注册成为银行企业网上银行客户。注册成功后，便可使用企业网上银行账户明细查询功能。

账户查询操作流程如下：

1. 首先登录企业网上银行，进入账户管理。

2. 选择"当日明细"或"历史明细"，点击"所有账号下载明细"，可下载所有账号当日或历史某一天的明细。

（二）对账服务

对账服务是网上银行为企业客户提供的月度或季度在线自助对账的服务。客户在银行柜台中注册后即可成为网上银行企业证书版客户，可使用企业网上银行对账服务。任何在银行开立结算账户的企业和团体都可以通过柜台注册使用本功能。集团客户如果想与各分支机构对账，必须先获得各分支机构的账户授权。操作时，客户通过登录银行企业网上银行，选择账户管理功能，选择要查询的分支机构后进入账户管理功能区，再选择"账户对账"的银企对账功能，便可以进行自主、自助对账。

四、风险提示

网络安全风险是指由于网络防范不严密或应用系统设计有缺陷，遭到非法入侵及其他不确定性因素对网络银行所造成的风险。

（一）黑客入侵风险

网络银行是建立在开放网络上的银行，由于网络的开放性和应用系统设计可能存在的缺陷，一旦被黑客利用，将直接危害系统的安全，商业机密被窃取，用户的银行资料泄密甚至会造成银行的资金损失。因而，网络安全就成为事关银行存亡的头等大事。

由于网络银行的金融产品和信息采用电子形式，对于知道网络机密并能不留痕迹的网络进入者而言，其伪造、篡改、复制成本极低，真假难辨。因此，网络银行对非法侵入者的吸引力巨大。根据国外报道，1999 年一名俄罗斯数学专业的学生通过因特网进入了花旗银行的电脑系统，非法转存了数以百万美元计的资金；美国安全第一网络银行（SFNB）在开业后的前 6 个月中，挫败了 1.5 万起企图破坏其银行系统的网络攻击，以致 SFNB 担心，如果还将继续大量发生这类欺诈行为的话，将会有损于社会公众对网络银行的信心。

由此可见，基于因特网的银行面临着与传统银行完全不同的对于安全性的挑战。针对这种挑战，网络银行一般都设计有多层安全系统，以保护网络银行虚拟金融柜台的平稳运行。同时，网络银行为保证业务的安全性，大额的或特殊的交易将会给出标记，在进行交易前要鉴别特殊的密码。如果有人企图非法进入，系统将会自动发出警告。

尽管不断出现有关网络银行安全性的解决方案及技术，但是，网络银行的安全系统仍然是网络银行服务业务中最薄弱的环节。虽然目前网络银行已拥有先进的安全系统，但是，随着黑客攻击技术的提高，黑客同样可能通过因特网侵入银行电脑系统或银行专用网络，删除或修改网络银行的服务程序，窃取银行及客户的资料，甚至通过电子指令修改主服务器及数据库的操作程序，将部分属于商业银行的来自客户的利息收入划入黑客的个人账户中，或者直接进行非法的电子资金转账。

（二）病毒破坏风险

由于网络防范不严，计算机病毒通过网络银行入侵银行主机系统，从而造成数据丢失等严重后果。同时，来自网络银行系统外部的正常客户或非法入侵者在与网络银行的业务交往中，也可能将各种电脑病毒带入网络银行的电脑系统，造成主机或软件的失灵，使得网络银行面临瘫痪的风险。

（三）内部欺诈风险

网络银行不仅容易受到来自因特网外部的黑客攻击，也会因为网络银行内部职员的欺诈行为而承担操作风险。例如，商业银行内部的某 H 职员利用他的职业优势，有目的地获取客户的私人资料，使用客户的账户进行各种风险投资，如炒卖股票、外汇和期权等，将交易风险直接转嫁到客户身上；也可能直接偷窃电子货币，让客户蒙受损失或者制造各种假的电子货币从网络银行获取利益。因此，内部欺诈风险也是网络银行风险的基本内容之一。

（四）其他不确定因素造成的风险

网络银行的计算机系统停机、磁盘列阵破坏等不确定性因素也会形成网络银行的风险。同时，网络某个局部的破坏往往可能导致整个网络的瘫痪，同样形成网络银行的风险。所有这些风险对网络银行都将造成灾难性的影响，不仅网络银行的原有客户会流失，而且由于网络传播的快捷、广泛，可能引发整个银行的流动性危机。根据对发达国家不同行业的调查，计算机系统停机等因素对不同行业造成的损失各不相同。其中，对零售业和银行业的影响最大，其次是信用卡服务授权机构和制造业。

【分析思考】

1. 我国商业银行主要的电子银行业务有哪些，分别能提供哪些服务？
2. 电子银行业务面临的主要风险有哪些，有哪些风险管理措施？
3. 简述电子银行业务产品对商业银行经营的意义。

高职高专系列教材书目

一、高职高专金融类系列教材

货币金融学概论	周建松		主编	25.00 元	2006.12 出版
货币金融学概论习题与案例集	周建松 郭福春等		编著	25.00 元	2008.05 出版
金融法概论（第二版）	朱 明		主编	25.00 元	2012.04 出版
（普通高等教育"十一五"国家级规划教材）					
商业银行客户经理	伏琳娜 满玉华		主编	36.00 元	2010.08 出版
商业银行客户经理	刘旭东		主编	21.50 元	2006.08 出版
商业银行综合柜台业务（第二版）	董瑞丽		主编	36.00 元	2012.08 出版
（国家精品课程教材·2006）					
商业银行综合业务技能	董瑞丽		主编	30.50 元	2008.01 出版
商业银行中间业务	张传良 倪信琦		主编	22.00 元	2006.08 出版
商业银行授信业务	王艳君 郭瑞云 于千程		编著	45.00 元	2012.10 出版
商业银行业务与经营	王红梅 吴军梅		主编	34.00 元	2007.05 出版
商业银行服务营销	徐海洁		编著	27.00 元	2008.08 出版
商业银行基层网点经营管理	赵振华		主编	32.00 元	2009.08 出版
商业银行柜面英语口语	汪卫芳		主编	15.00 元	2008.08 出版
银行卡业务	孙 颖 郭福春		编著	36.50 元	2008.08 出版
银行产品	彭陆军		主编	25.00 元	2010.01 出版
银行产品	杨荣华 李晓红		主编	29.00 元	2012.12 出版
反假货币技术	方秀丽 陈光荣 包可栋		主编	58.00 元	2008.12 出版
小额信贷实务	邱俊如		主编	23.00 元	2012.03 出版
商业银行审计	刘 琳 张金城		主编	31.50 元	2007.03 出版
商业银行会计实务	赵丽梅		编著	43.00 元	2012.02 出版
金融企业会计	唐宴春		主编	25.50 元	2006.08 出版
（普通高等教育"十一五"国家级规划教材）					
金融企业会计实训与实验	唐宴春		主编	24.00 元	2006.08 出版
（普通高等教育"十一五"国家级规划教材辅助教材）					
新编国际金融	徐杰芳		主编	39.00 元	2011.08 出版
国际金融概论	方 洁 刘 燕		主编	21.50 元	2006.08 出版
（普通高等教育"十一五"国家级规划教材）					
国际金融实务	赵海荣 梁 涛		主编	30.00 元	2012.07 出版
风险管理	刘金波		主编	30.00 元	2010.08 出版
外汇交易实务	郭也群		主编	25.00 元	2008.07 出版
外汇交易实务	樊祎斌		主编	23.00 元	2009.01 出版
证券投资实务	徐 辉		主编	29.50 元	2012.08 出版
国际融资实务	崔 荫		主编	28.00 元	2006.08 出版

理财学（第二版）	边智群　朱澍清	主编	39.00 元	2012.01 出版
（普通高等教育"十一五"国家级规划教材）				
投资银行概论	董雪梅	主编	34.00 元	2010.06 出版
金融信托与租赁	蔡鸣龙	主编	30.50 元	2006.08 出版
公司理财实务	钭志斌	主编	34.00 元	2012.01 出版
个人理财规划	胡君晖	主编	29.00 元	2012.07 出版
证券投资概论	王　静	主编	22.00 元	2006.10 出版
（普通高等教育"十一五"国家级规划教材/国家精品课程教材·2007）				
金融应用文写作	李先智　贾晋文	主编	32.00 元	2007.02 出版
金融职业道德概论	王　琦	主编	25.00 元	2008.09 出版
金融职业礼仪	王　华	主编	21.50 元	2006.12 出版
金融职业服务礼仪	王　华	主编	24.00 元	2009.03 出版
金融职业形体礼仪	钱利安　王　华	主编	22.00 元	2009.03 出版
金融服务礼仪	伏琳娜　孙迎春	主编	33.00 元	2012.04 出版
合作金融概论	曾赛红　郭福春	主编	24.00 元	2007.05 出版
网络金融	杨国明　蔡　军	主编	26.00 元	2006.08 出版
（普通高等教育"十一五"国家级规划教材）				
现代农村金融	郭延安　陶永诚	主编	23.00 元	2009.03 出版
"三农"经济基础	凌海波　郭福春	主编	34.00 元	2009.08 出版

二、高职高专会计类系列教材

管理会计	黄庆平	主编	28.00 元	2012.04 出版
商业银行会计实务	赵丽梅	编著	43.00 元	2012.02 出版
基础会计	田玉兰　郭晓红	主编	26.50 元	2007.04 出版
基础会计实训与练习	田玉兰　郭晓红	主编	17.50 元	2007.04 出版
新编基础会计及实训	周　峰　尹　莉	主编	33.00 元	2009.01 出版
财务会计（第二版）	尹　莉	主编	40.00 元	2009.09 出版
财务会计学习指导与实训	尹　莉	主编	24.00 元	2007.09 出版
高级财务会计	何海东	主编	30.00 元	2012.04 出版
成本会计	孔德兰	主编	25.00 元	2007.03 出版
（普通高等教育"十一五"国家级规划教材）				
成本会计实训与练习	孔德兰	主编	19.50 元	2007.03 出版
（普通高等教育"十一五"国家级规划教材辅助教材）				
管理会计	周　峰	主编	25.50 元	2007.03 出版
管理会计学习指导与训练	周　峰	主编	16.00 元	2007.03 出版
会计电算化	潘上永	主编	40.00 元	2007.09 出版
（普通高等教育"十一五"国家级规划教材）				
会计电算化实训与实验	潘上永	主编	10.00 元	2007.09 出版
（普通高等教育"十一五"国家级规划教材辅助教材）				
财政与税收（第三版）	单惟婷	主编	35.00 元	2009.11 出版

金融企业会计	唐宴春	主编	25.50 元	2006.08 出版

（普通高等教育"十一五"国家级规划教材）

金融企业会计实训与实验	唐宴春	主编	24.00 元	2006.08 出版

（普通高等教育"十一五"国家级规划教材辅助教材）

会计综合模拟实训	施海丽	主编	46.00 元	2012.07 出版
会计分岗位实训	舒 岳	主编	40.00 元	2012.07 出版

三、高职高专经济管理类系列教材

经济学基础	高同彪	主编	45.00 元	2012.07 出版
管理学基础	曹秀娟	主编	39.00 元	2012.07 出版
大学生就业能力实训教程	张国威 褚义兵等	编著	25.00 元	2012.08 出版

四、高职高专保险类系列教材

保险实务	梁 涛 南沈卫	主编	35.00 元	2012.07 出版
保险营销实务	章金萍 李 兵	主编	21.00 元	2012.02 出版
新编保险医学基础	任森林	主编	30.00 元	2012.02 出版
保险学基础	何惠珍	主编	23.00 元	2006.12 出版
财产保险	曹晓兰	主编	33.50 元	2007.03 出版

（普通高等教育"十一五"国家级规划教材）

人身保险	池小萍 郑祎华	主编	31.50 元	2006.12 出版
人身保险实务	朱 佳	主编	22.00 元	2008.11 出版
保险营销	章金萍	主编	25.50 元	2006.12 出版
保险营销	李 兵	主编	31.00 元	2010.01 出版
保险医学基础	吴艾竞	主编	28.00 元	2009.08 出版
保险中介	何惠珍	主编	40.00 元	2009.10 出版
非水险实务	沈洁颖	主编	43.00 元	2008.12 出版
海上保险实务	冯芳怡	主编	22.00 元	2009.04 出版
汽车保险	费 洁	主编	32.00 元	2009.04 出版
保险法案例教程	冯芳怡	主编	31.00 元	2009.09 出版
保险客户服务与管理	韩 雪	主编	29.00 元	2009.08 出版
风险管理	毛 通	主编	31.00 元	2010.07 出版
保险职业道德修养	邢运凯	主编	21.00 元	2008.12 出版
医疗保险理论与实务	曹晓兰	主编	43.00 元	2009.01 出版

五、高职高专国际商务类系列教材

国际贸易概论	易海峰	主编	36.00 元	2012.04 出版
国际商务文化与礼仪	蒋景东 刘晓枫	主编	23.00 元	2012.01 出版
国际结算	靳 生	主编	31.00 元	2007.09 出版
国际结算实验教程	靳 生	主编	23.50 元	2007.09 出版
国际结算（第二版）	贺 瑛 漆腊应	主编	19.00 元	2006.01 出版
国际结算（第三版）	苏宗祥 徐 捷	编著	23.00 元	2010.01 出版

国际结算操作	刘晶红	主编	25.00 元	2012.07 出版
国际贸易与金融函电	张海燕	主编	20.00 元	2008.11 出版
国际市场营销实务	王　婧	主编	28.00 元	2012.06 出版
报检实务	韩　斌	主编	28.00 元	2012.12 出版

如有任何意见或建议，欢迎致函编辑部：jiaocaibu@ yahoo. com. cn。